W0257252

Schutz vor Rechtsproblemen
im Internet

Springer-Verlag Berlin Heidelberg GmbH

# Jürgen Zimmerling · Ulrich Werner

# Schutz vor Rechtsproblemen im Internet

## Handbuch für Unternehmen

Mit 18 Abbildungen
und 3 Tabellen

Prof. Dr. Jürgen Zimmerling

Hagmannsgarten 3
45259 Essen
prof.dr.zimmerling@t-online.de

Dipl.-Inform. Dipl.-Betriebsw. Ulrich Werner

E-Business Development Manager
sunrise communications AG
Hofwisenstrasse 50
8153 Rümlang ZH, Schweiz
ulrich.werner@sunrise.ch

ISBN 978-3-642-62986-0

Die Deutsche Bibliothek – CIP-Einheitsaufnahme

Zimmerling, Jürgen:
Schutz vor Rechtsproblemen im Internet: Handbuch für Unternehmen/Jürgen
Zimmerling; Ulrich Werner. - Berlin; Heidelberg; New York; Barcelona;
Hongkong; London; Mailand; Paris; Singapur; Tokio: Springer, 2001
ISBN 978-3-642-62986-0     ISBN 978-3-642-56555-7 (eBook)
DOI 10.1007/978-3-642-56555-7



Umschlaggestaltung: Künkel + Lopka, Heidelberg
Satz: Reproduktionsfertige Vorlagen durch VerlagsService Hegele, Dossenheim
SPIN 10696926     45/3142SR – 5 4 3 2 1 0 – Gedruckt auf säurefreiem Papier

# Vorwort

*„Eine bloß empirische Rechtslehre ist*
*(wie der hölzerne Kopf in Phädrus' Fabel)*
*ein Kopf der schön sein mag –*
*nur schade, daß er kein Gehirn hat."*

Immanuel Kant, Metaphysik der Sitten

Das Internet durchdringt aufgrund der Beliebtheit der Dienste World Wide Web und E-Mail, aber auch IRC[1] und ICQ[2], mit hoher Geschwindigkeit die privaten Haushalte in Deutschland. Online-Auktionen werden als „Killer-Applikation" bezeichnet, E-Commerce und E-Business sind als Schlagworte aus Fach- und Tagespresse nicht mehr wegzudenken.

Als Antwort auf die zunehmende Komplexität der Informations- und Kommunikationstechnologien in den Unternehmen bieten diese Technologien als dafür notwendige Voraussetzung eine kostengünstige und einfache Handhabung an.

Wie bei allen neuen Technologien ist sowohl im Bereich der Marktkommunikation als auch der unternehmensinternen Distribution von Informationen mittels Internet-Technologien das Recht gefordert, diese neuen Entwicklungen in den Griff zu bekommen. Die Dimensionen des Internet, insbesondere als supranationaler öffentlicher Raum, ziehen allerdings Rechtsfragen von einer bisher nicht gekannten Komplexität nach sich – so sind zahlreiche Problemstellungen und Anwendungsmöglichkeiten nicht mit der Rechtssicherheit ausgestattet, die man für einen betrieblichen Einsatz benötigt. Aufgrund der Internationalität ist nicht zu erwarten, daß die notwendige Rechtssicherheit bereits in einem übersehbaren Zeitraum gegeben sein wird.

Dieses Buch kann die Rechtsprobleme nicht lösen, es kann zu ihrer Lösung nur insoweit beitragen, als es auf die offenen Fragen aufmerksam macht. Sein Zweck ist vielmehr ein anderer: Es zeigt rechtliche Fußangeln auf, die im Umfeld der betrieblichen Nutzung der Internet-Technologien auf Basis der Website von Unternehmen zu finden sind. Mit Kenntnis der Risiken ist es häufig einfacher, diese zu vermeiden.

Dabei kann das Buch natürlich keinen Anspruch erheben, sämtliche Rechtsprobleme erschöpfend darzustellen; es bemüht sich jedoch, den aktuellen Stand der Diskussion wiederzugeben. Dies wäre ohne intensive Nutzung der Kommunikationsmöglichkeiten des Internet nicht möglich gewesen. Viele Beiträge der online

---

[1] IRC = Internet Relay Chat, das „Plaudern via Tastatur"
[2] Englisch ausgesprochen: ICQ = „I Seek You", Personensuchdienst.
Online im Internet: http://www.mirabilis.com

geführten Diskussion in den Mailing-Listen Online-Recht und NETLAW-L haben den Autoren wertvolle Hinweise gegeben und ihnen ermöglicht, ihre Ansicht mit Spezialisten aus den verschiedenen Fachgebieten zu diskutieren. Ständige Teilnehmer der Online-Diskussionen kommen aus der technischen Informatik wie der Wirtschaftsinformatik, der Unternehmensberatung, der Fachpresse, aus Öffentlichkeitsarbeit und PR, vor allem aber aus den verschiedensten Rechtsgebieten wie Medienrecht, Urheberrecht, Zivilrecht, Strafrecht, Staatsrecht, Patentrecht, gewerblicher Rechtsschutz, als niedergelassene Anwälte oder als Mitarbeiter von wissenschaftlichen Instituten und Universitäten oder von Organisationen und EU.

Der Dank der Autoren für die intensive Diskussion der interdisziplinären Fragen gilt, stellvertretend für alle anderen Teilnehmer, Stefan Bechtold, Sebastian Biere, Christian Bollmeyer, Dr. Andreas von Bonin, Giesbert Damaschke, Ute Decker, Axel Geiger, Sierk Hamann, Uschi Hering, Boris Hoeller, Prof. Dr. Thomas Hoeren, Jens Hoffmann, Axel H. Horns, Noogie Kaufmann, Christian Kessel, Dr. H. Jochen Krieger, Dr. Gerhard Laga, Dr. Thomas Lapp, Peter Marhöfer, Dr. Patrick Mayer, Andreas Neumann, Hubert Partl, Dr. Moritz Röttinger, Thorsten Schneider, Christiane Schulzki-Haddouti, David Seiler, Hartmut Semken, Regina Sickel, Thomas Stadler, Dirk Wachholz, Dr. Christian Weitzel, Steffen Wilde.

Einen herzliches Dankeschön der Autoren geht besonders an die Betreiber der Diskussionslisten, Herrn Prof. Dr. Thomas Hoeren für die NETLAW-L[3] am Institut für Informations-, Telekommunikations- und Medienrecht[4], Zivilrechtliche Abteilung, Universität Münster, und akademie.de für den Betrieb der Liste Online-Recht[5] sowie an den Springer-Verlag, Herrn Dr. Hans Wössner, für die hervorragende redaktionelle und technische Unterstützung bei der Erstellung des Manuskripts.

Essen und Zürich, November 2000                                          Jürgen Zimmerling
                                                                         Ulrich Werner

**Hinweis der Autoren zu „broken links"**

In diesem Buch werden zahlreiche Quellen im Internet referenziert, die trotz sorgfältiger Auswahl Veränderungen unterliegen können. In der Regel werden jedoch die von uns referenzierten Quellen nicht gänzlich aus dem Netz verschwinden, sondern teilweise im Rahmen von Relaunches lediglich innerhalb der betreffenden Website unter einem neuen URL veröffentlicht. Im Falle eines „broken link" lohnt es sich daher häufig, von der Domain aus zu recherchieren, um die Quelle an ihrem neuen Ort wiederfinden zu können.

---

[3]  Informationen zur Mailing-Liste NETLAW-L im Internet:
     http://www.uni-muenster.de/Jura.itm/hoeren/netlaw-l/diskussionsforum.html
[4]  ITM, online im Internet: http://www.uni-muenster.de/Jura.itm/hoeren/
[5]  Informationen zur Mailing-Liste Online-Recht im Internet: http://www.akademie.de

# Inhaltsverzeichnis

# Abkürzungsverzeichnis

| | |
|---|---|
| a.a.O. | am angegebenen Ort |
| Abs. | Absatz |
| AG | Amtsgericht |
| AGB | Allgemeine Geschäftsbedingungen |
| AGBG | Gesetz zur Regelung des Rechts der Allgemeinen Geschäftsbedingungen (AGB-Gesetz) |
| AktG | Aktiengesetz |
| Art. | Artikel |
| Aufl. | Auflage |
| AVB | Allgemeine Versicherungsbedingungen |
| BDSG | Bundesdatenschutzgesetz |
| BGB | Bürgerliches Gesetzbuch |
| BGH | Bundesgerichtshof |
| CDT | Center for Democracy and Technology |
| CMMV | Clearingstelle Multimedia der Verwertungsgesellschaften für Urheber- und Leistungsschutzrechte GmbH |
| DE-NIC | Deutsches Network Information Center |
| DMCA | Digital Millenium Copyright Act |
| DNS | Domain Name System (engl.) |
| DPMA | Deutsches Patent- und Markenamt |
| EC | Euroscheck |
| EES | Escrowed Encryption Standard |
| EGBGB | Einführungsgesetz zum BGB |

| | |
|---|---|
| EuGVÜ | Europäisches Übereinkommen über die gerichtliche Zuständigkeit und die Vollstreckung gerichtlicher Entscheidungen in Zivil- und Handelssachen |
| FBI | Federal Bureau of Investigation |
| Fn. | Fußnote |
| FTC | Federal Trade Commission |
| GewerbeO | Gewerbeordnung |
| GfK | Gesellschaft für Konsumforschung |
| GG | Grundgesetz |
| GjS | Gesetz über die Verbreitung jugendgefährdender Schriften |
| GmbH | Gesellschaft mit beschränkter Haftung |
| GmbHG | GmbH-Gesetz<br>(Gesetz betreffend die Gesellschaften mit beschränkter Haftung) |
| GoA | Geschäftsführung ohne Auftrag |
| GRUR | Gewerblicher Rechtsschutz und Urheberrecht<br>(Zeitschrift des VCH-Verlags) |
| GÜFA | Gesellschaft zur Übernahme und Wahrnehmung von Filmaufführungsrechten mbH |
| GVL | Gesellschaft zur Verwertung von Leistungsschutzrechten mbH |
| GWFF | Gesellschaft zur Wahrnehmung von Film- und Fernsehrechten mbH |
| HansOLG | Hanseatisches Oberlandesgericht |
| HGB | Handelsgesetzbuch |
| HTML | Hypertext Markup Language |
| HTTP | Hypertext Transfer Protocol |
| HTWG | Gesetz über den Widerruf von Haustürgeschäften und ähnlichen Geschäften (HaustürWG) |
| i.d.R. | in der Regel |
| IANA | Internet Assigned Numbers Authority |
| ICANN | The Internet Corporation for Assigned Names and Numbers |

| | |
|---|---|
| IFPI | International Federation of the Phonographic Industry |
| IP | Internet Protocol |
| IPR | Internationales Privatrecht |
| i.S. | im Sinne |
| i.S.d. | im Sinne des |
| ISOC | Internet Society |
| IuKDG | Informations- und Kommunikationsdienstegesetz |
| IV-DENIC | Interessenverbund – Deutsches Network Information Center |
| i.V. m. | in Verbindung mit |
| JVM | Java Virtual Machine |
| KG | Kammergericht |
| KMU | Kleine und mittlere Unternehmen |
| LG | Landgericht |
| MarkenG | Gesetz zur Reform des Markenrechts und zur Umsetzung der Ersten Richtlinie 89/104/EWG des Rates vom 21. Dezember 1988 zur Angleichung der Rechtsvorschriften der Mitgliedstaaten über die Marken (Markenrechtsreform-Gesetz) |
| MDStV | Mediendienste-Staatsvertrag |
| MIDS | Matrix Information and Directory Services, Inc. |
| MIME | Multipurpose Internet Mail Extensions |
| MIT | Massachusetts Institute of Technology |
| m.w.N. | mit weiteren Nachweisen |
| NATD | notice and take down |
| NSA | National Security Agency |
| NIC | Network Information Center |
| o.g. | oben genannt |
| o.O. | ohne Ortsangabe |
| o.V. | ohne Verfasserangabe |
| o.Vlg. | ohne Verlagsangabe |
| OLG | Oberlandesgericht |
| PAngVO | Verordnung zur Regelung der Preisangaben |

| | |
|---|---|
| PGP | Pretty Good Privacy |
| Rdn. | Randnummer |
| RIPE-NCC | Réseaux IP Européens – Network Coordination Center |
| RundfunkStV | Rundfunkstaatsvertrag |
| S. | Seite |
| s. | siehe |
| S/MIME | Secure Multipurpose Internet Mail Extensions |
| TDDSG | Teledienstedatenschutzgesetz |
| TDG | Teledienstegesetz |
| TKG | Telekommunikationsgesetz |
| UrhG | Gesetz über Urheberrechte und verwandte Schutzrechte |
| URL | Uniform Resource Locator |
| USD | US-Dollar |
| UWG | Gesetz gegen den unlauteren Wettbewerb |
| Verf. | Verfasser |
| VFF | Verwertungsgesellschaft für Film- und Fernsehgesellschaften mbH |
| VG BILD-KUNST | Verwertungsgesellschaft Bild-Kunst |
| VG WORT | Verwertungsgesellschaft Wort |
| VGF | Verwertungsgesellschaft für Nutzungsrechte an Filmwerken mbH |
| Vlg. | Verlag |
| VVG | Versicherungsvertragsgesetz |
| W3C | World Wide Web Consortium |
| WIPO | World Intellectual Property Organization |
| WWW | World Wide Web |
| ZPO | Zivilprozeßordnung |

# Abbildungs- und Tabellenverzeichnis

# 1 Cyberspace als öffentlicher Raum

Die Nutzung des Internet auch in der deutschen Bevölkerung zeigen Untersuchungen der Gesellschaft für Konsumforschung (GfK) auf[6] – bereits 1997 nutzten rund 5,9 Millionen Bundesbürger Online-Medien, rund 4,9 Millionen befanden sich regelmäßig im Internet, die Hälfte davon täglich.[7]

Aktuellere Zahlen verdeutlichen die stark zunehmende Verbreitung: Nach der Erhebung der Internet-Nutzerstruktur im Erhebungszeitraum 15.11.99 bis 30.01.00[8] besitzen von den fast 28 Millionen deutschen Haushalten, in denen mindestens eine Person zwischen 14 und 69 Jahren lebt, gegenwärtig 21 Prozent einen Internet-Zugang. Über 10 Millionen der 14- bis 69-Jährigen nutzen das World Wide Web am Arbeits- oder Ausbildungsplatz oder einem anderen nahegelegenen öffentlichen Ort. Insgesamt sind es rund 30 Prozent der deutschen Bundesbürger zwischen 14 und 69 Jahren, die zumindest gelegentlich das Internet nutzen. Der Anteil der Frauen unter den deutschen Internetnutzern ist auf knapp 40 Prozent gestiegen.

Die Voraussetzung für ein weiteres rasantes Wachstum der Nutzung in der deutschen Bevölkerung erscheinen gut, sind doch inzwischen rund 45 Prozent alle deutschen Arbeitnehmerhaushalte mit einem Personal Computer ausgestattet.[9]

E-Commerce-Angebote und Online-Dienstleistungen haben ihren festen Platz erobert. So hat jeder fünfte Internet-Nutzer (ca. 3,4 Millionen) in den letzten zwölf Monaten online ein Produkt gekauft oder bestellt (Bücher, CDs, Software); 22 Prozent der Internet-Nutzer (ca. 3,8 Millionen) haben bereits einmal Online-Dienstleistungen in Anspruch genommen (Theater- oder Konzertkarten, Reisebuchungen, Anmietung von Autos, Wertpapierkauf, Online-Auktionen).

Die technischen Möglichkeiten vorwiegend der internetbasierten Dienste haben neue Wege der Kommunikation geschaffen, die die zeitlichen, geographischen oder technischen Grenzen weit hinter sich lassen. Der damit einhergehende Eindruck, es gäbe auch keine rechtlichen Grenzen, ist nur bedingt richtig bzw. bedingt falsch.

---

[6]  Handelsblatt 1997/33.

[7]  Heise News-Ticker  01.09.98.

[8]  Pressemitteilung der G+J EMS am 23.02.00.
    Online im Internet: http://www.ems.guj.de/pressemeldungen/meld_20000223.html

[9]  Mitteilung des Heise-Newsticker am 21.03.00. Online im Internet:
    http://www.heise.de/newsticker/data/mst-21.03.00-000/

Sicherlich besteht die geltende Rechtsordnung weiter und soll hier für die Internetpräsenz deutscher Unternehmen beleuchtet werden. Aber die globale Kommunikation führt zu einer Internationalität und Komplexität auch der juristischen Fragestellungen in bisher nicht gekanntem Ausmaß.[10] Dies schafft die Notwendigkeit von
Anpassungen an die spezifischen Eigenarten des nachfolgend dargestellten neuen
Medientyps.

Entsprechend dem völkerrechtlichen Grundsatz der Souveränität gilt deutsches
Recht im Hoheitsgebiet der Bundesrepublik Deutschland. Soweit Aktivitäten im
Internet die juristischen Hoheitsgebiete anderer souveräner Staaten berühren, gilt
zudem deren nationales Recht. Weiter noch geht die EU-Datenschutzrichtlinie[11],
die das Recht der Europäischen Union für anwendbar erklärt, wenn eine Unternehmung eine Niederlassung in der EU hat. In diesem Fall hat die EU-Datenschutzrichtlinie auch Geltung für Datenübertragungen zwischen Niederlassungen dieser
Unternehmung in Drittstaaten. Auch Daten, die in Drittstaaten verarbeitet werden,
fallen unter diese Bestimmung, sofern die Verarbeitung einem in der EU niederge-
lassenen Unternehmen unterstellt ist.

Wie bei allen neuen Technologien werden Rechtsfragen zunächst in inhaltlicher
Analogie zur bestehenden Rechtsprechung eine Antwort suchen (wie z.B. in der
Behandlung von Werbe-Mails analog zur Faxwerbung). Allerdings gibt es Rechtsprobleme, für die solche Analogien nicht zu einer befriedigenden Lösung führen
und die der grundlegenden Neugestaltung der Behandlung solcher Rechtsprobleme
bedürfen. Ein Beispiel dazu ist der Vertragsschluß per E-Mail. Zudem besteht im
Strafrecht ein Analogieverbot – hier gilt der Wortsinn des Gesetzes. Auch dies führt
häufig zu Irritationen bei Anwendung auf das Internet.

Das grundsätzliche Problem bei der analogen Beurteilung von Rechtsfragen im
Cyberspace ist die in allen Belangen vorzunehmende Wahrung der verfassungs-
mäßig garantierten Grundrechte. Dabei ist es grundsätzlich nicht möglich, diese
Grundrechte anhand von Gesetzen beschreiben zu wollen, von denen sie eingeschränkt werden. Manche Probleme entstehen nicht durch die angebliche Rechts-
freiheit, sondern durch die Staatsfreiheit des Internet – die Ausprägung der verfas-
sungsmäßigen Grundrechte ist Aufgabe des Staates und kann nicht Dritten mit
Wirkung auf die Rechte der Bürger überlassen bleiben. Diese Frage taucht nicht nur
bei dem möglichen Einsatz von Filtern durch Zugangs- oder Inhalteanbieter auf,
sondern macht auch vor dem Hintergrund der Fusion von AOL und Time Warner
nachdenklich; schließlich verfügt der neue Konzern nicht nur über die Rechte an
Inhalten, sondern auch über die Möglichkeit, den Zugang zu diesen Inhalten nach
eigenen Interessen zu gestalten und auszuwerten.

Das Problem der „Staatsfreiheit" des Internet ist keineswegs der Ruf nach staatlicher Reglementierung, sondern die Frage nach der Legitimation dessen, der ein-
greift – und damit die Frage, wie es eigentlich mit dem Gewaltmonopol des Staates
im Internet aussieht.

---

[10] Vgl. Schotthöfer 1997, S. 1.
[11] Europäische Union vom 24. Oktober 1995.

Zudem trägt die hohe Geschwindigkeit der technischen Entwicklung einerseits sowie der Akzeptanz bei breiten Teilen der Bevölkerung andererseits dazu bei, daß sich die entstehenden Rechtsfragen kaum noch von Juristen allein beurteilen lassen. Der Zwang zur interdisziplinären Arbeit folgt schon daraus, daß Verbote nur dann Sinn haben, wenn sie auch durchsetzbar sind. Rechtliche Regeln und Analogien lassen sich in vielen Fällen nicht unmittelbar übernehmen, da sie die Dimensionen des Cyberspace nicht berücksichtigen, sofern sie nicht auf einem höheren Abstraktionsgrad angesiedelt sind. Dies wird zur Verdeutlichung an einfachen Beispielen im Rahmen der Diskussion präventiver staatlicher Kontrollen in Abschnitt 1.3 dargestellt.

Dieses Buch stellt, nach einer Einführung in die Grundlagen des Cyberspace als neuer Art öffentlichen Raumes und seiner rechtlichen Rahmenbedingungen, die typischen Fragestellungen heraus, mit denen nahezu jedes Unternehmen konfrontiert wird, das die Internet-Technologien zur Marktkommunikation einsetzt. Die Betrachtungen gehen dabei von der Website einer Unternehmung im Internet aus und erläutern die Rechtsprobleme der häufigsten technischen, gestalterischen und inhaltlichen Komponenten, wobei insbesondere die unterschiedlichen Positionen der aktuell kontroversen Diskussion herausgearbeitet und rechtlich bewertet werden. Um den Umfang dieses Buches in Schranken zu halten, wurde einer breiten Betrachtung der alltäglichen Rechtsprobleme der Vorzug vor einer detaillierten technischen Abhandlung gegeben.

Vorrangiges Ziel dieses Buches ist es, daß Unternehmen durch Kenntnis der Problemstellungen die rechtlichen Fußangeln umgehen können, die durch die häufig in der Praxis unbeachteten Dimensionen des Internet entstehen.

# 1.1  Entwicklung und Begrifflichkeit

In der Praxis der Unternehmen werden, obwohl inhaltlich sehr unterschiedlich, die Begriffe „Internet" und „World Wide Web" häufig synonym verwendet. Um die besondere Problematik des Online-Rechts nachvollziehbar darstellen zu können, wird hier der Begriff des „Cyberspace" verwendet, dessen Besonderheiten zunächst verdeutlicht werden, da sie spezifische Anforderungen an die rechtliche Bewertung, aber auch an die Handhabung diverser rechtlicher Instrumente begründen.

Der Begriff selbst entstammt dem Roman „Newromancer" von William Gibson[12] und bezeichnet eine virtuelle Welt (genannt: Matrix), die durch unmittelbaren Anschluß des menschlichen Bewußtseins an einen Computer betreten wird (per Kabelverbindung vom Rechner zum Implantat im Kopf) und keine Entsprechung in der realen Welt hat. Obschon heute Maus, Tastatur und Bildschirm noch zwischen virtueller und realer Welt liegen, erscheint die durch weltweite Computervernet-

---

[12] Gibson 1987.

zung entstandene virtuelle Welt zunehmend als eigenständige Dimension und ist insofern Gibsons Cyberspace ähnlich.[13]

Es besteht im ursprünglichen Sinn ein Unterschied zwischen „elektronischen" und „virtuellen" Welten, der jedoch durch die werbliche Nutzung der Begriffe zunehmend verwischt wird. Themen wie „Electronic Mail" und „Electronic Banking" wurden schon vor der Entwicklung der Hypertext Markup Language (HTML) als Grundlage des World Wide Web (WWW) diskutiert. Der Begriff „electronic" bezeichnet dabei eine Umsetzung realer Vorgänge in Vorgänge in elektronischen Netzen; ein Brief bleibt ein Brief, auch wenn er durch Bitübertragung versendet wird, und eine Überweisung kann zwar am Bildschirm ausgefüllt werden, ändert aber nichts an den Abläufen für den Kontoinhaber.

Der Begriff der Virtualität von Welten beinhaltet als deren eindeutiges Kennzeichen das Eintauchen (Immersion) und das Navigieren (Navigation) in diesen Welten.[14] Erste technische Umsetzungen sind aus Publikumszeitschriften bekannt; die Nutzer tragen einen Datenhelm, der durch stereoskopische Techniken das Gefühl vermittelt, sich tatsächlich in einem computergenerierten Raum zu befinden, und nutzen z.B. einen Datenhandschuh, um die computererzeugten und nicht real existenten Gegenstände greifen zu können.

Eine klare Unterscheidung zwischen elektronischen und virtuellen Abläufen wird für künftige Bewertungen rechtlicher Problemstellungen zunehmend wichtig; wenn beispielsweise der Besuch bei einem virtuellen Arzt ein Rezept zur Folge hat, das in einer realen Apotheke eingelöst werden kann, entstehen Rechtsfragen einer neuen Qualität, die nur noch in wenigen Fällen durch eine analoge Übersetzung von Abläufen aus unserem Alltag beurteilt werden können.

Von daher ist die Okkupation des Begriffes „virtuell" durch die Marketingstrategen kritisch zu betrachten – im Internet existiert nicht ein einziges virtuelles Kaufhaus, sondern lediglich „electronic malls". Dies hat praktisch zur Folge, daß die ursprüngliche Begrifflichkeit zur Unterscheidung nicht mehr verwendet werden kann, da die Semantik einem Wandel unterliegt. Zur Klarstellung wird hier auf zusätzliche textliche Erläuterungen zurückgegriffen.

Der Begriff „Internet" bezeichnet zunächst nur die Tatsache, daß vernetzte Computer weltweit über ein gemeinsames Protokoll (TCP/IP[15]) überwiegend durch Verbindung bestehender Einzelnetze untereinander (Inter-Networking = Internet) Daten austauschen können.[16] Der häufig verwendete Begriff der Online-Kommunikation impliziert eine Priorisierung der Datenleitungen und hat dazu geführt, daß umgangssprachlich heute auch das Leitungsnetz als Internet bezeichnet wird; dieses besteht in den meisten der beteiligten Staaten aus Hochgeschwindigkeitsverbindun-

---

[13]  Vgl. Mayer 1997, Seite II [sic!].

[14]  Vgl. Stockmann 1998

[15]  TCP/IP = Transmission Control Protocol/Internet Protocol. Näheres, mit weiteren Angaben zu Protokollen im Internet bei Alpar 1996, S. 15, 26 f.

[16]  Ein Protokoll ist eine Menge von Regeln zur Kommunikation, hier zwischen Datenstationen bzw. Computern.

gen als „Rückgrat" (Backbone), die für einen hohen Datendurchsatz in nationalen, kontinentalen und transkontinentalen Leitungen sorgen.[17] An diese Backbones sind weitere Netzwerke unterschiedlicher Größenordnungen angeschlossen, deren Nutzer über spezifische Netzwerkverbindungen, sehr häufig aber über analoge oder digitale Telefonverbindungen aufgeschaltet werden. Aus dieser Struktur leitet sich die Bezeichnung „Netz der Netzwerke" für das Internet ab (Abb. 1-1).

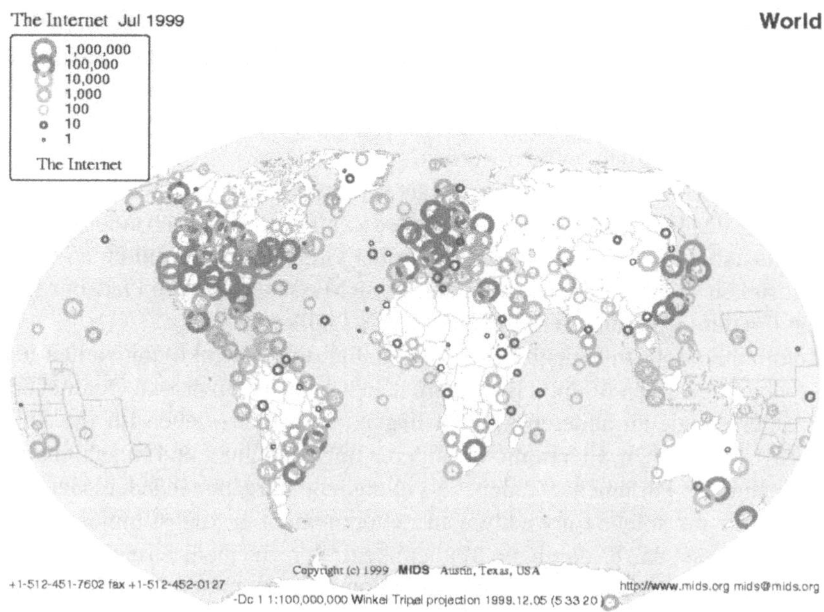


**Abb. 1-1:** Verteilung der Hosts im Internet (Copyright © 1999 MIDS, Austin, Texas, USA)[18]

Die dem Internet zugrundeliegende Idee stammt von RAND, einer Ideenschmiede für Szenarien thermonuklearer Kriege. Dort wurde ein Kommunikationssystem entworfen, das nukleare Schläge überstehen kann, da es einerseits dezentral organisiert ist und andererseits die Datenpakete nicht als Ganzes verschickt werden.[19] Diese Vorgaben wurden beim Internet durch das Verfahren des „package switching" erreicht, bei dem jede elektronische Botschaft in individuell gekennzeichnete Teile

---

[17] Bis etwa 1995 gab es nur zwei Backbone-Verbindungen zum US-amerikanischen Internet (Universitäten Dortmund und Karlsruhe). Die heute von vielen Providern unkoordiniert eingerichteten Backbones sollen zukünftig am Standort Frankfurt zu einem nationalen Knotenpunkt ausgebaut werden. Vgl. Internet World, *Frankfurt wird Internet-City*, 1998.

[18] MIDS aktualisiert regelmäßig die Internet-Worldmap. Die jeweils aktuellste Form findet sich online im Internet unter http://www.mids.org/mapsale/world/index.html

[19] Zu näheren Einzelheiten der Idee sowie ihrer Umsetzung s. Rheingold, *The Virtual Community*, 1993, S. 74 ff.

zerlegt wird, die separat auf dem jeweils schnellsten Weg im Internet von Computer zu Computer weitergereicht werden, um anhand der Individualisierungskennzeichen beim Empfänger automatisch wieder rekonstruiert zu werden. Der Weg, den ein Päckchen nimmt, ist dabei unerheblich; fehlt eines, fordert die entsprechende Software auf dem empfangenden Rechner dieses Teilpaket vom Versender nochmals an.

Vorstellbar ist dies am Beispiel eines Buches, dessen einzelne Seiten in separaten und adressierten Briefumschlägen an einen Empfänger geschickt werden. Auf welchem Weg (sprich: mit welchem Zug, LKW oder Postzusteller) die Umschläge transportiert werden, wissen weder Empfänger noch Absender; sind die Umschläge vollzählig angekommen, können die Blätter anhand der Seitenzahlen wieder zusammengesetzt und als Buch gelesen werden.

Die durch Dezentralisierung erreichte Robustheit des Systems bedeutet aber andererseits das Fehlen einer organisierenden Zentrale, somit auch einer ordnenden Kontrollinstanz. Die Irrelevanz geographischer Grenzen wird deutlich an der Wirkungslosigkeit staatlicher Zensurversuche beim Massaker auf dem Platz des Himmlischen Friedens (Tianamen) in Peking oder im Golfkrieg.[20]

Kommunikation, Information, Multimedialität und Interaktivität stellen in dieser Kombination einen öffentlichen Raum neuen Typs her, in dessen Qualität erhebliche Unterschiede zu anderen Medien liegen.[21] Visionäre sehen für die Zukunft interaktives Fernsehen, Electronic Commerce mit Bestellung und Bezahlung sowie die Teilnahme an Parlamentswahlen[22] als alltägliche Vorgänge in jedem Haushalt.[23] Es ist zu früh, um solche Entwicklungen zu kommentieren; zuzustimmen ist derzeit jedoch der These, daß es durch die Medienintegration zu einem Zusammenwachsen von Rundfunk, Fernsehen, Telekommunikation und Computernetzwerken kommt, die letztlich sämtlich ihre Inhalte in Form von digitalen Daten bereitstellen.[24] Zudem mehren sich die Angebote von IBM und anderen Anbietern, komplette Hausverwaltungen über eine TCP/IP-Verbindung fernzusteuern.[25]

Die visionäre Sicht sowie die Abschätzung der technischen Entwicklung und ihrer kommunikativen und sozialen Folgen ist dabei keineswegs ein Ergebnis der

---

[20]  Vgl. Rheingold, *The Virtual Community*, S. 130 (Peking) und S. 185 (Golfkrieg).

[21]  Vgl. Mayer, *Recht im Cyberspace*, Fußnote 15.

[22]  Netzticker.ch am 13.03.00: Weltpremiere: Arizonas Demokraten wählten online 35765 Demokraten Arizonas ergriffen die Chance, zu den ersten Online-Wählern der Welt zu gehören: Vom 7. bis 11. März 2000 konnten die Bewohner von Arizona ihren Präsidentschaftskandidaten nach einer vorherigen Registrierung auch per Internet wählen. Knapp die Hälfte der 76000 Wähler griffen tatsächlich zur Computermaus. Zudem hat sich die Wahlbeteiligung aufgrund der Online-Wähler verdoppelt. Die Wahl gewonnen hatte schliesslich Al Gore. Weiter Informationen online im Internet unter
http://www.azdem.org, http://www.election.com, http://www.netzticker.ch

[23]  Anderer Ansicht ist Stoll, *Die Wüste Internet*, 1996. Kritisch dazu auch Juretzky, *Volksentscheid per Internet*, 1998.

[24]  Für weitere Beispiele Tapscott, *Die digitale Revolution*, 1996, S. 26 f., 81 f. und 257–280.

[25]  Vgl. Puscher, *Adresse für IP-Toaster*, 1998, S. 20.

Schaffung des Internet selbst, sondern mit deutlichem Aktualitätsbezug u.a. von Marshall McLuhan 1964 veröffentlicht worden.[26]

Die umgangssprachlich zunehmend synonyme Verwendung der Begriffe Online-Dienst, World Wide Web (WWW, kurz Web), Internet, E-Mail und Cyberspace täuscht über die grundlegenden Unterschiede hinweg und verwischt zudem die notwendige Abgrenzung, was in welchem Dienst getan werden kann. Zudem entsteht der Eindruck, daß ein weltweites Internetrecht bzw. Netlaw durch zunehmende Anpassung nationaler Rechtsnormen möglich sei.

Online-Dienste sind Unternehmen, die neben dem Internet-Zugang (als Access-Provider) für eine geschlossene Kundengruppe auch aufbereitete Inhalte (als Content-Provider) bereitstellen. Die zentralisierte Struktur ermöglicht kundengruppenspezifische Inhaltsangebote, aber auch eine ordnende Kontrollinstanz. Teilnehmer von Online-Diensten wie weltweit AOL (America Online) oder die AOL-Tochter CompuServe, national T-Online (Telekom) oder regional z.B. City-Web (WAZ und Spiegel) können über eine „Schleuse" (Gateway) auf das Internet zugreifen, während Internet-Benutzern der Zugriff auf die Inhalte der Online-Dienste verwehrt ist – schließlich wollen die Mehrwert-Dienste den Mehrwert auch bezahlt bekommen.

Während inzwischen alle namhaften Online-Dienste elektronische Post (E-Mail) und Internet-Zugriff anbieten, unterscheiden sie sich durch das diensteinterne Zusatzangebot; so richtet sich AOL vorwiegend an Familien und Freizeitinteressierte und CompuServe an Unternehmen, T-Online bietet Online-Banking auf Basis proprietärer (eigener, vom Internet verschiedener) Protokolle an.

World Wide Web und E-Mail sind Dienste des Internet. Der Begriff „Dienste" wird deutlich an den Beispielen der Dienste im ISDN (Telefonie, Telefax, Teletext u.a.) und denen der Deutsche Post AG (Briefpost, Paketpost u.a.). Es gibt eine Reihe weiterer Internetdienste wie z.B. FTP, WAIS oder IRC[27], die jedoch für die Betrachtung des hier zu behandelnden Themas von nachrangiger Bedeutung sind.

Das World Wide Web stellt die im Internet verfügbaren Inhalte diverser Formate (Texte, Grafiken, Datenbanken usw.) miteinander verknüpft unter einer gemeinsamen Oberfläche dar.[28] Interaktivität, Multimedialität und Benutzerfreundlichkeit haben seit 1993 den weltweiten Boom des bereits 1968 entwickelten Internet ausgelöst. Die Besonderheit der Präsentation von Informationen im WWW beruht auf der Verknüpfung von Dokumenten durch Hyperlinks, deren Anklicken mit der Maus das verknüpfte Dokument auf den lokalen Rechner lädt und im

---

[26] McLuhan, *Understanding Media*, 1964.

[27] FTP = File Transfer Protocol zur Übertragung von Dateien im Internet; WAIS ist eine Suchmöglichkeit, die vor der Einrichtung der Suchmaschinen im WWW einen guten Überblick über die im Internet vorhandenen Ressourcen zu verschaffen vermochte und heute kaum noch genutzt wird; IRC = Internet Relay Chat ist der Dienst zum Chatten (engl. für = Plaudern) über Tastatur und Monitor; weitere Vertiefung zu allen Diensten des Internet s. Alpar, *Kommerzielle Nutzung des Internet*, 1998.

[28] Weitere Informationen insbesondere zur Datenbankanbindung s. Benn/Gringer, *Zugriff auf Datenbanken über das World Wide Web*, 1997.

Browser[29] anzeigt (vgl. Abschnitt 3.2). Die Homepage bezeichnet dabei die Einstiegsseite, von der Hyperlinks zu den anderen Seiten innerhalb einer Website leiten; die Homepage ist vergleichbar mit der Titelseite eines Buches, die Website mit dem gesamten Buch und die Webseiten mit den einzelnen Blättern, die der Titelseite folgen – allerdings im Gegensatz zum realen Buch mit Hyperlinks untereinander verknüpft; ein sequentielles Vorgehen wie bei einem Buch (Seite für Seite) erfolgt somit bei einer Website nicht zwingend.

Kommerziell (im Gegensatz zu privat) ist eine Webseite, wenn sie mit einem (weitgefaßten) wirtschaftlichen Hintergrund im Web publiziert wird; dazu reicht bereits die Tatsache, daß sie von einem Unternehmen oder auch einem Freiberufler zur Darstellung der eigenen Qualifikation dient oder auf die Existenz einer kommerziellen Eigenschaft hinweist.

E-Mail bezeichnet als inzwischen allgemein akzeptierter Begriff die elektronische Post durch Austausch von Texten (mit ggf. multimedialen Erweiterungen) zwischen Individuen[30], bei der analog zur realen Briefpost Nachrichten an einen Empfänger geschickt werden, der durch eine typische E-Mail-Adresse individualisiert ist.

E-Mail-Adressen haben zumeist das Format benutzer@computer.system (@ lies: engl. „at"). „benutzer" ist der individuelle Adressat, „computer.system" bezeichnet die Domain (s. Kap. 2.1). Die E-Mail wird an das Computersystem mit dem Namen „computer.system" weitergeleitet und dort in dem elektronischen Briefkasten von „benutzer" gespeichert. Dort findet dieser die Nachricht beim nächsten Zugriff darauf vor. Das @-Zeichen wurde von dem Programmierer Ray Tomlinson im Rahmen der Schaffung des elektronischen Postversandes für die damaligen Computernetze als eindeutiger Trenner gewählt, weil es nicht im Namen eines Menschen vorkommt. Das Zeichen selbst ist bereits seit 1555 auf der iberischen Halbinsel überliefert – es kommt also keineswegs aus dem Computerzeitalter.[31]

Häufig wird in den Medien über die mangelnde Sicherheit von E-Mails berichtet, die ohne Einsatz kryptographischer Methoden lesbar sind wie eine reale Postkarte. Allerdings wird die Gefahr aufgrund qualitativer wie quantitativer Fehleinschätzungen zumeist stark überzeichnet; angesichts von Hunderten von Milliarden E-Mails weltweit pro Jahr bestehen effizientere Möglichkeiten, an relevante Informationen zu gelangen, als eine ganz bestimmte Mail zu erfassen und – unberechtigt – zu lesen.[32]

---

[29]  Browser (von engl.: to browse – schmökern, stöbern) ist die Bezeichnung für ein zur Nutzung des WWW erforderliches Computerprogramm.

[30]  Auch Datenbanken können über die entsprechenden Schnittstellen ohne manuelle Eingriffe miteinander kommunizieren, indem eine Datenbank ihrer Daten in einer vorgegebenen Reihenfolge exportiert und die andere Datenbank diese vorgegebene Reihenfolge entsprechend auswertet und so die Daten importiert. Diese Art automatisierter nichthumaner E-Mail-Kommunikation ist jedoch hier nicht Fokus der Betrachtung.

[31]  Kühnert, Hanno, *Rätsel des Internet: Woher kommt der Klammeraffe (@)? Die durchgedrehte Ligatur.* Die ZEIT. Ausgabe 11/97. Online im Internet:
http://uranus.ecce-terram.de/zeit-archiv/1997/11/klammera.txt.19970307.html

[32]  So Mayer, *Recht im Cyberspace*, 1997, Seite III 1 a.

Bewußt zu berücksichtigen ist bei allen Rechtsproblemen im geschilderten Zusammenhang auch der Unterschied zwischen Daten (Singular: Datum) und Informationen. Sämtliche herkömmlichen Computer verarbeiten ihre Aufgaben reduziert auf die Frage „Spannung oder keine Spannung", digital dargestellt mit den Zeichen „0" oder „1", bezeichnet als Bit (Binary Digit). Zwischenstufen sind in den grundlegenden Bits nicht möglich; so gibt es auch kein halbes Bit.[33] Alle komplexen Zusammenhänge müssen, damit ein Rechner sie verarbeiten kann, in Bitfolgen darstellbar sein. Zur Verdeutlichung mag eine Ampel an der Straßenkreuzung dienen – hier sind drei Bit ausreichend. Die rote Lampe ist an oder nicht an, ebenso bei der grünen und der gelben. Die meisten Ampeln sind so geschaltet, daß bei gleichzeitigem Aufleuchten der roten und der gelben Birne als nächstes die grüne Birne freie Fahrt signalisiert; ist die gelbe Birne alleine angeschaltet, folgt als nächstes Rot. Die Zusammensetzung der drei Farben vermittelt somit die vier verschiedenen Informationen.

Die Daten „13158" bilden ohne Kenntnis des Zusammenhanges noch keine Information – es könnte eine Postleitzahl sein, eine Kontonummer, ein Geldbetrag oder ein Geburtsdatum. Erst aus dem Zusammenhang heraus wird aus Daten Information.

Besondere Folge der zunehmenden Informationsflut ist die Tendenz, die Information selber nicht mehr als vorrangig zu betrachten, sondern den Zeitpunkt, an dem die Information zur Verfügung steht. Die Lottozahlen der folgenden Ziehung drei Tage vorher zu kennen, ist erheblich interessanter, als sie erst am Nachmittag des Ziehungstages zu erfahren – dann kann kein Tipschein mehr abgegeben werden. Diese Erkenntnis hat zusätzliche Auswirkungen auf die Sichtweise der Nutzer hinsichtlich der elektronischen Informationsverarbeitung und -bereitstellung und zieht, im nächsten Schritt, erhebliche Veränderungen der betrieblichen Abläufe hinsichtlich Entscheidungsfindung und informatorischer Vernetzung nach sich.

# 1.2 Systembedingte Rechtsprobleme im Cyberspace

Eine Reihe von Rechtsproblemen bestehen aufgrund der Besonderheiten des Internet und sind nicht spezifisch für kommerzielle Websites oder gar deutsche Unternehmen, wenngleich deren Websites davon häufig unmittelbar betroffen sind. So wurde u.a. der notwendige Schutz von Daten vor dem Zugriff durch Unbefugte frühzeitig mit dem Entstehen der Hacker-Subkultur öffentlich.

Ursprünglich war ein Hacker jemand, der sich Zugang zu einem Computersystem verschaffte, um es zu erkunden. Der für diese Gruppe geltende Ehrenkodex

---

[33] Wohl arbeitet die Forschung an Systemen, in denen ein Bit mehr als einen Zustand einnehmen kann. Da diese Forschungen die Labore aber bislang nicht praxisrelevant verlassen haben, werden sie hier vernachlässigt.

erlaubte zwar das Eindringen, verbot aber jegliche Veränderung oder Beschädigung im Zielsystem; die Aktivitäten wurden vielmehr als „sportliche Übung" betrieben, mit welcher der individuelle Beherrschungsgrad der zugrundeliegenden Technologien überprüft und auch gezeigt werden konnte.

Heute erscheint die weithin verbreitete Bewunderung für jugendliche Hacker als „Wunderkinder" eher verblüffend. In den allermeisten Fällen haben diese Jugendlichen ein Tool von der einer der Hacker-Sites im Internet heruntergeladen, nach Gebrauchsanweisung verwendet und nicht einmal verstanden, welchen Schaden sie damit anrichten können – geschweige denn sich Gedanken darüber gemacht, daß sie sich vielleicht strafbar machen. In diesem Zusammenhang berichtete der Heise-Newsticker von der Rede von Marcus Ranum, einem ehemaligen Usenet-News-Guru, auf der Internet Security Conference 2000 in San Jose:[34]

> *Hacker wurden in der Vergangenheit glorifiziert, als Computer-Genies bezeichnet, und im allgemeinen eher bewundert. Seit den letzten Denial-of-Service-Attacken, insbesondere auf Sites wie CNN.com, weht jedoch ein schärferer Wind. Zu recht, wie Marcus Ranum, CEO von Network Flight Recorder und ehemaliger Usenet-News-Guru, in seiner provokativen Keynote-Rede während der Internet Security Conference in San Jose darlegte. Er ging sogar noch einen Schritt weiter und bezeichnete die Hacker als Amateur-Terroristen, die mit ihren Angriffen nicht einmal eine Ideologie verteidigen.*

In diesem Zusammenhang ist auch die „Cyberpunk-Bewegung" zu verstehen, die unter starkem Einfluß des „Newromancer" von Gibson versuchten, gewaltsam Ungleichheiten beim Zugang zum Cyberspace zu beseitigen, wie Paßwortschutz für geschlossene Benutzergruppen oder kommerzielle Angebote, auf die erst nach Zahlung zugegriffen werden darf. Dieser Ethos ist inzwischen verschwunden; heute werden Hacker überwiegend mit Datendiebstahl und ähnlichen strafbaren Handlungen in Verbindung gebracht.[35] An der Abnahme des Ethos der Hacker zeigen sich die vielfach uneinheitlichen Sanktionsmechanismen und die Probleme bei der Verfolgung von grenzüberschreitenden Straftaten im Internet. Ein bekanntes Beispiel lieferten niederländische Hacker bei ihrem Eindringen in US-Militäreinrichtungen im Jahr 1991; sie konnten in den Niederlanden dafür nicht belangt werden.[36]

Straftaten im Internet lassen sich im Rahmen der Verfolgung von Datenspuren nicht direkt auf eine reale Person zurückführen, sondern im besten Fall auf den Telefonanschluß, von dem aus gearbeitet wurde. Häufig gelingt es den Tätern, auch den Zugangspunkt ins Internet entsprechend zu verschleiern. Bekannt geworden ist die über Monate andauernde Verfolgungsjagd des geschädigten Computer-Sicher-

---

[34] o.V.: *Internet-Sicherheit: Wölfe im Schafspelz.* Heise Newsticker vom 29.04.00. Online im Internet: http://www.heise.de/newsticker/data/jk-29.04.00-000/

[35] Weitere Einzelheiten s. Hafner/Markoff, *Cyberpunk*, 1991.

[36] Näheres s. Markoff, *Dutch Computer Rogues*, 1991.

heitsexperten Tsutomu Shimomura nach dem Hacker Kevin Mittnick.[37] Letztlich konnte Mittnick der Einbruch in Shimomuras Computersystem nur durch dessen enorme Detailkenntnis nachgewiesen werden. Die Strafverfolgungsbehörden bleiben in aller Regel in technischer und personeller Hinsicht weit hinter dem spezialisierten Fachwissen der Straftäter zurück.[38]

Zudem besteht ein präventives ÜberwaÜberwachungsinteresse1chungsinteresse eines jeden Staates, unabhängig von den in manchen Staaten üblichen Zensurbemühungen (vgl. Fn. 19). Pläne zur Herstellung einer Bombe wie jener, die das Federal Building in Oklahoma am 19. April 1995 zerstörte, können über das Internet distribuiert werden (allerdings ebenso per Briefpost oder Telefax). Potentielle politisch motivierte Straftäter haben das Internet längst entdeckt; so hat sich die Neonazi-Szene im deutschsprachigen Raum mit dem „Thule-Netz" ein eigenes Kommunikations- und Informationsmedium geschaffen.[39] Die Abwägung zwischen den Rechten des einzelnen und dem berechtigten Verfolgungsinteresse des Staates ist schwierig.

Allerdings ist schon aufgrund der technischen Entwicklung kein Staat mehr in der Lage, die über das Internet geführte Kommunikation vollständig „abzuhören".[40] Der US-amerikanische Geheimdienst NSA (National Security Agency) hatte in der Vergangenheit versucht, die illegalen Nutzungsmöglichkeiten des Internet durch das EES-Verfahren (Escrowed Encryption Standard) zu steuern. Der Clipper-Chip (bzw. Capstone-Chip) sollte als Hardwarekomponente den einzig legalen Standard-Verschlüsselungsmechanismus gewährleisten und Abhörsicherheit für jede Form der Telekommunikation bieten, mit Ausnahme besonders befugter Regierungsstellen (wie dem FBI, Federal Bureau of Investigation), die einen elektronischen „Zweitschlüssel" erhalten sollten. Dieser Plan zeugt von einer eklatanten Fehleinschätzung der Auswirkung bürokratischer Entscheidungen auf den neu entstandenen öffentlichen Raum – die Netzgemeinde wehrte sich durch Einsatz von PGP (Pretty Good Privacy). Diese vom US-amerikanischen Programmierer Phil Zimmerman entwickelte Kryptographie-Software ist sehr leistungsfähig, wurde kostenlos an die Internet-Nutzer via Internet distribuiert und überließ den US-Behörden keinen „Zweitschlüssel".[41]

Verdeutlicht wurde die Bedeutung, die ein solcher Zweitschlüssel für die Verfolgungsbehörden hat, durch die „RSA Challenge 97". RSA ist ein von Ron Rivest, Adi Shamir und Leonard Adleman entwickelter Kryptographie-Algorithmus. Im Rahmen der Challenge 97 wurde über das Internet versucht, einen 48 Bit langen

---

[37]  Die Verfolgung und Ergreifung von Mittnick schildern Shimomura/Markoff in dem Buch *Data Zone*, 1996.

[38]  Vgl. Mayer, *Recht im Cyberspace*, 1997, Seite III 1 a.

[39]  Vgl. hierzu Deutscher Bundestag, *Neue Aktionsformen der rechtsextremen Szene*, 1996.

[40]  Vgl. Europäische Kommission, *Bericht über die Mitteilung der Kommission über illegale und schädigende Inhalte im Internet*. S. 5, Abschnitt B: Begründung, I. Einleitung. KOM(96)0487 – C4 – 0592/96 vom 20.03.97. Online im Internet: http://www.europarl.eu.int/dg1/a4/de/a4-97/a4-0098.htm

[41]  Vgl. Mayer, *Recht im Cyberspace*, 1997, Seite III 1 b.

Verschlüsselungscode zu knacken. Dazu waren 5000 Rechner im Internet verbunden, die 39 Tage für die „Brute Force Attack" brauchten, bei der sämtliche mathematisch möglichen Schlüsselkombinationen der Reihe nach durchprobiert wurden. PGP bietet demgegenüber heute verschiedene „Schlüssellängen" bis 4096 Bit an.[42]

Die „Ad hoc Group of Cryptographers and Computer Scientists" kommt in ihrer Analyse über die Risiken von Key Recovery, Key Escrow und Trusted Third Party-Verschlüsselung zu folgendem Schluß:[43]

*Key recovery systems are inherently less secure, more costly, and more difficult to use than similar systems without a recovery feature. The massive deployment of key-recovery-based infrastructures to meet law enforcement's specifications will require significant sacrifices in security and convenience and substantially increased costs to all users of encryption. Furthermore, building the secure infrastructure of the breathtaking scale and complexity that would be required for such a scheme is beyond the experience and current competency of the field, and may well introduce ultimately unacceptable risks and costs.*

*Attempts to force the widespread adoption of key recovery through export controls, import or domestic use regulations, or international standards should be considered in light of these factors. We urge public debate to carefully weight the costs and benefits of government-access key recovery before these systems are deployed.*

Im Jahr 1998 lobte die RSA Data Security Inc. erneut ein Preisgeld in Höhe von 10.000 USD für die Entschlüsselung des angeblich sicheren 56 Bit langen Data Ecryption Standard (DES) aus[44], der u.a. von Banken zur Sicherung ihrer Transaktionen genutzt wird. Nach Behauptungen der US-Regierung war dieser Standard ausreichend sicher, da er nur mit einem viele Millionen US-Dollar teuren Netzwerk entschlüsselt werden könnte. Jede Erweiterung des Schlüssels um ein einziges Bit verdoppelt die Zahl der durchzurechnenden Möglichkeiten.

Tatsächlich dauerte die Entschlüsselung durch die Electronic Frontier Foundation (EFF)[45] nur 56 Stunden; der von John Gilmore und Paul Kocher dazu eigens gebaute Supercomputer umfaßte 1000 Prozessoren, 27 Boards und kostete lediglich 250.000 USD[46], eine Summe, die kriminelle Organisationen nicht gerade abschrekken dürfte.

Zudem hat Ron Rivest vom MIT mit seiner Veröffentlichung zum „Chaffing and Winnowing" verdeutlicht, daß die Verschlüsselung auch ohne Schlüssel mit hohem

---

[42]  Ein Bericht über die Wettbewerbe findet sich auf der RSA-Homepage unter
http://www.rsa.com/rsalabs/html/challenges.html

[43]  Abelson, Hal, et al.: *The Risks of Key Recovery, Key Escrow, and Trusted Third Party Encryption. A Report by an Ad hoc Goup of Cryptographers and Computer Scientists.* Abschnitt 4: Conclusion. 1998. Online im Internet: http://www.cdt.org/crypto/risks98/

[44]  The RSA Data Secrurity Secret-Key Challenge. Online im Internet:
http://www.rsa.com/rsalabs/97challenge/

[45]  Online im Internet: http://www.eff.org

[46]  Heise News-Ticker: *DES in drei Tagen geknackt.* Online im Internet:
http://www.heise.de/newsticker/data/gr-17.07.98-000/

Sicherheitsanspruch vorgenommen werden kann – und ohne Schlüssel funktioniert das Key Recovery System nicht mehr.[47]

Einen ähnlichen Ansatz wie seinerzeit in den USA verfolgte ursprünglich auch die Deutsche Bundesregierung, wie Presseberichten zur Entwicklung eines Krypto-Chips bei Siemens im Auftrag des Bundesinnenministers zu entnehmen war.[48]

Solche Verbote sind bereits im Ansatz verfehlt, da in einem grenzüberschreitenden virtuellen Raum auf Basis digitaler Datenübertragung nationale Verbote weder wirksam durchzusetzen noch vor einfacher Umgehung zu schützen sind. Solange die Entwicklung kryptographischer Methoden und Technologien weltweit nicht ausschließlich unter staatlicher Kontrolle erfolgt (es ist nicht abzusehen, daß dies jemals der Fall sein sollte), müssen auch international intensive Kooperationen erfolglos bleiben. Dabei ist der größte Nachteil für die Überwachungsorganisationen, daß bei der Anwendung anderer Methoden wie der Steganographie nicht einmal erkennbar ist, daß geheime Daten überhaupt existent sind.

Bei dem Verfahren der Steganographie[49] werden geheime Daten (z.B. Textdaten) derart in andere Daten (z.B. eine Grafikdatei) eingebettet, daß selbst die Existenz der geheimen Daten verborgen bleibt. Damit soll, wie auch bei der Kryptographie, die Vertraulichkeit von Daten gesichert werden. Während jedoch die kryptographischen Methoden lediglich den Inhalt der Daten schützen, geht die Anforderung an das Verstecken der Daten weiter. Wenn die Existenz der geheimen Daten nachweisbar ist, steht man immer noch vor dem Problem der Entschlüsselung.[50]

Einen weiteren Problemkreis stellt die Frage dar, wer eigentlich das jeweils nationale Wertesystem kontrolliert. Die im Grundgesetz verbrieften Grundrechte schützen nur vor Eingriffen durch die deutsche öffentliche Gewalt; eine Drittwirkung z.B. des Grundrechts auf freie Meinungsäußerung besteht grundsätzlich nicht im Verhältnis der einzelnen zueinander. Das Problem besteht hier in der Beschränkung der Meinungsäußerungsfreiheit durch private Unternehmen auf Veranlassung staatlicher Stellen, häufig als „vorauseilender Gehorsam" bezeichnet.

Im Jahr 1995 sperrte CompuServe weltweit 200 Newsgroups aufgrund der von der Münchener Staatsanwaltschaft eingeleiteten Ermittlungen wegen Verbreitung von Kinderpornographie durch CompuServe-Kunden. Abgesehen von der teilweise hitzig geführten Diskussion über Meinungsäußerungsfreiheit im Internet und der Tatsache, daß diese Sperrung auch für US-amerikanische Kunden zu einer umfangreichen Kündigungswelle eben dieser Kunden führte, ist der Ablauf in diesem Bei-

---

[47] Rivest, Ronald L., *Chaffing and Winnowing – Confidentiality without Encryption*, 1998. Online im Internet: http://theory.lcs.mit.edu/~rivest/chaffing.txt

[48] S. Internet World, *Kanthers Geheimpläne*, 1998, sowie IT.Services, *Regulierung durch die Hintertür befürchtet*, 1998.

[49] Weitere Nachweise bei Köhntopp, Marit, *Sag's durch die Blume*. Webversion eines Artikels aus der Zeitschrift iX 04/96, Heise Verlag. Online im Internet:
http://www.netzservice.de/Home/marit/publikationen/steganographie/index.html

[50] Franz/Pfitzmann: *Einführung in die Steganographie und Ableitung eines neuen Stegoparadigmas*, 1998.

spiel vergleichbar mit der Sperrung der T-Online-Zugänge zu den Seiten des Neo-
nazis Ernst Zündel und dem Zugangsverbot in Frankreich zu dem Buch „Le Grande
Secret" des ehemaligen Mitterand-Arztes Claude Gubler.[51]

Diesen Fällen ist gemeinsam, daß ihnen falsche Vorstellungen der Verfolgungsbehörden zugrunde liegen, die ein effektives Verbot von Inhalten im Internet für
möglich hielten. Die Verfolgungsbehörden stellten Anbietern rechtliche Konsequenzen in Aussicht, die durch diese Ankündigung bereits zu beschränkenden Maßnahmen griffen und den Nutzern den Zugang zu diesen Inhalten sperrten.

In allen Fällen wurden die fraglichen Inhalte umgehend außerhalb des Einfluß-
bereiches der Verfolgungsbehörden im Ausland auf einem anderen Server repli-
ziert; eine publicityträchtige Berichterstattung erfolgte in den Medien über die
Fälle, die beanstandeten Inhalte – und die Replikation unter Nennung der neuen
Quelle. Die Inhalte blieben jeweils für die Nutzer ohne Probleme erreichbar. Im
Vorgriff auf die nachfolgend dargestellten Einzelfälle verdeutlichen diese Beispiele
zahlreiche Problemstellungen, mit denen deutsche Unternehmen in der täglichen
Praxis konfrontiert werden, und die aus mangelnder Praxis des Umgangs sowie aus
mangelnder Integration der neuen Technologien in die Praxis der Rechtsprechung
und Strafverfolgung resultieren.

Axel H. Horns schreibt dazu in der Mailing-Liste Netlaw-L[52]:

*Hier gilt es, den transnationalen Charakter des Internet konsequent zu beachten.
Die Einführung des Btx-Systems in den 80er Jahren hat gezeigt, daß es eine vergleichsweise triviale Angelegenheit ist, ein Netzwerk rechtlich zu regulieren,
welches sich (zumindest im wesentlichen) in seiner räumlichen Erstreckung auf
die Jurisdiktion eines einzelnen Staates beschränkt.*

*Demgegenüber gibt es derzeit keinen einzelnen Staat, der als ‚Hüter einer
konkreten politischen Ordnung' im Internet auftreten könnte, sobald Fallkonstel-
lationen mit Auslandsbezug betrachtet werden. [...]*

*Nur eine umfassende Staatengemeinschaft könnte diese Aufgabe über eine
Internet-Konvention oder über eine global harmonisierte Rechtsangleichung lei-
sten. Es ist absehbar, daß solche Ansätze noch Jahrzehnte an Vorbereitungs- und
Übergangszeit benötigen werden und daher zur Lösung der derzeitig erörterten
Probleme nicht zur Verfügung stehen.*

*Alle Lösungsvorschläge zur Behebung von derzeit in der Öffentlichkeit dis-
kutierten Mißständen (unzulässige Inhalte, Missbrauch der Anonymität usw.)
müssen sich an diesem Rahmen messen lassen. Eine Einschränkung anonymen
Auftretens im Internet allein aufgrund einer Impressumspflicht nach deutschem
oder EU-Recht ist ohne die gleichzeitige Option einer zwangsweisen Beschrän-*

---

[51]  Online im Internet: http://www.kyaritsu.com/mirror/le-secret/ (Stand: 21.03.00)
[52]  Von: Axel H. Horns (horns@t-online.de).
      An: NETLAW-L@LISTSERV.GMD.DE
      Samstag, 22.08.1998, 08:20. Betreff: Re: [NETLAW-L] Anonymitaet oder nicht in news,
      web und Co. (Anm. d. Verf.: Die Darstellung der Umlaute und ss/ß wurde verändert.)

*kung des Zuganges zum Internet von deutschem Boden / EU-Boden aus ein stumpfes Schwert, ein Beitrag zur symbolischen Gesetzgebung.*

*Je mehr versucht wird, Probleme im transnationalen Internet durch Durchsetzung nationalen oder regionalen Rechtes zu lösen, um so mehr geraten Zugangsbeschränkungssysteme (Zwangsproxies, Netwatch, Webblock etc. pp.) in den Fokus der Aufmerksamkeit der Legislative und der Exekutive. Die Errichtung und der Ausbau einer wirksamen Zugangsbeschränkungsinfrastruktur ist aber in jedem Fall – auch bei sich demokratisch verstehenden Staatswesen – eine bedenkliche Entwicklung, da sie objektiv einen Umbau von nationaler/ regionaler Infrastruktur in Richtung 'ready for dictatorship' darstellt, denn alle bisherigen Erfahrungen haben gezeigt, daß ein punktgenaues Ausfiltern von nach nationalem Recht unzulässigen Inhalten technisch nicht möglich ist. Wirksamkeit wird überhaupt nur dann erzielt, wenn sehenden Auges in Kauf genommen wird, dass neben den eigentlich inkriminierten Inhalten auch solche gesperrt werden, die an sich rechtmäßig verbreitet werden dürften, die aber aufgrund der inhärenten Unschärfe der Filterkriterien mit erfaßt werden.*

*Der Satz, das Recht müsse auf die Technik Einfluß nehmen, ist nicht falsch, kann aber in dieser Allgemeinheit zu Fehlschlüssen Anlaß geben. Ulrich Beck ist im Grundsatz zuzustimmen, daß im Hinblick auf die globalen Telekommunikationsmärkte nach einer Phase der nationalen Deregulierung mit einer verstärkten transnationalen Re-Regulierung zu rechnen sei. Aber dabei darf der Zeitfaktor nicht vergessen werden. Wer heute an eine Regulierung des Internet herangeht, kann dies bestenfalls auf der Grundlage eines technischen Verständnisses unserer Tage bewerkstelligen. Dieser Ist-Zustand würde dann in einer die weitere Entwicklung strangulierenden Art und Weise als Norm in die Zukunft fortgeschrieben. Einen derartigen Ansatz halte ich daher nicht für wünschenswert.*

*Ein abschreckendes Beispiel für eine ähnliche Fehlentwicklung bietet die deutsche Legislation der letzten Jahre mit TKG, IuKDG, MDStV. Alle diese Normen gründen trotz ihres vordergründig zukunftsgerichteten Anspruches begrifflich noch in der „guten alten Zeit", in der Sprachdienste von Datendiensten ebenso streng unterscheidbar waren wie Individualkommunikation von Massenmedien. Auch die Diskussionen in NETLAW[53] der letzten Zeit haben demonstriert, daß diese vom Gesetzgeber als begriffliche Hintergrundfolie in das Recht eingebrachte technische Momentaufnahme zu unsäglichen Auslegungs- und Anwendungsproblemen führt.*

*Eine einfache Lösung ist nicht in Sicht. Ich plädiere für ein begrenztes Hinnehmen von partiell anarchisch-chaotischen Rechtszuständen im Internet für mindestens ein weiteres Jahrzehnt. Auch für das Internet wachsen die Bäume nicht in den Himmel, und es wird eine Zeit geben, in der das Netz einen Reifezustand erreicht und sich in seiner Struktur und seinen Nutzungsmöglichkeiten nur noch wenig ändert. Dies wäre die Zeit für eine transnationale Normierung fundamentaler Mindestvoraussetzungen zum Schutz gewisser Rechtsgüter. Bis*

---

[53] Diskussionsliste im Internet, s. Online-Quellen (Anm. d. Verf.)

*dahin hilft Durchwursteln. Wenn auf nationale Zugangsbeschränkungssysteme verzichtet werden soll, können die durch den Mißbrauch des Internet bedrohten Rechtsgüter in dieser Übergangszeit nur durch Selbstschutz seitens der Nutzer, z.B. durch die vielfältigsten Einsatzmöglichkeiten starker Kryptographie, notdürftig gesichert werden. Wer sich nicht selbst schützen kann, sollte daran denken, auf die Nutzung des Internet besser zu verzichten.*

Seit August 1997 sind das Teledienstegesetz (TDG) und die Umsetzungsgesetze des Mediendienste-Staatsvertrages (MDStV) in Kraft – eine klare und eindeutige Abgrenzung zwischen Tele- und Mediendienst scheint es jedoch noch nicht zu geben.

Wann sich ein Angebot an die Allgemeinheit richtet und wann es der Individualkommunikation nahesteht, ist Auslegungssache. Bei dieser Abgrenzung auf die Rechtsprechung zu warten, erscheint wenig befriedigend. Zum einen fehlt es zur Zeit an einem Rechtsstreit, bei dem die neu geschaffenen rechtlichen Grundlagen von Relevanz sind, zum anderen kann die Abgrenzung praktisch eine erhebliche Rolle spielen, da die Rechtsfolgen von TDG und MDStV sehr differieren können. Die für den gewerblichen Website-Betreiber, der seine Leistungen anbietet und für seine Produkte wirbt, relevanten Rechtsfragen sind nicht eindeutig geklärt. Wird er Teledienst-Anbieter, weil sein Angebot auf individualisierbare Vertragsbeziehungen abzielt,[54] oder bewirbt er die Allgemeinheit und ist damit Mediendienste-Anbieter?[55] Vorrangig ist hier die Haftungsfrage; die Regelungen sind zwar in § 5 TDG und in § 5 MDStV dem Wortlaut nach nahezu identisch, jedoch ergeben sich dennoch fatale Unterschiede: Die Regelung des § 5 MDStV kann als Landesgesetz aus verfassungsrechtlichen Gründen die zivil-, wettbewerbs-, marken- und urheberrechtliche sowie die strafrechtliche Haftung bzw. Verantwortlichkeit nicht wirksam beschränken. Hier zeigt sich die Reichweite des unübersichtlichen Nebeneinanders von TDG und MDStV.

Die Zusammenhänge zwischen den unterschiedlichen Gliedern der Kommunikationskette sowie den relevanten Gesetzen verdeutlicht Abb. 1-2.

Das Verhältnis von Rundfunkstaatsvertrag und MDStV ist ebenso undeutlich wie die Abgrenzung MDStV und TDG.[56] Laut § 2 Abs. 1 S. 2 MDStV bleibt der Rundfunkstaatsvertrag durch den MDStV unberührt. Dies kann dahingehend verstanden werden, daß es nach der Vorstellung der Länder Mediendienste gibt, die auch unter den Rundfunkstaatsvertrag fallen – Mediendienste und Rundfunk liegen somit inhaltlich wie auch von ihrer Struktur und Zielsetzung dicht zusammen. Der Verweis auf den Rundfunkstaatsvertrag verdeutlicht jedoch auch den Konflikt zwi-

---

[54]  § 2 Abs. 4 TDG stellt bei inhaltlichen Angeboten der Verteil- und Abrufdienste darauf ab, ob bei diesen nicht aufgrund der redaktionellen Gestaltung die Meinungsbildung für die Allgemeinheit im Vordergrund steht.

[55]  Nach dem reinen Wortlaut des § 2 Abs. 2 Nr. 4 MDStV liegt diese Annahme nahe.

[56]  Vgl. Wenning, Rigo: *Akteure im Internet: Rechtliche Problemfelder* (Teil 1). JurPC Web-Dok 46/1998, Abs. 2. Online im Internet:
http://www.jura.uni-sb.de/jurpc/aufsatz/19980046.htm

schen Ländern und Bund über ihre diesbezügliche Gesetzgebungskompetenz. Im Hinblick auf § 2 Abs.1 S. 2 MDStV könnte als Mediendienst derjenige Anbieter verstanden werden, der ein dem Rundfunk ähnliches Angebot bereithält. Hinsichtlich des Verhältnisses zwischen MDStV und Rundfunkstaatsvertrag gilt die Änderung des Rundfunkvertrages durch den § 21 MDStV:

*Dieser Staatsvertrag (hiermit ist der RundfunkStV gemeint) gilt nicht für Mediendienste von § 2 MDStV; [...].*

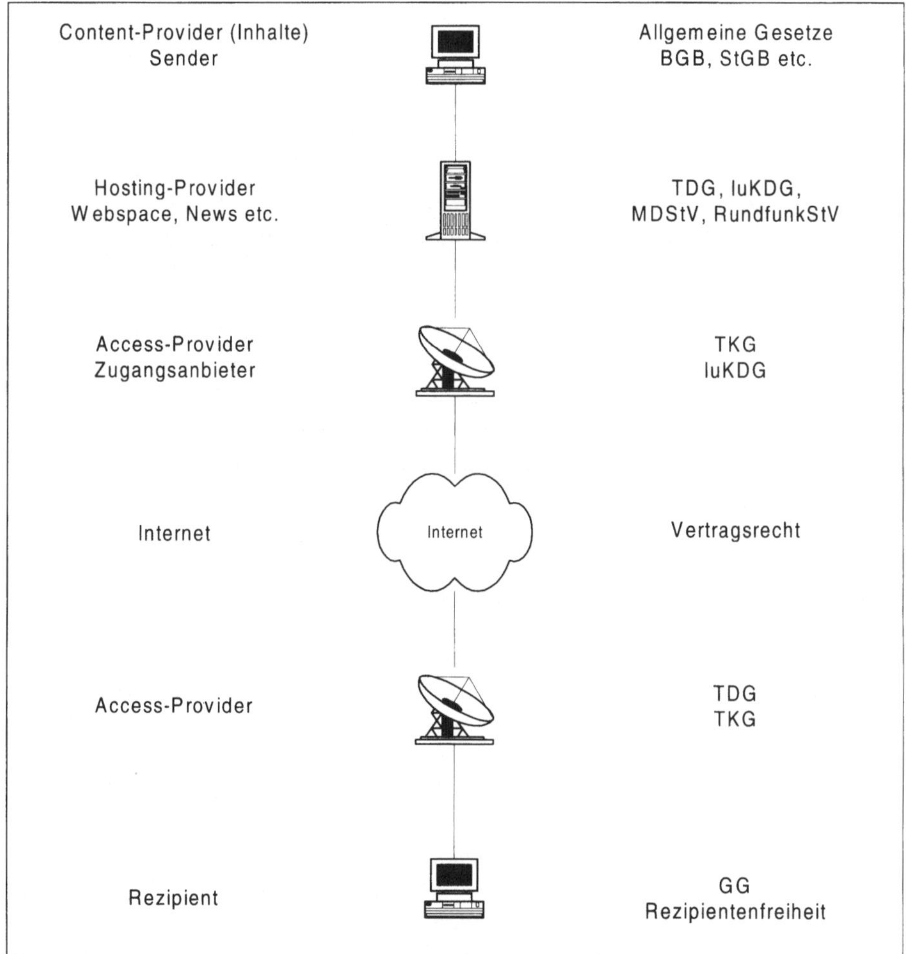


**Abb. 1-2:** Informationsablauf im Internet (nach Wenning)[57]

---

[57] In Anlehnung an Wenning, Rigo: *Akteure im Internet: Rechtliche Problemfelder* (Teil 1). JurPC Web-Dok 46/1998, Abs. 6. Online im Internet:
http://www.jura.uni-sb.de/jurpc/aufsatz/19980046.ht

Wieder zeigt sich der Zuständigkeitskonflikt – der Website-Betreiber unterliegt mit dem Versuch, auf die Meinungsbildung der Allgemeinheit Einfluß zu nehmen, dem Rundfunkstaatsvertrag. Das Internet bietet jedem die Möglichkeit journalistischer und publizistischer Tätigkeit. Diese Möglichkeit spiegelt sich als rechtlicher Konflikt zwischen TDG, MDStV und Rundfunkstaatsvertrag wider.

Nicht nur die aktiv an der Bereitstellung und Distribution von Informationen im Internet Beteiligten verursachen (und haben) Probleme mit einer analogen Fortschreibung nationaler Rechtsinstitute im Internet, wie Wenning in seiner Betrachtung des Gesetzes über die Verbreitung jugendgefährdender Schriften (GjS) beschreibt:[58]

*Beim strafrechtlichen Jugendschutz zeigt § 184 StGB[59] die bisher verwendete Methode sehr deutlich. Abgesehen vom generellen Verbot der Verbreitung und des Besitzes von gewissen Bestialitäten wurde Jugendlichen vor allem der räumliche Zugang zu entsprechenden Horten der Sünde verwehrt. Es mußte eine Räumlichkeit so abgeschirmt sein, daß sie von außen nicht einzusehen ist. Eine vergleichbare Trennung im neu geschaffenen „Raum" Internet zu bewerkstelligen, ist ungleich schwerer, weil das übliche Paradigma der Publikation durchbrochen ist und vielfach eine Identitätskontrolle nicht möglich oder sogar gesetzlich erschwert ist. Gerade in einem Bereich, wo es auf Anonymität der Nutzung ankäme, wird dann eine Kontrolle gefordert. Man muß sich vorstellen, daß jeder Käufer des Playboy elektronisch registriert würde. Die bisher vorhandenen physischen Zugangshindernisse sind im Internet gerade nicht vorhanden, wenn das System benutzbar bleiben soll. Dennoch versucht der Gesetzgeber, die alten Muster beizubehalten und eine Trennung in eine Informationswelt der Erwachsenen und der Jugendlichen herbeizuführen. Dies war von einem Antrag der SPD im Ausschuß für Familie, Senioren, Frauen und Jugend kritisiert worden, dem Grüne und PDS bei Enthaltung von CDU/CSU und FDP zustimmten. Darin wurden verfassungsrechtliche Bedenken hinsichtlich der bedenkenlosen Übernahme des Modells des GjS auf die Online-Medien angemerkt. Die Bedenken wurden jedoch nur teilweise in die Änderung zum GjS eingearbeitet. Vielmehr führt der neue § 5 III GjS zu einem Verbot mit Erlaubnisvorbehalt. Die Vorhaltung von jugendgefährdendem Material im Internet ist danach grundsätzlich rechtswidrig und im Rahmen des GjS sogar strafbar, es sei denn, das Angebot ist mit einer technischen Sicherung verbunden. Der Medienstaatsvertrag enthält in § 8 wiederum eigene Regelungen zum Jugendschutz, die nach Abruf- und Verteildiensten gestaffelt sind. Bei den Verteildiensten, also bei „push", muß der Veranstalter die Sendezeit lediglich so determinieren, daß Jugendliche das Angebot „üblicherweise" nicht wahrnehmen. Das Fernsehen kennt eine ähn-*

---

[58]  Vgl. Wenning, Rigo: *Akteure im Internet: Rechtliche Problemfelder* (Teil 1). JurPC Web-Dok 46/1998, Abs. 27. Online im Internet:
http://www.jura.uni-sb.de/jurpc/aufsatz/19980046.htm
[59]  Online im Internet: http://www.bib.uni-mannheim.de/bib/jura/gesetze/stgb-inh.shtml

*liche Bereichsregel für „push". Dagegen wäre der Anbieter von Abrufdiensten, also „pull", dazu verpflichtet, eine Vorkehrung zur Sperrung anzubieten.*[60]

Ein Fazit der aktuellen Diskussion um die systembedingten Rechtsprobleme zieht Krieger:[61]

*Im Prozeß des Zusammenrückens der Völker hat sich nun, zunächst zwischen einzelnen und dann zwischen ganzen Gruppen, gezeigt, daß es durchaus Gemeinsamkeiten gibt und daß es im gemeinsamen Interesse liegt, wenigstens auf der Basis dieses gemeinsamen Nenners gleichlautend zu handeln. Die Folge waren bilaterale und/oder multilaterale Verträge zwischen solchen Einzelstaaten und Staatengruppen, wobei es sich als weise herausgestellt hat, daß Einzelstaaten bei multinationalen Verträgen das Recht eingeräumt wurde, bestimmte nationale Eigenheiten durch Zusatzerklärungen oder Ausschlüsse zu behalten. [...]*

*Alle diese Abkommen sind von zwei Grundsätzen geprägt. Der erste ist die Gegenseitigkeit (was z.B. zur Folge hat, daß Urteile von manchen US-Staaten anerkannt werden und von anderen nicht). Der zweite Grundsatz ist, daß solche Hoheitsakte nicht gegen den eigenen „ordre public", also nicht gegen grundsätzliche Rechtsprinzipien, verstoßen dürfen.*

*Aus dieser Entwicklungsgeschichte sollten wir einmal lernen, daß es wohl müßig und wohl auch nicht wünschenswert ist, von einer Zentralinstanz zu träumen, die alles schon regeln wird. Zum anderen ist es müßig, vom Stein der Weisen zu träumen. Zum Dritten ist es eine Illusion, zu glauben, die Globalität des Netzes werde Gesetzgeber und Rechtsprechung davon abhalten, die ihrer Gewalt Unterworfenen zu zügeln.*

---

[60] Wenning, Rigo: *Akteure im Internet: Rechtliche Problemfelder* (Teil 1). JurPC Web-Dok 46/1998, Fn. 62: Der im folgenden wiedergegebene Antrag der Fraktion der SPD wurde im Ausschuß für Familie, Senioren, Frauen und Jugend mit den Stimmen der Fraktionen SPD und BÜNDNIS 90/DIE GRÜNEN sowie der Gruppe der PDS bei Enthaltung der Fraktionen der CDU/CSU und FDP angenommen: „Der Ausschuß wolle beschließen, dem federführenden Ausschuß für Bildung, Wissenschaft, Forschung, Technologie und Technikfolgenabschätzung zu empfehlen, bei der Beratung des Informations- und Kommunikationsdienste-Gesetzes die nachstehende Entschließung zu berücksichtigen: [...] Eine Ausweitung des Schriftenbegriffs des Gesetzes über die Verbreitung jugendgefährdender Schriften (GjS) im Hinblick auf Online-Medien wie das Internet wäre wegen der gesamten Systematik und mit Blick auf die Rechtsfolgen dagegen weder sinnvoll noch wegen der damit verbundenen Zugangsbeschränkungen für Erwachsene verfassungsgemäß. Ein wirksamer Jugendschutz kann daher derzeit in erster Linie nur durch geeignete Sicherheitssoftware oder bewußte Nutzung am schulischen oder häuslichen Bildschirm erfolgen."

[61] Von: H. Jochen Krieger (advobox@geod.geonet.de).
An: NETLAW-L@LISTSERV.GMD.DE
Datum: Samstag, 22.08.98, 13:26 Uhr. Betreff: [NETLAW-L] Ohnmacht?

Häufig wird in Zusammenhang mit dem Internet mit dem Erklärungsmodell der Päckchen gearbeitet, in denen die Daten vom Absender zum Empfänger transportiert werden.

Wie jedes Modell liegt auch hier ein stark in seiner Komplexität reduzierter Realitätsausschnitt vor, der zwar das Erfassen der Transportzusammenhänge ermöglicht, aber sachlogisch nicht korrekt ist.

Die Bitübertragung in Rechnernetzen erfolgt durch elektrische Spannung im Kabel – diese Spannung liegt an oder sie liegt eben nicht an. Während das Päckchenmodell impliziert, daß zum Abfangen des Inhaltes genau das vorbeikommende Päckchen gelesen werden müßte, kann die im Kabel anliegende elektrische Spannung, mit der die einzelnen Bitausprägungen („0" oder „1") dargestellt werden, an jeder Stelle des Kabels festgestellt werden – dieses Verständnis ist notwendig, um grundlegende Probleme der staatlichen Kontrolle wie auch des innerbetrieblichen Datenschutzes in ihrer Tragweite nachvollziehen zu können.

Das präventive Überwachungsinteresse des Staates wurde bereits angesprochen. Die bei neuen Technologien trotz schneller Verbreitung regelmäßigen geringen Kenntnisstände sorgen in der aktuellen Diskussion eher für Verwirrung denn für Klarheit; dies betrifft Unternehmen und Bevölkerung genauso wie Richter, Politiker und Staatsdiener.

Viele Forderungen haben sich an Beispielen zur Kinderpornographie entzündet, wobei häufig übersehen wird, daß die höhere Zahl an Ermittlungen durch die Transparenz des Internet ermöglicht wird. Allerdings sind bei diesen Ermittlungen in aller Regel gerade nicht die eigentlichen Verbrecher zu finden, nämlich diejenigen, die sich an Kindern vergehen.

Zum Übertragen von entsprechenden Videofilmen ist das Internet aufgrund der anfallenden Datenmengen nicht geeignet, und das Hauptinteresse der eigentlichen Täter, nämlich bezahlt zu werden, kann via Internet auch nicht erfolgen; die bestehenden Möglichkeiten über Kreditkarten oder vergleichbare Zahlungsmittel hinterlassen sehr deutliche Spuren.

Insbesondere vor dem Hintergrund, daß bei Verdacht der Kinderpornographie von keinem deutschen Richter die Genehmigung zum Abhören eines Telefons erlangt werden kann, liegt bei vielen Äußerungen der Verdacht nahe, daß über das Vehikel Kinderpornographie andere Ziele erreicht werden sollen.

Die dabei benutzte Argumentationskette lautet häufig:

• Ich bin gegen Kinderschändung.

• Ich beteilige mich nicht daran.

• Also habe ich nichts zu verbergen.

• Also habe ich nichts dagegen, daß der Staat auch bei mir nachschaut.

Diese Argumentationskette ist nicht geeignet, um Lösungen auf Basis unseres Grundgesetzes zu finden. Zur Verdeutlichung der Problematik soll der in der Presse häufig benutzte Begriff der „Polizeistreifen im Internet" dienen und anhand zentraler Fragestellungen die Auswirkungen präventiver Kontrollmechanismen auf die wichtigsten Dienste des Internet verdeutlichen.

Die Durchführung präventiver Kontrollen ist manuell kaum durchführbar, angesichts von derzeit rund geschätzten 320 Millionen Webseiten zuzüglich der textuellen Beiträge in Mailing-Listen und Newsgroups des Usenet sowie des E-Mail-Verkehrs; zwar können im World Wide Web stichprobenartig Polizeibeamte surfen und sich Homepages ansehen, wie sie auch veröffentlichte Zeitungen lesen können. Schon das Beispiel mit den Zeitungen zeigt jedoch, daß Strafverfolgungsbehörden zwar tätig werden müssen, wenn ihnen eine Straftat bekannt wird. Das regelmäßige Lesen von Zeitschriften in beruflichem Auftrag quer durch die veröffentlichten Publikationen ist damit jedoch nicht abgedeckt – es käme der strukturierten Suche nach Anfangsverdachten gleich.

Die geschilderte manuelle Methode ist zudem auf Newsgroups, die Pinnwände des Internet, sowie auf das World Wide Web beschränkt; Chat-Foren, in denen nach aktuellen Schätzungen der Hauptteil des Austausches krimineller Informationen stattfindet, sowie E-Mail als persönliche Post zwischen Sender und Empfänger können so nicht kontrolliert werden.

Die Vorgehensweisen verschiedener Gerichte und Staatsanwaltschaften waren in der Vergangenheit häufig von mangelndem Fingerspitzengefühl und fehlendem Sachverstand geprägt. Dies führte zu einem Ansehens- und Vertrauensverlust Deutschlands und dort selbst zu erheblichen wirtschaftlichen Schäden.[62] Für weltweites Aufsehen sorgte das „Katastrophenurteil"[63] des Münchener Amtsrichters Hubbert über den ehemaligen Geschäftsführer von CompuServe Deutschland, Felix Bruno Somm, in erster Instanz wegen Verbreitung pornographischer Schriften.[64] In der von Hubbert gestellten „günstigen" Sozialprognose, in deren Folge das Urteil zur Bewährung ausgesetzt wurde, wird u.a. die Tatsache positiv hervorgehoben, daß Somm zum Zeitpunkt der Urteilsverkündung nicht mehr Geschäftsführer von CompuServe Deutschland war. In seiner Analyse des Urteils benennt Sieber

*[...] eine bemerkenswerte Addition von technischen, materiellrechtlichen und prozeßrechtlichen Fehlern. Der trotz zahlreicher Bedenken erfolgte Schuldspruch belegt den Willen zu einer spektakulären Verurteilung, [...]*[65]

---

[62]  In die gleiche Richtung geht die Kritik von Ulrich Sieber: *Kontrollmöglichkeiten zur Verhinderung rechtswidriger Inhalte in Computernetzen* (Teil 1). Online im Internet: http://www.jura.uni-wuerzburg.de/lst/sieber/kontrolle/kontrolle_dt(1).htm

[63]  Krempl, Stefan: *Münchener Richter macht kurzen Prozeß mit Felix Somm.* Telepolis 28.05.98. Online im Internet: http://heise.xlink.de/tp/deutsch/inhalt/te/1480/1.html

[64]  AG München, Urteil vom 28.05.1998. Az. 8340 Ds 465 Js 173185/95 „compuserve". Online im Internet: http://www.online-recht.de/vorent.html?AGMuenchen980528

[65]  Sieber, Ulrich: *Anmerkungen. In: AG München CompuServe-Urteil m. Anm. Sieber.* MMR 8/1998. Abschnitt 4: Gesamtbetrachtungen, Abs. 1. S. 447.

Die Qualität der sehr umfangreichen Urteilsbegründung faßt Stadler in seinem Fazit seiner Anmerkungen zum Urteil zusammen:[66]

*Die Qualität des Urteils läßt sich am besten daran ablesen, daß unproblematische Aspekte z.T. in epischer Breite ausgeführt werden, während die entscheidenden Punkte apodiktisch und knapp gehalten sind. Das Gericht bleibt trotz des Urteilsumfangs eine überzeugende Begründung für die Strafbarkeit Felix Somms schuldig.*

Am 17. November 1999 sprach das Landgericht München I Felix Somm im Berufungsverfahren frei.[67] Die Haftung des Providers ist allerdings selbst bei bayerischen Gerichten nicht unumstritten (vgl. Kapitel 3.2.1).

Allerdings gibt es diese Probleme nicht nur in Deutschland. In der Schweiz wurden 1998 rund 100 Provider von der Schweizerischen Bundespolizei aufgefordert, bestimmte IP-Adressen dem Zugriff durch schweizerische Nutzer zu sperren.[68] Da die Sperrung einzelner Webseiten nicht möglich war, wurde von einigen Providern jeweils der ganze Host gesperrt. Wer eine der Webseiten auf diesem Host aufrufen wollte, erhielt einen Hinweis, daß die aufgerufene Seite gegen das schweizerische Strafgesetzbuch verstoße. Dies geschah allerdings auch beim Aufruf der Homepage des Symphonieorchesters San José, die sich ebenfalls auf dem gesperrten Server befand.[69]

Unangemessen erscheinen auch die Maßnahmen der italienischen Strafverfolgungsbehörden in Bologna, die wegen des Verdachts der üblen Nachrede nicht die Entfernung der entsprechenden Dokumente von einem Server verlangten, sondern sofort den ganzen Server beschlagnahmten – und so 120 nichtkommerziellen Gruppen vorübergehend ihren Websitz nahmen. Für viele internationale Zeitungen bis hin zur Washington Post diente dieser Einsatz als Lehrstück in Sachen Meinungsfreiheit. Das Gericht in Vincenca widerrief schließlich seine Entscheidung mit der Begründung, es sei wenig sinnvoll, die bestehenden Gesetze unverändert auf dieses schnellwachsende Medium zu übertragen.[70]

Eine Sperrung spezifischer Inhalte im Internet ist nicht zielgenau möglich. Jede technische Möglichkeit betrifft immer auch Inhalte, die eigentlich nicht gesperrt werden sollen. Das Problem der möglichen elektronischen Filter liegt darin, daß diese ungewünschten Nebenwirkungen umso größer sind, je höher der Wirksamkeitsgrad der Sperrung sein soll. Aber auch dies schützt nicht vor relativ einfachen

---

[66] Stadler, Thomas: *Anmerkung zum Somm-Urteil.* 30.07.98. Online im Internet: http://www.afs-rechtsanwaelte.de/somm3.htm

[67] LG München I, Urteil vom 17. November 1999. Az. 20 Ns 465 Js 173158/95 (AG München I). Online im Internet: http://www.computerundrecht.de/home_1672.html

[68] Vgl. Heise News-Ticker vom 05.08.98. Online im Internet: http://www.heise.de/newsticker/data/em-05.08.98-000/

[69] Schulzki-Haddouti, Christiane: *Schweizer Provider in der Verantwortung.* Telepolis, 31.07.98. Online im Internet: http://www.heise.de/tp/deutsch/inhalt/te/1512/1.html

[70] Schulzki-Haddouti, Christiane: *Ein Lehrstück in Sachen Meinungsfreiheit.* Telepolis, 09.07.98. Online im Internet: http://www.heise.de/tp/deutsch/inhalt/te/1497/1.html

Umgehungsmöglichkeiten durch die Nutzer, ist für die technische Installation und Umsetzung jedoch mit unverhältnismäßig hohen Kosten verbunden.[71]

In der Diskussion der Jahre 1998 und 1999 häuften sich die Äußerungen, die nach einer präventiven Kontrolle auch der elektronischen Kommunikation verlangen. So berichtet die Passauer Neue Presse unter Berufung auf dpa, daß die Bundesregierung nach Aufdeckung des Kinderporno-Skandals in den Niederlanden staatliche Kontrollen im Internet einführen wollte. Es sollten im Datennetz Inhalte von E-Mails und von Gesprächsforen ausgewertet werden. Der ehemalige deutsche Bundesinnenminister Manfred Kanther wollte Suchprogramme einsetzen, die das Internet nach verbotenen Inhalten durchforsten. Bei Verdacht auf Straftaten wie Kinderpornographie würde damit die Möglichkeit zum „legalen Abhören" geschaffen.[72] Auch hier ist zu berücksichtigen, daß für eine richterliche Verfügung zur Abhörung eines Telefons der Verdacht der Kinderpornographie in Deutschland nicht ausreichend ist.

Die Süddeutsche Zeitung berichtete dazu unter dem Titel „Der Staat schaut bis ins letzte Bit – Internet-Verbrecher sollen durch eine neue Software gefaßt werden."[73] Die Diskussion drehte sich um die rechtliche wie praktische Regelung der anlaßunabhängigen Fahndung im Internet. Auch wenn sich diese Zeitungsmeldung hinterher als Falschmeldung herausstellte[74], macht die breite Veröffentlichung in der Presse doch deutlich, daß die allgemeine Atmosphäre keinen Zweifel an den zugrundeliegenden Zielsetzungen aufkommen ließ.

Zur automatisierten, weil manuell aufgrund der reinen Menge nicht möglichen Kontrolle lassen sich nur automatisierte Verfahren einsetzen. Die Bitfolgen können an zentralen Knotenpunkten abgelesen werden, dabei entstehen sehr große Datenmengen. In Anbetracht der Größe der Datenmengen verbleibt als sachlogische Konsequenz deren Speicherung in zentralen, automatisiert auswertbaren Datenbanken. Eine Visualisierung sämtlicher kopierter Daten am Bildschirm ist praktisch genauso unsinnig wie die Behauptung, solche Daten würden sofort wieder gelöscht – dann hätte man sie nicht kopieren müssen.

Problematisch ist dabei insbesondere, daß am Beispiel der E-Mail-Kopien nachvollziehbar komplette Kommunikationsprofile der überwachten Teilnehmer durch eine einfache Datenbankabfrage erstellt werden können und das Bild vom „gläsernen Bürger" so in einer Konsequenz Erfüllung findet, wie es sich noch nicht einmal George Orwell vorstellen konnte.

---

[71] Köhntopp, Marit/Köhntopp, Kristian/Seeger,Martin, *Sperrungen im Internet. Eine systematische Aufbereitung der „Zensurdiskussion"*. Webversion des Artikels in Datenschutz und Datensicherheit DuD 11/97. Online im Internet:
http://www.netzservice.de/Home/marit/publikationen/sperrunginternet/index.html

[72] Passauer Neue Presse v. 27.07.98. Online im Internet:
http://www.vgp.de/red/pnp/1998/07/27/pol/00000011.htm

[73] SZonNet aktuell vom 27.07.98. Online im Internet: http://www.sueddeutsche.de/cgi-bin/export.cgi?article=polit_d.htm&date=19980727&id=freedom4links

[74] S. Branchendienst Internet Intern 16/98, 06.08.98: *Abhöraktion ist eine Ente*. Online im Internet: http://www.intern.de/98/16/08.shtml

Um die damit verbundenen Probleme zu verdeutlichen, muß zunächst klargestellt werden, daß zwar sämtliche Informationen im Internet binär vorliegen und somit theoretisch zentral erfaßt werden könnten (derzeit ist kein Verfahren bekannt, das die gewaltige Informationsmenge sinnvoll handhaben könnte), aber durch die Unterschiede der verschiedenen Dienste teilweise tiefe Eingriffe in die Grundrechte vorgenommen würden, die ohne eine Verfassungsänderung nicht zulässig sind.

Abschließend soll in diesem Kapitel ein Urteil erwähnt werden, das ein systembedingtes Rechtsproblem ganz besonderer Art hervorbringt: Alleine die Teilnahme am World Wide Web eines Homepage-Besitzers ist schon aufgrund der Reichweite des Web als Teilnahme am geschäftlichen Verkehr anzusehen, sofern nicht nur eine geschlossene Benutzergruppe darauf Zugriff hat. Vor dem Hintergrund, daß der private Bereich erheblich älter ist als der Werbebereich, was sich z.B. im Werbeverbot in deutschen Schulen ausdrückt, wirkt diese Auslegung geradezu perfide – werden doch von vielen Seiten immense Anstrengungen unternommen, einen hohen Durchsatz von Internetnutzern in der Bevölkerung zu erreichen. Diese Privatpersonen, denen im Gegensatz zu Firmen, Freiberuflern und Selbständigen keine Kenntnis der z.B. wettbewerbs-, marken-, kennzeichen- und namensrechtlichen Zusammenhänge unterstellt werden muß, wären jedoch allein schon durch Veröffentlichung einer Homepage Teilnehmer am geschäftlichen Verkehr. Diese Logik impliziert, daß das Parken eines Autos einer bestimmten Marke ebenfalls Teilnahme am geschäftlichen Verkehr sein kann, da einer breiten Öffentlichkeit unbekannter Zusammensetzung ein Blick auf das Markensymbol angeboten wird. Von daher erscheint die Urteilsbegründung des OLG München im Fall „CDBench" in diesem Punkt als äußerst fragwürdig, der dem Spiegelserver einer Universität wegen fehlender Zugangsbeschränkungen eine Teilnahme am geschäftlichen Verkehr attestierte (zur Auswirkung durch kennzeichenrechtliche Abmahnung gegen Private vgl. Kap. 4.2.2).[75]

# 1.3  Zwischen Publikation und Kommunikation

Polizeistreifen im realen Leben erhöhen das Gefühl der Sicherheit für die Bürger. Dabei zeigen die Polizeibeamten Präsenz, die dieses Gefühl vermittelt – sie sind nicht unterwegs, um Straftaten zu suchen. Der Begriff der Strafverfolgungsbehörden impliziert die Verfolgung einer Straftat; zwingend notwendig ist dabei der Anfangsverdacht.

Daher ist es nicht statthaft, daß die Polizeibeamten in ihrer dienstlichen Funktion Zeitschriften gezielt nach verdächtig erscheinenden Artikeln durchsuchen. Auch Gewerbeaufsicht und Gesundheitsamt führen Kontrollen stichprobenartig durch – aber für jeden dieser Eingriffe gibt es eine explizite gesetzliche Grundlage.

---

[75] OLG München, Urteil vom 3. Februar 2000. Az. 6 U 5475/99, „CDBench". Online im Internet: http://www.afs-rechtsanwaelte.de/urteile78.htm

Für eine „Polizeistreife im Internet" ist diese Grundlage nicht erkennbar, sie muß vom Gesetzgeber erst geschaffen werden.

Wie die folgenden Beispiele zeigen, bedeutet jedoch eine präventive automatisierte Kontrolle der Dienste des Internet quasi eine „Rasterfahndung ohne Tatverdacht". Der Tatverdacht kann nicht schon allein aus der Teilnahme am Cyberspace abgeleitet werden; dies würde bedeuten, jeden Internetnutzer im Extremfall als potentiellen Kinderschänder zu betrachten. Die Internet-Technologien sind zudem nicht eine „gefährliche Technik" wie ein Atomkraftwerk oder ein Kraftfahrzeug im Straßenverkehr.

Die binäre Natur aller im Internet übertragenen Daten macht einen Maschineneinsatz bei der Überwachung möglich. Um zu verstehen, welche verschiedenen Rechte und Rechtsgebiete mit einer generellen Überwachung tangiert werden, ist eine Betrachtung der einzelnen Dienste des Internet notwendig; hier soll dies vereinfacht am Beispiel von World Wide Web, E-Mail und Newsgroups erfolgen. Dabei wird auch die Andersartigkeit der kommunikativen Elemente der Internetdienste deutlich, die aufgrund ihrer Besonderheiten nicht einfach mit bekannten Elementen der realen Welt gleichgesetzt werden können. So ist eine E-Mail von ihrem Kommunikationscharakter, obwohl textuell, dem persönlichen Gespräch bzw. Telefonat erheblich näher als dem Brief; dies wirkt sich besonders auch im Verhältnis Arbeitgeber zu Arbeitnehmer bezüglich der Kontrollen von E-Mail-Kommunikation aus (s. Kapitel 6.1). Zudem ist ein wichtiger Gesichtspunkt das mögliche Ausmaß der Anonymität, in dem an der Kommunikation teilgenommen werden kann. Ohne den nachfolgenden Kapiteln vorzugreifen, ist der Begriff der Anonymität häufig negativ besetzt, weil er direkt mit Schmähschriften und übler Nachrede belegt wird.

Abgesehen von dem möglichen Nutzen der anonymen Äußerungen von Bürgern in totalitären Staaten stellt sich der Gebrauch von Anonymisierungsfunktionen für den Einzelnen bei näherer Betrachtung der Datenschutzfragen im Internet aber als die wahrscheinlich einzige sinnvolle Schutzmaßnahme des Individuums gegenüber der möglichen Erstellung von elektronischen Persönlichkeitsprofilen dar. Auch hier beeinflußt die beachtliche Vielzahl von Dimensionen eine rein nationale Rechtsanwendung in den transnationalen Computernetzen, die von der Bevölkerung genutzt werden können.

Wer ein Dokument im Web privat oder kommerziell publiziert, stellt dieses der weltweiten Öffentlichkeit zur Verfügung. Sofern der Zugang zu diesem Dokument nicht durch Paßwort gesichert ist, besteht für jeden Betrachter die Möglichkeit zur Kenntnisnahme. Ungeachtet der nationalrechtlichen inhaltlichen Bewertung stehen diese Dokumente automatisierten Suchverfahren durch Robots oder Agents zur Verfügung. Der gesamte Inhalt des Dokumentes kann, ähnlich der Arbeitsweise von Suchmaschinen, in eine Volltextdatenbank übernommen werden und steht danach für eine Auswertung der Strafverfolgungsbehörden zur Verfügung.

Problematisch ist bei diesem Verfahren, daß eine automatisierte Erfassung keinerlei Unterscheidung zwischen den im Dokument enthaltenen Informationsarten vornehmen kann. So werden die im Impressum genannte Anschrift, die E-Mail-

Adresse für den Kontakt zum Autor wie auch die persönlichen Angaben im „ich über mich"-Teil in die Datenbank einfließen – und stehen so wiederum für die Erstellung eines Persönlichkeitsprofils zur Verfügung.

Während bei der Publikation der Autor selber bestimmen kann, welche Informationen er über sich selber veröffentlicht, erhalten diese Informationen in Verbindung mit einem Kommunikationsprofil aus den anderen Internetdiensten eine völlig neue Qualität, die auch eine neue Qualität der Profilbeschreibung ermöglicht.

Ebenfalls binär erfolgt die Punkt-zu-Punkt-Kommunikation mit E-Mail, der elektronischen Post. Per Text dargestellt, dient dieser Dienst vielen Anwendern als zeitversetzte Gesprächsführung und ist, auch durch die häufig anzutreffende Nutzung im Bereich der persönlichen, zwischenmenschlichen Kommunikation, dem zeitgleichen Telefonat ähnlich. Wie in einem Gespräch werden Rede und Gegenrede ausgetauscht, was durch die in allen gängigen E-Mail-Programmen implementierten Features („Antwort" bzw. „Reply" und „Weiterleitung" bzw. „Forward") erleichtert wird. Die automatisierte Erfassung der E-Mail-Kommunikation widerspricht dem Recht auf informationelle Selbstbestimmung, das für den Einzelnen auch das Recht beinhaltet, zu bestimmen, wem er eine Information gibt. Schon hier ist ersichtlich, daß eine grundsätzliche automatisierte Abnahme sämtlichen binären Datenverkehrs ohne eine Änderung des Grundgesetzes in Deutschland unmöglich ist.

Ebenso deutlich wird die Problematik, wenn man die Funktionsweise des Usenet („User's Network") betrachtet, eines ehemals vom Internet getrennt existierenden Netzes. Inzwischen funktioniert der Austausch der als Postings bezeichneten Nachrichten in den einzelnen Newsgroups über das Internet, die Funktionsweise des „store and forward" hat sich jedoch nicht geändert. Newsgroups sind die einzelnen Themengruppen, oft zur Verdeutlichung als virtuelle Pinnwände bezeichnet, in die ein Teilnehmer seine Nachricht „posten", also veröffentlichen, kann. Der Empfängerkreis ist dabei nicht adressierbar, wie bei einem Zettel an der Pinnwand in einem Supermarkt auch nicht bekannt ist, wer den Zettel hinterher liest.

Das „store and forward"-Prinzip sorgt für einen automatischen Abgleich des aktualisierten Nachrichtenbestandes zwischen allen News-Servern weltweit; Server 1 übergibt, vereinfacht dargestellt, alle auf ihm gespeicherten Nachrichten an Server 2 und zugleich sämtliche an Server 2 angeschlossenen weiteren News-Server. Diese reichen die Postings an die ihnen angeschlossenen Server weiter, bis sämtliche Postings nach dem Schneeballsystem auf allen News-Servern zur Verfügung stehen. Es gibt somit keinen zentralen Server, der in irgendeiner Form zentralisiert steueroder überwachbar wäre; jegliche Überwachung steht damit vor dem Problem, auch all jene Informationen in die Datenbank zu laden, die eigentlich nicht überwacht werden dürfen: Das Internet ist nicht per se staatsgefährdende Technik, und nicht jeder Internetnutzer ist von vornherein als potentieller Straftäter anzusehen. Lediglich für die Betreiber der News-Server besteht die Möglichkeit, von anderen Servern ausgewählte Newsgroups nicht auf die eigenen Server zu übernehmen; eine Auswahl der Postings innerhalb der Newsgroups ist durch den völlig automatisierten Datenaustausch nicht möglich. Berücksichtigt man, daß derzeit auf den größeren News-Servern rund 80.000 Newsgroups geführt werden, in die alle täglich eine Vielzahl von Postings gestellt werden, wird zudem die Unmöglichkeit manueller Überwachung deutlich. Daneben gibt es für einen kundigen Nutzer immer auch die Möglichkeit, einen anderen als den News-Server des eigenen Providers zu nutzen, so daß selbst die Nichtübernahme einzelner Newsgroups durch den Anwender einfach umgangen werden kann.

Welche Informationen bereits mit den im Internet für die manuelle Suche zur Verfügung stehenden Möglichkeiten von einem im Internet aktiven Individuum gewonnen werden können, stellt die Zeitschrift Konr@d in ihrem Artikel „Datenjagd" am praktischen Beispiel dar.[76] Eine automatisierte Erfassung der gesamten binären Datenkommunikation würde in einem Maße präventive Überwachung schaffen, die in eklatantem Gegensatz zu den im Grundgesetz verbrieften Rechten steht, da sie über Täterprofile – um zum potentiellen Täter zu werden, braucht es zumindest einen Anfangsverdacht – hinaus für jeden am Internet teilnehmenden Menschen ein umfassendes Kommunikationsprofil zu erstellen ermöglicht.

Der Grundsatz einer offenen Datenerhebung erfordert die Kenntnis durch die Betroffenen. Eindeutige Ermächtigungsgrundlagen für ein polizeiliches präventives Handeln im Internet sind nicht erkennbar. Die polizeiliche Generalklausel wird mangels konkreter polizeilicher Gefahr nicht zum Zuge kommen, und eine einfache Aufgabenzuweisungsnorm kann schon deshalb nicht ausreichen, weil die Folgen für die Betroffenen Eingriffsqualität haben. Die Grenze einer automatisierten Kontrolle binären Datenverkehrs ist mindestens dort zu ziehen, wo aus einer Verfolgungsvorsorge eine allgemeine Informationsvorsorge wird.[77] Oder, wie Semken zu der sprichwörtlichen Suche nach der Stecknadel im Heuhaufen schreibt:

*Aber wenn man das Heu noch verfüttern will, dann ist Anzünden eben nicht die korrekte Methode, Zellulose und Eisen zu trennen – auch wenn die auf den ersten Blick praktikabel erscheint.*[78]

Ein zweiter Ansatz in der öffentlichen Diskussion richtet sich auf die Forderung nach digitaler Signatur jedes Datenpäckchens im Internet. Dies würde ein vorsorgliches Kopieren sämtlicher Daten überflüssig machen, da anhand der Absendersignatur im Bedarfsfall schnell die dazugehörige natürliche Person ermittelt werden könnte. Basis dieser Überlegungen ist das IP-Protokoll, das im Rahmen des TCP/IP-Protokollpaketes für die eindeutige Adressierung sämtlicher dem Internet angeschlossenen Rechner zuständig ist.

---

[76]  Lehmann, Dirk: *Auf Datenjagd. Dossier. Wie Ihr Computer Sie verrät.* In: konr@d 3/98, S. 36–40. Online im Internet: http://www.konrad.stern.de/artikel/datenjagd/datenjagd.html

[77]  So auch: Sierk Hamann (hamann@jura.uni-tuebingen.de).
An: Mailing-Liste Online-Recht (online-recht@akademie.de).
Datum: Mittwoch, 29. Juli 1998, 21:53 Uhr. Betreff: Re: OLR: letzte Meldungen

[78]  Private Mail. Von: Hartmut Semken (semken@inx.de).
An: Ulrich Werner (werner@ulrichwerner.com).
Datum: Montag, 17. August 1998, 09:56 Uhr.

Das derzeit in Verwendung befindliche Protokoll trägt die Versionsnummer 4; seit längerem wird IPnG bzw. IPv6 (IP next Generation bzw. Version 6) entwickelt, mit dem eine erheblich höhere Zahl möglicher Adressen zur Verfügung stehen wird; die Adressen der aktuellen Version werden langsam knapp, da bei Entwicklung des Protokolls niemand mit einer solch weiten Verbreitung rechnen konnte.

Im Rahmen der weltweiten Umstellung auf die neue IP-Version besteht die Möglichkeit, auf dieser Ebene eine Pflicht zur digitalen Signatur zu verankern. Diese auch als „Impressumspflicht" bezeichnete Signatur würde es ermöglichen, jedes einzelne Datenpäckchen einem bestimmbaren Inhaber der Signatur zuzuordnen.

Was in der Theorie noch recht anschaulich klingt, findet in der Praxis schnell seine Grenzen, in den Bereichen des Rechtes auf Anonymität wie auch in der Sicherheit der digitalen Signaturen.

Würde ein anerkannt demokratischer Staat einen solchen Vorschlag als Grundlage eines möglichen Übereinkommens bei der UNO einreichen, wäre damit zu rechnen, daß die erste und deutlichste Zustimmung von den nichtdemokratischen Staaten käme, die mit einer solchen Regelung eine einfache und effiziente Möglichkeit erhielten, z.B. die Veröffentlichungen eines Exilanten über Zustände in seinem Heimatland mit der Adresse einer natürlichen Person in Verbindung zu bringen.

Zudem können digitale Signaturen, zumal sie von Berechtigten weltweit abfragbar sein müssen, ausschließlich in Datenbanken vorgehalten werden. Die einzige wirklich sichere Methode, ein Eindringen Unbefugter in einen Datenspeicher zu verhindern, ist bekanntermaßen das Abschalten des Computers. Die notwendige Sicherheit kann von niemandem ernsthaft garantiert werden.

Jeder Autofahrer, der in eine Verkehrskontrolle gerät, kennt das schlechte Gewissen, ob er vielleicht die Geschwindigkeit übertreten oder ein Verkehrsschild übersehen hätte. Die aktuell geführte Diskussion läßt sich in manchen Beiträgen sicherlich auf mangelnde Sachkenntnis zurückführen. Es besteht jedoch die Gefahr der allgemeinen Verunsicherung, selbst wenn sie nicht gezielt herbeigeführt werden sollte.

Das Wissen um eine allgegenwärtige Kontrolle verändert das Verhalten von Nutzern, nicht nur im Cyberspace. Während die Polizeistreife auf der Straße durch ihre Anwesenheit zum Sicherheitsempfinden beiträgt, betritt sie doch nicht ohne richterliche Verfügung oder einen klaren Anfangsverdacht das Treppenhaus, öffnet den Briefkasten, liest die Postkarten und fotokopiert diese für eine spätere eventuelle Weiterverarbeitung.

Auch ohne internationale Aspekte wie die im vorhergehenden Kapitel erwähnten zu berücksichtigen, muß aber das Prinzip des Eingriffs in die persönlichen Rechte des Bürgers beachtet werden. Ein Eingriff ist zwangsläufig immer aus der Sicht des Betroffenen zu sehen und nicht aus der Sicht des Eingreifenden – sonst könnte der Staat seine Maßnahmen grundsätzlich als nicht mit Eingriffsqualität behaftet erklären.

Das präventive Lesen der E-Mails ist ein klassisches Beispiel für einen Eingriff in das grundgesetzliche Recht auf informationelle Selbstbestimmung, das beinhaltet, selber zu bestimmen, wen das Individuum informieren will.

Gerade in diesem Bereich haben viele Aspekte der Diskussion unter Juristen den Anschein einer gewissen Realitätsferne, da versucht wird, die praktische Umsetzung ausschließlich den geltenden Gesetzen anzupassen. Dies ist aber gerade dann nicht möglich, wenn die zugrundeliegenden Technologien eine einfache Umgehungsmöglichkeit bieten, zu der jedoch tatsächlich ein zumindest etwas größeres Detailwissen notwendig ist, als es ein Nutzer hat, der lediglich seinen Browser und sein Modem bedienen kann. Daraus ist logischerweise der Schluß zu ziehen, daß gerade die Täter auf diesem Wege nicht erkannt werden können, sondern vielmehr nur eine Ängstigung der Nutzer erreicht wird.

Dies hat auch das Bundesverfassungsgericht im Rahmen des Rechtes auf informationelle Selbstbestimmung erkannt (BVerfGE 64, 1, 43):

*Mit dem Recht auf informationelle Selbstbestimmung wären eine Gesellschaftsordnung und eine diese ermöglichende Rechtsordnung nicht vereinbar, in der Bürger nicht mehr wissen können, wer was wann und bei welcher Gelegenheit über sie weiß. Wer unsicher ist, ob abweichende Verhaltensweisen jederzeit notiert und als Information dauerhaft gespeichert, verwendet oder weitergegeben werden, wird versuchen, nicht durch solche Verhaltensweisen aufzufallen. Wer damit rechnet, daß etwa die Teilnahme an einer Versammlung oder Bürgerinitiative behördlich registriert wird, wird möglicherweise auf eine Ausübung seiner entsprechenden Grundrechte verzichten. [...]*

Sierk Hamann schreibt dazu in der Mailing-Liste Online-Recht:[79]

*Vorliegend ist aber zunächst wichtig, die Betroffenheit des Grundrechtes durch staatliche oder staatlich veranlaßte Suchprozesse auch im öffentlichen Teil des Netzes zu erkennen; Kern des Problems insbesondere für Politiker.*

*Daraus folgt für die Rechtfertigungsebene zumindest auch, daß eine Polizeistreife im Internet schon deswegen einer speziellen gesetzlichen Grundlage bedarf, um zu definieren, was genau gesucht wird. Diese Entscheidung liegt sicher nicht bei den Landeskriminalämtern – daher der Hinweis auf die „allgemeine Wohlfahrtsvorsorge" – sondern eben beim Gesetzgeber. Das ist das grundsätzliche Spannungsfeld bei Generalklauseln. Argumentieren läßt sich auch, daß der Eingriff so schwerwiegend ist, daß eine Klarstellung zu geschehen hat.*

*Und bitte nicht den Einwand bringen, daß, wer nichts zu verbergen habe, ja wohl auch nicht an einer „Selbstängstigung" leiden könne. Eine solche Argumentation impliziert nämlich im Ergebnis einen „guten" und einen „schlechten" Grundrechtsgebrauch. Der Ansatz ist aber grundsätzlich schon deswegen falsch, weil der Staat die Freiheiten a priori vorfindet und nicht definiert.*

---

[79] Von: Sierk Hamann (hamann@jura.uni-tuebingen.de).
An: Online-Recht (online-recht@liste.akademie.de).
Datum: Samstag, 8. August 1998 18:42. Betreff: [online-recht] Re: Polizeistreife im Imternet (Hervorhebungen durch den Autor)

> *Im übrigen: Wer hat schon nichts zu verbergen? Beispiele gehen doch vom "schwulen" Chat bis zur Mailingliste mit Steuertricks. [...]*
> *Das geht nur mit einer entsprechenden Ermächtigungsgrundlage, die Zuständigkeit, Kontrolle, Art und Umfang sowie den Rechtsweg beschreibt. Entweder eine Regelung oder eine präventive Streife findet nicht statt. Von möglichen Problemen mit Zufallsfunden und Verwertungsverboten ganz zu schweigen. [...]*

Welche Auswirkungen nationalstaatliche Regelungen mit Ganzheitsanspruch im supranationalen Cyberspace haben können, kann hier nicht vertiefend diskutiert werden. Ein von Laga dargestelltes Beispiel verdeutlicht jedoch die Probleme: Während in Spanien die Stierkampfwerbung Usus und damit sicherlich auch im WWW vertretbar ist, werden die Hindus in Indien bei Betrachtung der entsprechenden Webseiten völlig andere Empfindungen haben.

Die genannten Argumente zwingen einerseits zur interdisziplinären Diskussion möglicher Maßnahmen, andererseits zu einer Diskussion auf Basis konsensfähiger grundlegender Menschenrechte – sie sprechen jedoch nicht für eine Übertragung derzeitiger qualitativ unterschiedlicher Gesetze auf den Cyberspace.

Nach Wenning ist ein

> *regelrechtes Regulierungsrennen um die besten Plätze in der "hall of fame" der Normierung zu beobachten. Überall ist die Politik darum bemüht, Aktivität zu demonstrieren.*[80]

Die Dringlichkeit einer sachlich geführten Diskussion wird spätestens immer dann deutlich, wenn die mit besonderen Rechten ausgestatteten Presseorgane in einer Atmosphäre allgemeiner Verunsicherung anders handeln, als es ihr üblicher Einsatz für die Rechte der Bürger nahelegen würde.

Die Wochenzeitschrift DIE ZEIT, ARD online, Radio Bremen, IBM sowie das Zentrum für Kunst und Medientechnologie in Karlsruhe veranstalteten mit "Pegasus 98" den dritten Internet-Wettbewerb:

> *Jeder kann mitmachen, der die Sprache und die technischen und künstlerischen Mittel des Internet nutzt, um neue Ausdrucksformen zu entwickeln. Weitere Vorgaben gibt es nicht.*[81]

Bestandteil der Website zum Wettbewerb ist auch ein Diskussionsforum. Dieses sorgte für Aufregung, als keine Links in den Beiträgen des Forums mehr zugelassen wurden. Die Begründung lieferte Hermann Rothermund von ARD online:

---

[80] Wenning, Rigo: *Akteure im Internet: Rechtliche Problemfelder* (Teil 1). JurPC Web-Dok 46/ 1998, Abs. 2. Online im Internet:
http://www.jura.uni-sb.de/jurpc/aufsatz/19980046.htm

[81] Auszug aus der Homepage von Pegasus 98, online im Internet unter
http://www.pegasus98.de

*[...] Die beiden am Wettbewerb beteiligten Partner ARD online und Radio Bremen müssen sich an eine Rechtsauslegung halten, nach der der Betreiber einer Website auch für die auf ihr zu findenden Links verantwortlich ist. [...][82]*

Daraufhin zogen verschiedene Autoren ihre Beiträge zurück.

Bedenklich erscheint in diesem Zusammenhang auch die Begründung, die von der Moderatorin Parvin Sadigh als Position der ZEIT in der Auseinandersetzung in dem Diskussionsforum veröffentlicht wurde – wenngleich das Statement auch in Widerspruch zur Intention des Wettbewerbs steht:

*Ein Forum, in dem HTML nicht unterstützt wird, ist nicht das schlechteste: Diskussion findet mit Sprache statt, das Einbinden von Bildern und Links dient eher der Selbstdarstellung und ist deshalb nicht vorrangiges Ziel des Forums. Hinweise auf andere URLs sind natürlich trotzdem möglich.[83]*

Gerade den Presseorganen wird eine öffentliche Kontroll- und damit Vorbildfunktion zugebilligt; dies drückt sich in den besonderen Rechten aus. Wenn diese Organe bereits aus Furcht vor juristischen Konsequenzen handeln, für die es keine Rechtsgrundlage gibt (s. Kap. 3.2.1), ist die Ausstrahlungswirkung auf Unternehmen, die keine eigenen Rechtsabteilungen unterhalten, als bedenklich zu betrachten.[84]

Verwirrend erscheint in diesem Zusammenhang, daß zwar Hypertext-Links aus Furcht vor möglichen juristischen Konsequenzen nicht aktiviert werden, die Verweisziele durch Angabe des URL aber dennoch ausdrücklich zugelassen werden – per „drag & drop" gelangt dennoch jeder Betrachter auf die Verweisseite. Diese skurril anmutende Regelung impliziert, daß zwar die Nennung der eindeutigen Internetadresse potentiell strafbaren Inhalts zulässig ist, der Einbau eines mit der Maus anklickbaren Links zu demselben Inhalt jedoch juristisch bedenklich sei.

Ein solches Verhalten von öffentlichen Presseorganen verdeutlicht das Ausmaß, in dem eine notwendige sachliche Diskussion, die zur Anpassung des Rechtes an neue Entwicklungen unabdingbar ist, durch undifferenzierten Schlagwortgebrauch erschwert wird. Nebenziel dieses Buches ist es daher, auch zu einer Versachlichung der Diskussion beizutragen und die relevanten Rechtsfragen von den häufig die Dis-

---

[82]  Beitrag vom 15.08.98, 18.29 Uhr, online im Internet unter
http://www.pegasus98.de/cgi-bin/Ultimate.cgi?action=threadlist&forum=Der+
Wettbewerb+1998&number=1&topic=000023-000000-081598-000000.msg&
Browser=other&DaysPrune=20&LastLogin=&NewThreadPosts=yes

[83]  Beitrag vom 19.08.98, 13.28 Uhr. Online im Internet:
http://www.pegasus98.de/cgi-bin/Ultimate.cgi?action=threadlist&forum=Der+
Wettbewerb+1998&number=1&topic=000029-000000-082098-000003.msg&Browser
=other&DaysPrune=20&LastLogin=&NewThreadPosts=yes

[84]  Vgl. hierzu Internet Intern 17/98 vom 20.08.98: *Verbotene Links*. Online im Internet unter:
http://www.intern.de/98/17/03.shtml

kussion beherrschenden Schlagworten zumindest in den Bereichen zu trennen, mit denen Unternehmen regelmäßig in Kontakt kommen, wenn sie die Internettechnologien für sich nutzen möchten.

Eine Auswirkung der rechtlichen Unsicherheit für deutsche Unternehmen liegt in den zahlreich betriebenen Abmahnverfahren, die diese Rechtsunsicherheit benutzen, um vermeintliche Ansprüche zumeist schon durch exorbitante Streitwerte durchzusetzen. Bekanntes Beispiel ist die Abmahnwelle der Firma Topware, vertreten durch den mit dem Unternehmen als Vorstand verbundenen Anwalt Steinhöfel[85], gegen eine Vielzahl von Unternehmen, die das Zeichen „D-" in ihrer Domain führen.[86]

Topware ist u.a. Hersteller von „D-Info", ein

*in millionenfacher Auflage [...] bei der Deutschen Telekom abgekupfertes [...] Telefonverzeichnis[87],*

das auf CD-ROM vertrieben wird.

An mehr als 60 Domain-Inhaber, deren Domain mit „D-" oder „d-„ beginnt (z.B. d-anzeigen.de, d-mark.de, d-box.de) wurden strafbewehrte Unterlassungsverfügungen zugestellt. Begründet wurde der Unterlassungsanspruch durch markenrechtliche Ansprüche an einer Vielzahl von Titeln, die mit „D-" (wie D-Info) beginnen, woraus ein Serienschutz abgeleitet wurde.

Problematisch für die meisten Domain-Inhaber war die Zurückweisung dieses Anspruches aufgrund des Streitwertes von jeweils 500.000,00 DM. In den meisten Fällen zahlten die überwiegend kleinen Unternehmen die von dem Anwalt verlangten Kosten für die Erklärung in Höhe von fast 3.700,00 DM und gaben ihre Domain an die Vergabestelle zurück.[88] Die vom Branchendienst Internet Intern auf rund 200.000,00 DM veranschlagten Einnahmen der Kanzlei für dieses Vorgehen entbehrten jedoch nach aktueller Rechtsprechung jeglicher Anspruchsgrundlage.

Der ehemalige Inhaber der Domains d-tel.de und d-com.de hat gegen den Unterlassungsanspruch geklagt. Das Landgericht Berlin stellt in seinem Urteil vom 9. Juni 1998 (Az. 15 O 79/98) u.a. fest:

*Dem Präfix ‚D-‘ allein kommt nämlich keine besondere Kennzeichnungskraft im Hinblick auf eine betriebliche Herkunft von der Beklagten zu. ‚D‘ ist das Nationalitätenkennzeichen für Deutschland.*

---

[85]  Internet Intern 02/98 vom 22.01.1998, *D-Info eingestellt.* Online im Internet: http://www.intern.de/98/02/04.shtml

[86]  Internet Intern 22/97 vom 30.10.1997, *D- ist Topware-Eigentum.* Online im Internet: http://www.intern.de/97/22/01.shtml

[87]  Zitat aus der Urteilsbegründung: Landgericht Berlin, Urteil vom 9. Juni 1998, Az. 15 O 79/98, „d-tel.de" Online im Internet: http://www.online-recht.de/vorent.html?LGBerlin980609

[88]  Internet Intern 16/98 vom 06.08.1998, *D-Tel-Entscheidung.* Online im Internet: http://www.intern.de/98/16/05.shtml

Die zielgerichtete Blockade aller mit dem beanspruchten Kennzeichen beginnenden
Domains wird zudem vor dem Hintergrund der Knappheit von Domain-Adressen
(s. Kap. 2.1) als rechtsmißbräuchlich bezeichnet.[89]

Nach Weinknecht äußerte sich auch das OLG Köln in der mündlichen Verhandlung am 7. August 1998 um die ebenfalls strittige Domain „d-radio" explizit gegen
die Entscheidungen der Landgerichte Köln und Hamburg, die für Topware Dut-
zende von einstweiligen Verfügungen erlassen hatten, daß „d-" kein Serienzeichen
sei und „D-info" keine überragende Verkehrsgeltung habe, und folgt insoweit dem
LG Berlin.[90]

# 1.4  Der Gerichtsstand im Cyberspace

Betroffen von den Eigenheiten eines supranationalen öffentlichen Raumes sind
zudem alltägliche Rechtsfragen wie die Wahl des Gerichtsstandes in allen mit Websites zusammenhängenden Fragen. So können z.B. Wettbewerbsverletzungen, die
sich gegen Angebote über einen Online-Dienst (oder analog das World Wide Web)
richten, nach § 24 Abs. 2 Satz 1 UWG im Gerichtsstand des Begehungsortes gerügt
werden – also überall dort, wo das Angebot abrufbar ist.[91]

Einen Überblick der Entwicklung, in welchen Staaten ein solches Angebot
abrufbar ist, vermittelt die Darstellung der am Internet beteiligten Staaten im
September 1991 (Abb. 1-3) und 1997 (Abb. 1-4). Dies kann erhebliche praktische
Auswirkungen haben, kann doch der Kläger durch eine geschickte Wahl des
Gerichtsstandes das anzuwendende Recht beeinflussen. Als Beispiel mögen die
unterschiedlichen Höhen von Schadenersatz und Schmerzensgeld von US-amerikanischen und deutschen Gerichten gelten.

Die meisten Rechtsstreitigkeiten betreffen wettbewerbsrechtliche Fragen, da die
Kontrolle des virtuellen Angebotes eines Unternehmens systembedingt durch die
Mitbewerber im Cyberspace erheblich einfacher ist. Davor schützt die später darge-
stellte Möglichkeit der Eintragung eines Domain-Namens im Ausland nicht. Nach
einem Urteil des LG Berlin genügt zur Begründung der örtlichen Zuständigkeit § 24
Abs. 2 Satz 1 UWG, wenn irgendein Tatbestandsmerkmal der gerügten Wett-
bewerbsverletzung am Gerichtsort erfüllt ist; dies gilt auch dann, wenn der streitige
Domain-Name in den USA reserviert wurde.[92]

---

[89]  Vgl. Thomas Stadler, Anmerkung zum Urteil des LG Berlin vom 09.06.1998 [...]. Online
im Internet: http://www.afs-rechtsanwaelte.de/urteile16.htm#Anmerkung

[90]  Homepage von RA Dr. Weinknecht, online im Internet:
http://www.weinknecht.de/rahome2.htm

[91]  LG Berlin, Urteil vom 21.05.1996, Az. 16 O 171/96, „Jobstar". § 24 Abs. 2 Satz 2 findet
dann keine Anwendung, wenn der Kläger nicht als Gewerbetreibender im Sinne des § 13
Abs. 2 Nr. 1 UWG, sondern als unmittelbarer Wettbewerber klagt.

[92]  Landgericht Berlin Urteil vom 20. November 1996, Az. 97 O 193/96, *„concert-concept.de/
concert-concept.com"*; LG Braunschweig, Urteil vom 05.08.1997, Az. 9 O 188/97,
*„deta.com"*.

In Fällen, bei denen einer der Geschäftspartner nicht im deutschen Rechtsraum sitzt (Käufer in Frankreich, Verkäufer in Deutschland, Hersteller in den USA), entstehen vielfach Probleme bei fehlenden Parteiabsprachen über Leistungsstörungen, Gewährleistung und Verjährung. Sofern es keine einschlägigen internationalen Abkommen gibt,[93] regelt zumeist das Internationale Privatrecht (IPR), welches nationale Recht auf einen Sachverhalt anzuwenden ist.[94]

Die Zuständigkeit eines deutschen Gerichtes bestimmt sich nach den Regeln der örtlichen Zuständigkeit. Ein Gerichtsstand im Inland wird immer dann gegeben sein, wenn der Anspruchsgegner Sitz, Niederlassung, Wohnsitz oder Vermögen im Inland hat (§§ 12, 13, 17, 21, 23 ZPO). Ist dies nicht der Fall, kann der besondere Gerichtsstand des Begehungsortes nach § 32 ZPO gegeben sein, was voraussetzt, daß wenigstens ein Teil der unerlaubten Handlung im Bezirk des angerufenen Gerichts begangen wurde.

Ist die sachliche und örtliche Zuständigkeit gegeben, ist das Gericht auch international zuständig, wenn die Interessenkollision zwischen den Parteien zumindest auch in der Bundesrepublik gegeben ist. Der aus dem Grundgesetz folgende Justizgewährungsanspruch und der Anspruch auf effektiven Rechtsschutz verlangt, daß der Inhaber einer deutschen Marke gegen einen inländischen Verletzer vorgehen können muß.

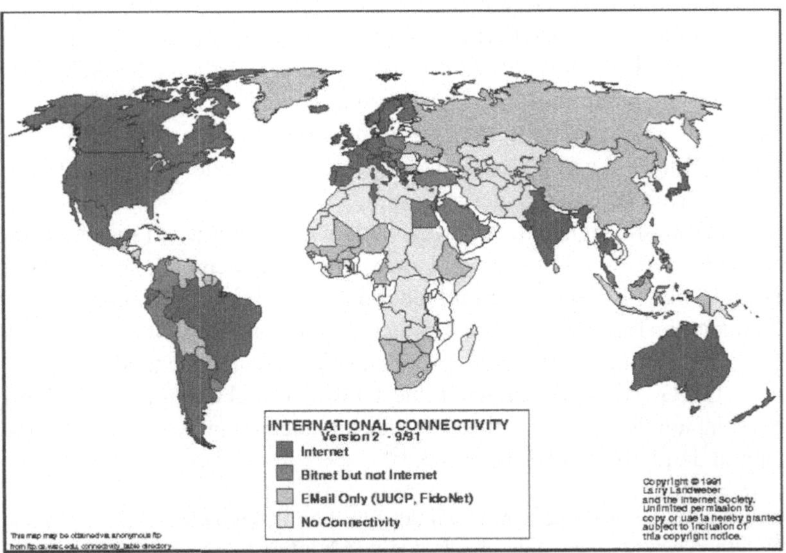


**Abb. 1-3:** Konnektivität internationaler Netze September 1991[95]

---

[93] Vgl. Strömer, *Vertragsrecht*, 1997, S. 3.

[94] In Deutschland finden sich vor allem im Einführungsgesetz zum Bürgerlichen Gesetzbuch (EGBGB) Vorschriften zum Internationalen Privatrecht (IPR).

[95] Larry Landweber und Internet Society 9/91. Copyright 1997 Larry Landweber and the Internet Society. Online im Internet:
http://www.cybergeography.org/atlas/landweber_version_2.gif

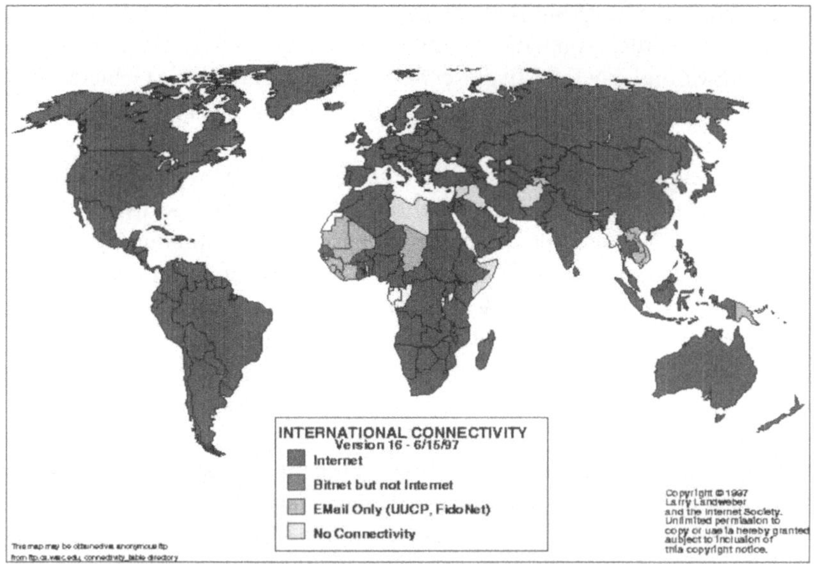


**Abb. 1-4:** Konnektivität internationaler Netze Juni 1997[96]

Die besondere Schwierigkeit einer solchen Fragestellung soll an folgendem fiktiven
Beispiel eines Streits um einen Domain-Namen erläutert werden:

Ein Softwarehersteller mit Sitz in den USA hat für seine Produkte die Marke
„Profi-Soft" eintragen lassen. In Deutschland ist für das Systemhaus Profi-Soft
GmbH ebenfalls die Marke „Profi-Soft" eingetragen. Beide Unternehmen haben
sich bislang auf ihren jeweiligen nationalen Markt beschränkt. Der US-amerikani-
sche Hersteller läßt die Domain „profi-soft.com" registrieren und bietet auf seiner
Website seine Produkte an.

Diese Website unter der Adresse http://www.profi-soft.com ist natürlich auch in
Deutschland abrufbar; die Suchmaschinen verweisen bei der Anfrage „Profi-Soft"
auf sie. Für das deutsche Unternehmen stellt sich die Frage, ob es verhindern kann,
daß das amerikanische Unternehmen diese Domain nutzt. Zudem ist zu betrachten,
welche rechtlichen Konsequenzen sich ergeben, wenn das amerikanische Unternehmen künftig seine Produkte auch an ausländische Kunden vertreiben will.

Die o.g. Bedingungen für eine Zuständigkeit eines deutschen Gerichtes (der
Anspruchsgegner hat Wohnsitz, Niederlassung, Vermögen oder Sitz in Deutschland)
sind nicht gegeben; der besondere Gerichtsstand erfordert das Begehen eines Teils
der unerlaubten Handlung im Gerichtsbezirk. Hier erscheint der Analogieschluß zu
den von den Gerichten praktizierten Regeln zur internationalen Zuständigkeit bei
Presseerzeugnissen zulässig. Hiernach kann man von einer die Zuständigkeit begrün-

---

[96] Larry Landweber und Internet Society 9/91. Copyright 1997 Larry Landweber and the
Internet Society. Online im Internet:
http://www.cybergeography.org/atlas/landweber_version_16.gif

denden unerlaubten Handlung nur dort sprechen, wo das Presseerzeugnis nicht nur zufällig verbreitet wurde, sondern bestimmungsgemäß oder im regelmäßigen Geschäftsverkehr verbreitet wird. Mit dieser Regelung werden Fälle in Gebieten ausgeklammert, in denen Herausgeber und Verleger nicht mit einer Verbreitung rechnen mußten, weil die Erzeugnisse nur zufällig dorthin gelangten.[97] Ähnlich wird die Verbreitung von Webseiten zu beurteilen sein, die technisch bedingt zwar weltweit abgerufen werden können, aber damit noch nicht bestimmungsgemäß weltweit wirken sollen; ein deutlicher Hinweis für das bestimmungsmäßige Verbreitungsgebiet ist allerdings die Top-Level-Domain.[98] Wäre diese Analogie nicht zulässig, müßte schließlich jedes Unternehmen in allen anderen Staaten außerhalb des eigenen gerichtlich belangt werden können, weil dort auch der von dem deutschen Unternehmen genutzte Domain-Name wahrgenommen werden könnte. Grundsätzlich gilt, daß unlauterer Wettbewerb nur dort stattfinden kann, wo die wettbewerblichen Interessen der Parteien auch tatsächlich kollidieren; Gleiches gilt für das Kennzeichenrecht[99]. Solange beide Unternehmen nur in ihrem nationalen Markt agieren, kann das deutsche Unternehmen in dem o.g. fiktiven Beispiel nichts unternehmen.

Anders ist die Situation, wenn das amerikanische Unternehmen erkennbar macht, daß es seine Geschäftstätigkeit gezielt auch auf den deutschen Markt ausdehnt, z.B. durch Anbieten einer Webseite in deutscher Sprache. Wer seine Geschäftstätigkeit über das Internet gezielt in ein anderes Land ausdehnt, kann dort bei wettbewerbs- oder kennzeichenrechtlichen Verletzungshandlungen am Gerichtsstand des Begehungsortes nach lokalem Recht in die Pflicht genommen werden[100]. In diesem Beispiel stehen wohl weder die internationale Zuständigkeit noch die Beurteilung nach deutschem Recht außer Frage.

Soweit ersichtlich, gibt es bislang noch keine Entscheidung eines deutschen Gerichts in einer ähnlich gelagerten Frage. Allerdings beschreibt Bettinger (1996, Fn. 95) folgendes Beispiel:

*Vgl. zu einer solchen für das Internet typischen Problematik die Entscheidung des Southern District Court of New York Playboy Enterprises Inc ./. Chuckleberry Publishing Inc. vom 19. Juli 1996, der sich mit einem in Italien im Internet publizierten Online-Magazin mit dem Titel ‚Playmen' zu befassen hatte. Nachdem der amerikanische Verleger des Magazins ‚Playboy' bereits früher ein Unterlassungsurteil (‚Injunction') gegenüber der printmäßigen Verbreitung des Magazins ‚Playmen' erwirkt hatte, weil diese sowohl einen Markenrechtsverstoß als auch einen Verstoß gegen den lauteren Wettbewerb darstellte, stellte sich die Frage, ob auch die Abrufbarkeit des Magazins über das Internet einen Verstoß gegen das Unterlassungsurteil darstellte. Das Gericht kam zu dem Ergeb-*

---

[97]  Vgl. Bettinger, *Kennzeichenrecht im Cyberspace,* 1996, III Abs. 6.
[98]  LG Düsseldorf, Urteil vom 04.04.1997, Az. 34 O 191/96, „epson.de".
[99]  Als Oberbegriff für z.B. Namensrecht (§ 12 BGB), Firmenrecht (z.B § 17 HGB, § 4 AktG, § 4 GmbHG), Markenrecht (§ 3, 5 MarkenG).
[100] Gleicher Ansicht: Reiners, *Der „virtuelle" Kaufvertrag,* 1998, S. 40.

*nis, daß der italienische Verleger durch die Online-Verbreitung seines Magazins in den USA gegen das Unterlassungsurteil verstieß. Da die vollständige Schlie-ßung der Website die Kompetenzen des Gerichts überstiegen hätte, verpflichteten die Richter das beklagte Unternehmen, die Subskription des Magazins durch amerikanische Kunden zu verhindern (durch Vergabe eine Paßworts) und die Website so zu gestalten, daß diese deutlich erkennen lasse, daß amerikanische Kunden von der Subskription ausgeschlossen seien (USPQ2d, S. 1846 ff).* [101]

Grundsätzlich ist deutsches Recht immer auf Webtätigkeiten eines deutschen Anbieters anzuwenden, zudem das Recht der Staaten, die als Ziel für eine Webtätigkeit gewählt wurden. Ein Indiz dafür ist die Sprache des Angebots. Als generelle Faustregel kann angenommen werden, daß der Prozeß bei demjenigen Vertragspartner stattfinden wird, der nicht zahlen, sondern liefern oder leisten soll, also die charakteristische Leistung des Vertrages zu erbringen hat, was natürlich auch für die Einbeziehung von AGB gilt.

Maßgeblich ist jedoch die Beurteilung des Einzelfalles, da es durchaus denkbar ist, daß ein deutscher Verbraucher in deutscher Sprache umworben wird, der Vertrag mit deutschem Text und die Zahlung mit deutscher Währung vorzunehmen ist. In diesem Fall kann der Sitz des Anbieters im Ausland zurücktreten.

Weder das internationale Privatrecht noch das UN-Kaufrechtsabkommen von 1980 sind allerdings zwingend. Die Geschäftspartner können die Rechtsordnung selbst bestimmen, die für ihr Geschäft gelten soll, nach Möglichkeit wie o.g. mit einem separaten Vertrag. Empfehlenswert ist, grundsätzlich eine ausdrückliche Vereinbarung über Gerichtsstand und anzuwendendes Recht zu treffen. In allen EU-Staaten ist dies schriftlich (oder mündlich mit nachfolgender schriftlicher Bestätigung) nach dem EuGVÜ möglich. Der Einhaltung der Schriftform kann eine E-Mail nicht genügen. Hier ist der Medienbruch einer Übersendung des Vertragstextes per E-Mail, die der Empfänger ausdruckt und unterschrieben per Briefpost zurücksendet, eine derzeit durchaus akzeptable Lösung. [102]

Die Staaten der Welt sind einander durch eine Vielzahl multi- bzw. internationaler Abkommen verbunden, aber es gibt auch hier in der realen Welt Schattierungen, die ihre Auswirkungen auch auf den Cyberspace übertragen. Ein Beispiel dafür mögen die „Rechtsoasen" sein. [103] Wenn ein Staat allen relevanten internationalen Abkommen beigetreten ist, nutzt dies nichts, wenn die Durchsetzung des Rechts und die Vollstreckung entsprechender Urteile nicht tatsächlich und rechtlich gesichert ist.

Hoeren nennt als interessante Kandidaten in umfassender Analyse die Staaten Andorra, Antigua und Barbuda, Bermudas, Brunei, Hongkong, Libanon, Liberia, Mauritius, Mexiko, San Marino und die Vereinigten Arabischen Emirate. Als besonders vielversprechende Kandidaten für ein erfolgreiches Outsourcing ermittelte er Brunei, San Marino und Hongkong. [104]

---

[101] Vgl. Bettinger, *Kennzeichenrecht im Cyberspace,* 1996, Fußnote 95.
[102] So auch: Strömer, *Vertragsrecht,* 1997, S. 4.
[103] Vgl. m.w.N. Hoeren, Thomas: *Rechtsoasen im Internet.* MMR 6/1998, S. 297-298.
[104] Hoeren, Thomas: *Rechtsoasen im Internet.* MMR 6/1998., S. 297, Abs. II.

Die Möglichkeiten, den Härten des deutschen Immaterialgüterrechtes sowie des Straf- und Haftungsrechtes zu entgehen, hat es schon immer gegeben. Mit der zunehmenden Nutzung des Internet im wirtschaftlichen Verkehr wird es jedoch einerseits erheblich einfacher, diese Oasen zu nutzen, andererseits steigt der Bedarf an internationaler Rechtssicherheit auch für Unternehmen drastisch an, die bislang nur im lokalen oder regionalen Rahmen agiert haben.

Den aktuellen Stand der internationalen Bemühungen um Konsens in Fragen von Rechtsaspekten der Nutzung digitaler Netze faßt Holznagel zusammen[105]:

*Typische Beispiele für wenig erfolgreiche nationalstaatlicher Regelungsbemühungen bietet das in der Öffentlichkeit viel diskutierte Thema „Verbreitung illegaler Inhalte im Netz". Die klassische Reaktion des Nationalstaats auf Kinderpornographie und Nazipropaganda, das Strafrecht, erweist sich als wenig schlagkräftig. Erfolgversprechende Initiativen zur internationalen Zusammenarbeit gibt es lediglich auf europäischer Ebene. Die polizeiliche Zusammenarbeit wird u.a. in der Arbeitsgruppe „Enfopol"[106] vorangetrieben. Auf justizieller Ebene wird um ein Europäisches Rechtshilfeabkommen gerungen, das die Zusammenarbeit der europäischen Strafverfolgungsbehörden verbessern und dem Einsatz modernster technischer Kommunikationsmittel den Weg bahnen soll. Am 27. März steht es auf der Agenda des Rates für Justiz und Inneres. Einstweilen sucht die Net-Community die Lösung im technischen Bereich. Diskutiert wird über Filtersysteme und Zugangsbeschränkungen für Jugendliche, wie das Programm „Cyber Patrol"[107].*

*Am weitesten fortgeschritten sind die internationalen Initiativen im Bereich des elektronischen Handels. Das große wirtschaftliche Wachstumspotential schafftDruck für einheitliche Regelungen. So hat die UN-Kommission für Internationales Handelsrecht (United Nations Commission for international Trade Law, UNCITRAL[108]) Modellgesetze für den E-Commerce erarbeitet. Darin sind*

---

[105] Holznagel, Bernd: *Cyberlaw made in USA – Im Internet droht Übernahme des angloamerikanischen Rechts*. In: Frankfurter Rundschau, 11.03.2000. Online im Internet: http://www.fr-aktuell.de/fr/200/t200003.htm

[106] Zahlreiche Informationen über ENFOPOL, vor allem hinsichtlich eines offensichtlichen Konfliktes mit dem Recht auf informationelle Selbstbestimmung, hat die Webinitative Freedom for Links e.V. zu diesem Thema zusammengestellt. Online im Internet: http://www.freedomforlinks.de/Pages/enfono.html

[107] Cyber Patrol ist eine Filtersoftware: „Cyber Patrol is committed to providing parents, teachers and businesses an effective way to ensure safe, and productive online experiences." Die Effektivität von Filtersoftware ist unter Fachleuten wenig akzeptiert, da ein Filter nur dann Sinn macht, wenn er höchst exakt arbeitet. Ein Problem besteht darin, eine weltweit einheitliche Merkmalssammlung zu erstellen vor dem Hintergrund verschiedener kulturell bedingter Betrachtungsweisen, ein anderes, daß das Recht auf informationelle Selbstbestimmung des Nutzers nicht durch einen von Dritten ohne legale Legitimierung eingeschränkt werden darf. Weitere Informationen über das Produkt online im Internet unter http://www.cyberpatrol.com

[108] Publikationen der UNCITRAL sind online im Internet unter http://www.uncitral.org/

*allgemeine Vorgaben zum Online-Vertragsschluß sowie zu digitalen Signaturen enthalten. Darüber hinaus hat die OECD[109] (Organisation für wirtschaftliche Zusammenarbeit und Entwicklung) Richtlinien für den Verbraucherschutz, zur Kryptographiepolitik, zur Sicherheit in IT-Systemen sowie zum Datenschutz im grenzüberschreitenden Datenverkehr erlassen. Zwar kommt den Empfehlungen der OECD keine rechtliche Bindungswirkung zu. Sie finden jedoch Berücksichtigung bei dem Erlass nationalen Rechts.*

## 1.5  Deutsche Unternehmen im Internet

Im Januar 1993, als das erste Browserprogramm (s. Kap. 3.2) für das World Wide Web eingeführt wurde, gab es erst 50 bekannte Webserver. Im Oktober 1993 waren es 500, im Juni 1994 bereits 1.500.[110] Am 20. Februar 2000 waren allein unter der Top-Level-Domain „.de" 1.663.474 im Internet aktive Domains registriert[111], unter den europäischen Top-Level-Domains waren es 10.818.526 Domains.[112]

Nach einer Untersuchung der Berlecon Research von 1998[113]unter 760 im Internet aktiven deutschen Unternehmen betrieb die Mehrzahl ihre Websites zu Werbe- und Marketingzwecken, wobei nur die Hälfte der Unternehmen dadurch einen höheren Umsatz erwartete. Rund 48% der im Internet vertretenen deutschen Unternehmen waren Dienstleister, mit einem hohen Anteil an DV-Zulieferern. Rund 40% der Websites wurden von Kleinunternehmen mit weniger als fünf Mitarbeitern betrieben; lediglich 10% stammten aus einem Unternehmen mit mehr als 200 Mitarbeitern. Immerhin 75% der Handelsunternehmen nutzten das WWW auch als Vertriebskanal. Umsatzsteigerungen blieben zwar zumeist aus, aber insgesamt zeigten sich die Unternehmen mit der erzeugten positiven Stimmung zufrieden, die aus der Erschließung neuer Zielgruppen und der Selbstdarstellung resultiert. Heute gibt es eine unüberschaubare Anzahl von Analysen und Reports, die dazu geführt haben, daß Begriffe wie E-Commerce und E-Business zum alltäglichen Sprachgebrauch in den Wirtschaftsseiten der Tageszeitungen geworden sind.

Vier Rechtskreise bestimmen die Rechtsfragen kommerzieller Websites deutscher Unternehmen im Internet: Deutsches nationales Recht, Europäisches Recht, Recht von Drittstaaten und das Völkerrecht (bi- und multilaterale Verträge). Bei

---

[109]Publikationen der OECD zum Thema sind online im Internet unter
http://www.oecd.org/freedoc.htm

[110]Vgl. Tapscott, *Die digitale Revolution*, 1996, S. 42.

[111]Die jeweils aktuelle Zahl von „.de"-Hosts aus dem RIPE DNS-Hostcount findet sich online im Internet unter
http://www.techfak.uni-bielefeld.de/techfak/persons/pk/dns/hostcount/latest.html

[112]Die Zahl der europäischen Domains, die im Internet aktiv genutzt werden, wird regelmäßig online im Internet unter http://www.ripe.net/ripencc/pub-services/stats/hostcount.html veröffentlicht.

[113]Computerwoche, *Firmen sind mit ihren Homepages zufrieden*, 1998, publiziert vom Informationsdienst des Instituts der deutschen Wirtschaft (Iwd).

Überschneidungen finden sich im jeweiligen internationalen (materiellen) Recht eines jeden Staates Kollisionsregeln und Verweisungsnormen.

Das durch das World Wide Web verursachte enorme Wachstum des Internet hat im kommerziellen Einsatz zeitweise eine Goldgräberstimmung verursacht. Sicherlich gibt es Unternehmen, die wie Dell Computers einen täglichen Umsatz von 35 Millionen US-Dollar über das Internet erzielen[114]; allerdings läßt sich die Zahl solcher Firmen noch immer an einer Hand abzählen.

Im Rahmen jedweder sich schnell verbreitender Technologie kommt es immer auch zu Kämpfen um die Vorherrschaft, was sich im Internet vor allem als Kampf um die Standards darstellt. Wohl bekanntestes Beispiel ist die Konkurrenz zwischen den Unternehmen Netscape und Microsoft um die Vorherrschaft im Browsermarkt. Diese Einflußnahmen sind jedoch keineswegs alle mit weltweiter Zielsetzung; auch für den deutschen bzw. deutschsprachigen Bereich gibt es verschiedene Interessengruppen, die an einer vorrangigen Einführung ihrer Technologien interessiert sind. Dies soll hier am Beispiel der künftigen Zahlungen im Internet kurz dargestellt werden – per Kreditkarte oder per Bargeld von der Euroscheck-Karte?

Die Kreditkartenzahlung gilt hierzulande traditionell als relativ unsicher; Euroscheck-Karten (EC-Karten) haben dagegen weite Verbreitung gefunden. Während die nach eigenem Bekunden weltgrößte Buchhandlung Amazon[115] mehr als eine halbe Milliarde Dollar ausschließlich per Kreditkartenzahlung ihrer Kunden im Internet umsetzt[116], konnten sich die Kreditkarten in Deutschland aufgrund der Konkurrenzsituation nicht in gleichem Maße durchsetzen. Das Argument des Sicherheitsrisikos wird insbesondere durch die Abfangmöglichkeiten der Kreditkartennummern im Internet begründet; das dem zugrundeliegende Risiko entspricht dem Risiko, das der Kreditkarteninhaber eingeht, wenn er in einem Restaurant dem Kellner die Kreditkarte zur Erstellung der Rechnung mitgibt. Auch dies schützt nicht vor dem Notieren der Kartennummer sowie des Gültigkeitsdatums durch einen Unberechtigten.

Nun ist sicher vorzuziehen, ein so offensichtlich vorhandenes Restrisiko auszuschließen, wenn eine andere Technologie diese Möglichkeit bietet. Welche wirtschaftlichen Interessen dahinter verborgen sein können, zeigt ein Blick auf das Verfahren des Zahlens per EC-Karte.

Der einzige noch nicht weitgehend automatisierte Arbeitsbereich der Banken ist die Entgegennahme und Auszahlung von Bargeld; er ist damit durch das involvierte Personal sehr kostenintensiv. Die Bestrebungen, auch hier zu automatisieren, zeigen sich in der Vielzahl der in den vergangenen Jahren installierten Geldautomaten, bei denen institutsabhängig ohne Gebührenaufwand per Kunden- oder EC-Karte Bargeld aus einem Automaten geholt werden kann.

---

[114] Heise Newsticker vom 12.11.99. Online im Internet:
http://www.heise.de/newsticker/result.xhtml?url=/newsticker/data/fm-12.11.99-000/default.shtml&words=Dell%20Umsatz

[115] Im Internet unter http://www.amazon.com

[116] Heise Newsticker vom 06.01.00. Online im Internet:
http://www.heise.de/newsticker/data/chr-06.01.00-000/

Die erwartete Integration des elektronischen Handels in die privaten Haushalte erfordert auch die Möglichkeit der elektronischen Zahlungen. Diese im privaten Haushalt durchzusetzen, erfordert zudem die Möglichkeit, anonym zu bezahlen, also ohne Angabe von Namen, Adresse und Kontonummer. Vor allem für Kleinbeträge reicht dies durchaus, zumal es die Erstellung von Kundenprofilen auf Basis der übermittelten Daten vermeidet und so in weiten Bevölkerungskreisen breite Sympathie genießt.

Die Abholung von Bargeld transferiert entsprechende Banknoten und Münzen in die Geldbörse des Kunden bei gleichzeitiger Belastung seines Kontos; das Geld steht auch der Bank nicht mehr zur Verfügung, sondern ist durch den realen Gegenwert beim Kunden repräsentiert. Die EC-Karten neuer Art haben anstelle des einzelnen Magnetstreifens einen Chip, wie er auch von der Krankenversicherungs-Karte her bekannt ist; dies sorgt für breite Akzeptanz. Auf diesem Chip kann Bargeld in körperloser Form gespeichert werden bis zu einer Höhe von 400,00 DM; die EC-Karte mit dem Bargeldvorrat kann zur Zahlung im Internet über ein entsprechendes Lesegerät, das in den PC eingebaut ist, benutzt werden.

Wenn ein Kunde ein Buch zum Preis von 69,00 DM im Internet kaufen möchte und nur noch 68,00 DM an Guthaben auf seiner EC-Karte hat, wird er nur in wenigen Fällen wegen der einen fehlenden Mark zur Bank gehen und seine EC-Karte wieder aufladen. Auch die Banken haben ein großes Interesse daran, daß auch die Abhebung vom Konto durch Umbuchung von Geldbeträgen auf die EC-Karte vom heimischen PC aus erfolgen kann.

Die notwendige technische Zusatzausrüstung bewegt sich, was die Hardwarekosten für das Lesegerät betrifft, im zweistelligen Bereich, wobei davon ausgegangen werden kann, daß diese Geräte von den Banken ihren Kunden kostenlos übergeben werden. Allerdings werden auch diese Kosten mit breiter Einführung sicherer elektronischer Signaturen entfallen, mit deren Hilfe die Authentifizierung des auftraggebenden Kunden mit hoher Sicherheit über das Internet erfolgen kann.

Bargeldabhebung und Umbuchung auf die EC-Karte haben gemeinsam, daß der entsprechende Betrag dem Guthaben des Kunden sofort belastet wird. Im Gegensatz zum Bargeld verbleibt der elektronisch auf die EC-Karte umgebuchte Betrag aber auf den Transaktionskonten der Bank, die so lange mit dem Geld arbeiten kann, bis der Kunde es durch Zahlung an einen Dritten weitergegeben und dieser es bei der Bank eingefordert hat.

Berücksichtigt man, daß derzeit rund 40 Millionen EC-Karten in Deutschland in Umlauf sind, und nimmt der einfacheren Rechnung halber an, daß auf jeder EC-Karte ein durchschnittliches Guthaben von 100,00 DM nicht unrealistisch sein dürfte, ist nach Austausch aller alten EC-Karten sowie Einführung der entsprechenden Geräte zur Abbuchung am heimischen PC davon auszugehen, daß den beteiligten Banken ein zusätzlicher Betrag von 4 Milliarden DM für die tägliche Disposition zur Verfügung steht. Schon diese einfache Rechnung zeigt, welche weitreichenden wirtschaftlichen Interessen die verschiedenen Gruppen im Rahmen ihrer Intentionen zur Entwicklung des Internet haben.

Auch der Begriff der Sicherheit muß dabei als relativ angesehen werden. Im Rahmen eine Gerichtsverfahrens, in dem es um Betrug mit EC-Karten ging, wurde die Sicherheit der auf den EC-Karten enthaltenen Geheimnummern (PIN = Persönliche Identifikations-Nummer) damit begründet, daß der Bau eines Computers zur automatisierten Errechnung dieser PINs rund 300.000 DM kosten würde und derzeit nicht offensichtlich sei, daß eine Organisation im Besitz eines solchen Computers sei. Angesichts der Tatsache, daß die für den Bau eines solchen Computers notwendigen Details in Fachkreisen schon seit längerem bekannt sind, erscheint der bestätigte Sicherheitsstatus nur aufgrund des Kostenaufwandes doch als sehr fraglich.

Grundsätzlich steht der weltweiten Anwendung solcher als „Smartcards" bezeichneter chipbasierter Geldkarten eher die Tatsache entgegen, daß die dafür entwickelten Technologien nicht nur den Banken zur Verfügung stehen. Der Chip enthält einen Prozessor, auf dem die Programme zur Steuerung des Datenaustausches mit den Lesegeräten ablaufen. Dabei schwankt die Stromaufnahme bei der jeweiligen Abarbeitung der Programme, und dies läßt eine klare Zuordnung der einzelnen Instruktionen zu bestimmten Stromaufnahmekurven zu, die mittels Logik-Analyser oder Oszilloskop aufgezeichnet werden können, ohne die Karte dabei zu zerstören oder mechanisch zu behandeln. Diese Sicherheitslücke ist so gefährlich, weil das notwendige Grundwissen in jedem Elektronikstudium vermittelt wird.[117]

Inzwischen belegen erste Analysen die kritischen Faktoren der Online-Aktivitäten von Unternehmen im europäischen Vergleich. In einer vergleichenden Untersuchung der KPMG[118] unter mehr als 500 Unternehmen mit einem Jahresumsatz von mehr als 150 Millionen USD wurde die Nutzung von Internet-Marketing und Internet-Transactions analysiert. Internet-Marketing bezeichnet hier die Informationsbeschaffung über die Website des Unternehmens bei anschließender Nutzung konservativer Kanäle wie Telefon oder Händler zum Geschäftsabschluß. Internet-Transactions umfassen in dieser Analyse die komplette Integration aller Aspekte des Verkaufes inklusive der Zahlung über das Internet. Unternehmen mit Führerschaft in diesem Bereich kennzeichnen sich deutlich durch ein höheres Budget, klare Unterstützung auf Vorstandsebene und insbesondere durch die unternehmensweite Integration des Electronic Commerce in die Wertschöpfungsaktivitäten. Deutsche Unternehmen tendieren im europäischen Vergleich eher dazu, den Electronic-Commerce-Aktivitäten ein eigenes Budget einzuräumen und diese nicht unter das Marketingbudget zu subsumieren.

Bei einer Separierung der E-Commerce-Aktivitäten als eigenständiger Vertriebskanal werden viele der für das Gesamtunternehmen sich eröffnenden Möglichkeiten nicht genutzt, wenn ausschließlich eine Betrachtung als neues bzw. weiteres Marketinginstrument die Triebfeder darstellt. Erfolgversprechend erscheint

---

[117] Schmitz, Heinz: *Der Inhalt von Smartcards läßt sich mit einfacher Elektronikausrüstung lesen. Sicherheitslücke erlaubt Aufladen von Geldkarten und Duplizieren von Schlüsseln.* In: Computer Zeitung Nr. 37 v. 10.09.98, S. 10.

[118] KPMG: *Electronic Commerce Research Report 1998.* Online im Internet: http://www.kpmg.co.uk/uk/services/manage/research/ec/ecom98.html

einzig die unternehmensweite Integration der Technologien im Rahmen der unternehmensweiten Informations- und Kommunikationssysteme.

In einer weiteren Analyse[119] werden die Hindernisse für eine weite Verbreitung der Internettechnologien in den Unternehmen, aber insbesondere auch auf seiten der Privathaushalte untersucht. Dabei ist festzustellen, daß die Verbreitungsproblematik keineswegs auf technischen Problemen wie der Schnittstellenentwicklung zu beruhen scheint, sondern als vorrangiges Hemmnis die Kosten der Zugangs- und Leitungsnutzung wirken. Insbesondere auch vor dem Hintergrund der Informationsmöglichkeiten sowie des permanent weiterentwickelten Online-Bildungssektors erscheint es sehr wünschenswert, wenn die Öffnung der Telekommunikationsmärkte künftig im Rahmen des freieren Wettbewerbs zu einer erheblichen Senkung der Zugangskosten führen würde.

Von November 1999 bis Januar 2000 hat das Institut für Wirtschaftspolitik und Wirtschaftsforschung der Universität Karlsruhe eine nichtrepräsentative Online-Umfrage zum Thema „Zahlungsmittel im Internet" durchgeführt, um die Einstellung von Konsumenten zu Zahlungsmitteln im Internet festzustellen.[120] Danach lehnten mehr als die Hälfte der Befragten den Einsatz von Systemen wie ecash[121] oder CyberCoins[122], aber auch die EC-Karte, beim Online-Shopping ab. Wesentliche Anforderungen lassen sich aus der Prioritätensetzung ableiten; hiernach folgen auf den Anspruch an die Sicherheit die Nachvollziehbarkeit der Umsätze sowie breit gestreute Einsatzmöglichkeiten.

---

[119] KPMG: *Europe gets wired*. Online im Internet:
http://www.kpmg.co.uk/uk/direct/industry/ice/ewired/index.html

[120] Zusammenfassung der Ergebnisse online im Internet:
http://www.iww.uni-karlsruhe.de:8001/IZV3/

[121] ecash wird aktuell in einer gemeinsamen Kreditkarte von Deutsche Bank 24 und Yahoo Deutschland eingesetzt. Weitere Informationen zu ecash online im Internet unter
http://public.deutsche-bank.de/deuba/ui/ec/nav_ec.nsf/Frameset/DMEL-45NS9L?OpenDocument

[122] CyberCoins ist ein mehrstufiges Konzept zur Zahlung von Kleinbeträgen bis 200,00 DM, das u.a. von Commerzbank und Dresdner Bank präferiert wird. Weitere Informationen online im Internet unter http://www.cybercash.de/

# 2 Domain-Namen

Häufigstes Problem im Bereich der Internet-Adressen ist die kennzeichenrechtliche Auseinandersetzung. Im traditionellen Geschäftsverkehr ist die Benutzung identischer Kennzeichen ohne Konflikte aufgrund geographischer Entfernung oder durch mangelnde Branchennähe konfliktfrei möglich. Im globalen Dorf des Cyberspace[123] kann jedoch ein Domain-Name aufgrund seiner Adreßfunktion weltweit nur einmal vergeben werden; daher kollidieren hier oftmals die außerhalb des Internet problemlosen Koexistenzen und haben zu einer Vielzahl gerichtlicher Auseinandersetzungen um die Domain-Namen geführt.[124]

Für die Zeicheninhaber stellt sich vorrangig die Frage, ob man sich dem derzeitigen Vergabegrundsatz „first come, first served" beugen muß und auf welcher rechtlichen Grundlage der begehrte Domain-Name für das eigene Unternehmen gesichert bzw. dem Konkurrenten zumindest die Benutzung des Domain-Namens untersagt werden kann.

Mit der Registrierung einer Domain wird nach aktueller deutscher Rechtsprechung in keinem Fall ein Schutzrecht begründet, das anderen Kennzeichenrechten entgegengehalten werden kann, sofern es Priorität hat. Diese Rechtsprechung erscheint dennoch nicht schlüssig, da das Namensrecht ein geschütztes Recht ist, das entsprechend auch für Pseudonyme gilt. Eine Domain-Bezeichung könnte durchaus als Pseudonym eines Firmeninhabers angesehen werden.

Wenn einerseits einer Domain, wenn sie verletzen soll, Namenscharakter verordnet wird, sollte ihr andererseits auch Namensschutz zugebilligt werden. Bislang ist nur eine Entscheidung (LG Hamburg[125]) bekannt, die den Namensschutz nach § 12 BGB zugebilligt hat; zur einheitlichen Handhabung und auch für das Verständnis der Betroffenen erscheint es wünschenswert, daß sich diese Ansicht durchsetzt.

Aktuelle Entscheidungen zeigen den Trend zur generellen Untersagung, fremde Marken und Kennzeichen als Domain-Namen im geschäftlichen Verkehr zu verwenden. Das OLG Karlsruhe untersagte in einer einstweiligen Verfügung die Nut-

---

[123] Vgl. Gibson, *Neuromancer*, 1987, S. 2.

[124] Vgl. m.w.N. Wenning, Rigo: *Der große Streit um Internet-Domain-Namen.* JurPC Web-Dok 31/98. Online im Internet: http://www.jura.uni-sb.de/jurpc/aufsatz/19980031.htm

[125] LG Hamburg, Beschluß vom 17.09.96, Az. 404 O 135/96.

zung der Domain „zwilling.de" einem Internet-Anbieter, der mit dem Solinger Messerhersteller in keiner Beziehung stand.[126] Vorab kann auch die Problematik der Auseinandersetzung mit privaten Inhabern von Domains angesprochen werden, für die bislang noch keinerlei Regelungen absehbar sind. Sofern nicht eine eindeutige Behinderungsabsicht nachgewiesen werden kann, wird die Benutzung von Marken und Kennzeichen grundsätzlich problematisch bleiben – schließlich fehlt es einer rein privaten Homepage an der Teilnahme am geschäftlichen Verkehr. Allerdings muß auch hier auf das „CDBench"-Urteil der OLG München hingewiesen werden, nachdem ein bestimmungsmäßig wissenschaftlichen Zwecken dienender Rechner einer Universität schon aufgrund des Angebots an Jedermann als Teilnahme am geschäftlichen Verkehr anzusehen ist (zur Auswirkung durch kennzeichenrechtliche Abmahnung gegen Private vgl. Kap. 4.2.2).[127] Es ist daher derzeit nicht einmal klärbar, ob es – ohne Limitierung auf eine beschränkte Nutzergruppe – nach der aktuellen Rechtsprechung überhaupt private Websites gibt.

Nachfolgend werden die Grundlagen des Domain-Name-Systems dargestellt, anschließend die Rechtsprobleme im Schutz von Marken und geschäftlichen Bezeichnungen einerseits sowie von Namen gegen die Benutzung als Domain-Namen andererseits beleuchtet. Abschließend wird die Frage betrachtet, ob Markenschutz auch für Domain-Namen in Anspruch genommen werden kann.

## 2.1  Domain-Name-System

Durch die Architektur des Internet als Netz, das aus einer Vielzahl von Teilnetzen besteht (den als Domains bezeichneten Verwaltungsbezirken), ist neben dem hardwaretechnischen Übergang zwischen den Netzwerken zudem ein eindeutiges Adressieren des Empfängers zwingend.

Das Adreßschema im Internet basiert auf der Vergabe von eindeutigen und unverwechselbaren numerischen IP-Adressen für jeden einzelnen Rechner als Bestandteil des Internet. Eine IP-Adresse besteht aus vier durch Punkte getrennte Dezimalzahlen (z.B. 255.255.255.0) von jeweils 8 Bit Länge. Jede dieser Zahlengruppen kann $2^8$ Formen zur Identifikation annehmen (256 = 0 bis 255).

Die Adreßsystematik beruht auf dem logischen Aufbau des Internet.[128] Aufgrund der für die Benutzer schwierigen Handhabung der numerischen Systematik wurde 1986 mit dem Domain-Name-System (DNS) eine zusätzliche anwendungsfreundliche Methode der Namensverwaltung eingeführt.[129] Anstelle der numerischen IP-Adressen können auch logische Domain-Namen in einem Uniform

---

[126] OLG Karlsruhe, Beschluß vom 24.06.1998, 6 U 247/97, „zwilling.de".

[127] OLG München, Urteil vom 03.02.2000, 6 U 5475/99, „CDBench". Online im Internet: http://www.afs-rechtsanwaelte.de/urteile78.htm

[128] Vgl. Eidnes, *Network Addressing*, 1994.

[129] Vgl. Alpar, *Kommerzielle Nutzung des Internet*, 1998, S. 29.

Resource Locator (URL) verwendet werden.[130] Ein gültiger Domain-Name besteht aus mindestens 3 und höchstens 63 Zeichen (Buchstaben, Ziffern oder Bindestrich). Da nicht auf jedem Rechner die Vielzahl von Adressen gespeichert werden kann, übernehmen Namensserver die Übersetzung der logischen Namen in die IP-Adressen. Die Kommunikation der beteiligten Rechner allerdings erfolgt ausschließlich anhand der numerischen IP-Adressen.

Alle Benutzer, die an einen Rechner angeschlossen sind, gehören dessen Domain an. Dieser Rechner ist selbst an andere Domains angeschlossen, die wiederum einer höherrangigen Domain angehören. Die höchste Hierarchieebene ist die Top-Level-Domain (z.B. als Länderkennung „.de" in Deutschland[131]). Am Beispiel von „informatik.uni-essen.de" wird dieser Zusammenhang deutlich:

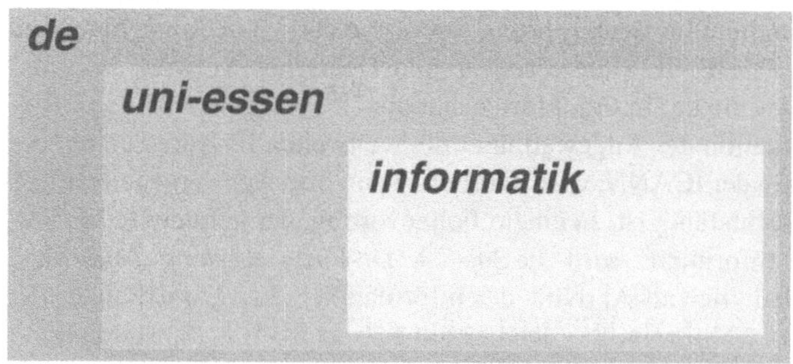


**Abb. 2-1:** Domain-Name-System (nach Krol)[132]

Nur die Top-Level-Domain (hier: „.de") sowie die Second Level Domain (hier: „.uni-essen") werden zentral vergeben; die Subdomains (hier: „informatik") können ohne weitere Anmeldung durch den Inhaber der Domain frei hinzugefügt werden.[133] In der umgangssprachlichen Übung hat sich durchgesetzt, für die Second-Level-Domain lediglich den Begriff der Domain zu benutzen.

Die zentrale Adreßverwaltung erfolgt derzeit beim InterNIC, das als Register für Domains und Netzwerknummern im allgemeinen dient und die für den Netzwerkbetrieb wichtige Aufgabe der Koordinierung von Adreßverwaltung und Adreßver-

---

[130] So sind als Browser-Eingaben http://195.52.220.253 und http://www.ulrichwerner.com austauschbar. Während eine Domain einen physikalischen oder virtuellen Server im Internet bezeichnet, kann der URL auch einzelne Dateien und Dateiverzeichnisse auf diesem Server ansprechen (z.B. http://www.domain.de/team/team/team/dummy.html), die mit Datei- bzw. Verzeichnisnamen auf anderen Servern identisch sein dürfen.

[131] Ursprünglich wurden auf der höchsten Hierarchieebene nur sechs Domain-Kennungen (com, mil, gov, edu, net und org) unterschieden. Mit der Verbreitung des Internet über die USA hinaus wurden Länderkennungen vergeben, die verdeutlichen sollen, daß die Staaten die Hoheit über die Netzwerke und Rechner besitzen, die im eigenen Staatsgebiet befindlich sind. Vgl. hierzu Alpar, *Kommerzielle Nutzung des Internet*, 1998, S. 29.

[132] Krol, *Die Welt des Internet*, 1995, S. 35.

[133] Vgl. Bettinger, *Kennzeichenrecht im Cyberspace*, 1996 A.II.

gabe übernimmt. Das InterNIC erhielt bis Herbst 1998 seinen Auftrag von der IANA (Internet Assigned Numbers Authority), diese wiederum von der ISOC (Internet-Society als Dachverband der Internet-Organisationen) und dem US Federal Network Council (ein von der US-amerikanischen Regierung eingerichtetes Gremium mit dem Auftrag, die Weiterentwicklung und Koordinierung des Internet zu betreiben). Im Herbst 1998 wurde die ICANN (The Internet Corporation for Assigned Names and Numbers)[134] gegründet, die schrittweise die Aufgaben der Network Solutions übernimmt und sich als private Non-Profit-Organisation mit Sitz in den USA um den für das Internet so essentiell wichtigen Bereich der IP-Nummern und Domains kümmert.

In der praktischen Umsetzung wird die Adreßvergabe von der InterNIC an regionale Institutionen übergeben; so ist für Europa RIPE-NCC (Réseaux IP Européens – Network Coordination Center, http:// www.ripe.net[135]) in Amsterdam und für Deutschland das IV-DENIC (Interessenverbund Deutsches Network Information Center, http://www.nic.de) in Frankfurt zuständig.[136]

Die besondere Situation der Allgewalt über die weltweiten IP-Adressen bei der IANA, der Vorgängerin der ICANN, wird deutlich, wenn man sich vergegenwärtigt, daß die IANA nicht rechtsfähig ist. In einem Folienvortrag, der auf dem RIPE-Server über die IANA informiert, wird sie als „A De-Facto Existing Authority" bezeichnet, nämlich lediglich als Aktivität des Information Sciences Institute an der University of Southern California.[137] Gleiches gilt für das RIPE in Amsterdam:

*RIPEhasnoformalmembershipanditsactivitiesareperformedonavoluntarybasis.*[138]

Hoffmann beschreibt die Situation folgendermaßen:

*Weder die IANA noch das RIPE sind momentan überhaupt Personen. Weder natürlich, noch rechtlich. Aber die Registries (weniger die lokalen, oder nationalen, sondern die übernationalen) üben die eigentliche Macht aus. Pures Schreckensgleichgewicht.*[139]

Diese Konstellation wurde im Rahmen der Bemühungen zur Neugestaltung der weltweiten Vergaberichtlinien öffentlich verdeutlicht. Über die Verhandlungen zur

---

[134] Online im Internet: http://www.icann.org

[135] „http://" bezeichnet das Hypertext Transfer Protocol als Menge von Regeln zum Austausch von Hypertext-Dateien zwischen Rechnern oder Datenstationen.

[136] Zur Domainvergabe vgl. Hoeren, Thomas: *Skriptum Internet-Recht*. Online im Internet: http://www.uni-muenster.de/Jura.itm/hoeren/materialien/skriptir.pdf

[137] Karrenberg, Daniel: *What ist IANA?* Online im Internet: http://www.ripe.net/meetings/pres/dfk-apnic-kl-97/tsld002.html

[138] RIPE-NCC: *About Ripe*. Online im Internet: http://www.ripe.net/info/ripe/ripe.html

[139] Von: Jens Hoffmann (jh@ivm.net).
An: NETLAW-L@LISTSERV.GMD.DE.
Datum: Donnerstag, 20.08.98, 23:17 Uhr. Betreff: Re: [NETLAW-L] Ermittlung des Webpage-Autors

Gründung einer entsprechenden Organisation schreibt Hans Peter Dittler, Vorstandsmitglied der Internet Society German Chapter (ISOC.DE e.V.), im Oktober 1998:[140]

*Obwohl Ende September, also kurz vor dem Ablauf der Frist, die von der amerikanischen Regierung durch Ira Magaziner der Internet-Gemeinde für eine Einigung gesetzt wurde, alles nach einem Scheitern aussah, ist es J. Postel und einigen seiner Helfer gelungen, einen einigermaßen kompletten Vorschlag für eine neue Organisation für die Verwaltung der Top-Level-Domains und der IP-Nummern in Washington abzugeben.*

*Eine Firma unter dem Namen Internet Corporation for Assigned Names and Numbers (ICANN) ist mit Sitz Los Angeles in Gründung, und Vorschläge für eine erste Besetzung eines Gründungs-Boards liegen vor. Die Firma soll ihre Aufgaben nach den Grundsätzen „White-Paper" und den von J. Postel veröffentlichten Bylaws aufnehmen. Viele Einzelheiten sind noch zu klären.*

*Ende August präsentierte Postel die Version 3 seiner Vorschläge (bylaws usw.) und erhielt unter expliziter Zustimmung von Don Heath (ISOC) auf der IETF dafür breite Zustimmung. Allerdings immer mit der Maßgabe, daß diese Texte Startpunkt für weitere, offene Verhandlungen darstellen sollten. IFWP hatte für Mitte September ein Ergebnis angekündigt. Allerdings war wohl mehr ein „allgemeines Feeling" oder etwas in dieser Art zu erwarten und kein wirklich textuell ausgefeilter Vorschlag. Das dazu vorgesehene Treffen wurde von verschiedenen Parteien (u.a. NSI) verzögert und schließlich völlig abgesagt. Inzwischen hatten sich Postel (IANA) und Battista (NSI) zusammengetan und eine neue Version (Draft 4) ihrer bylaws editiert und im Web veröffentlicht. Im Gegensatz zu Version 3 gab es keine unmittelbare Zustimmung von ISOC, sondern der Aufruf an alle ISOC Members, innerhalb von 48 Stunden zu kommentieren.*

*Die neue Version weicht in einigen Punkten stark von Version 3 ab. Speziell die internationale Öffnung und externe Vertretung sind sehr weich formuliert. RIPE hat deswegen seine Unterstützung zurückgezogen (für Version 3 hatten sie noch positiv gestimmt). Auch von seiten der EU und aus Australien kam heftiger Protest.*

*Die am stärksten kritisierten Passagen wurden dann von J. Postel in einem Draft 5 entfernt. Allerdings gingen damit auch einige Vorschläge mit verloren, wie kleine unabhängige Registraturen berücksichtigt werden sollten. Dies führte natürlich sofort wieder zu Protesten, speziell aus dem Lager der amerikanischen „Netz-Demokraten".*

*Ira Magaziner hat angekündigt, diesen Vorschlag für etwa eine Woche öffentlich zum Kommentar zu stellen. Dies sollte Anfang Oktober erfolgen. Unmittelbar danach wird dann seine Empfehlung an die US-Regierung erfolgen, und wir*

---

[140]Dittler, Hans Peter: *ICANN, die neue IANA/Namen im Internet.* Online im Internet: http://www.isoc.de/verein/LetterOkt98.html

*werden sehen, ob ICANN das Rennen macht oder ob ganz andere, bisher noch nicht diskutierte Lösungen von seiten der Regierungsbürokratie auftauchen.*

*Das jetzt vorliegende Ergebnis ist sicher nicht optimal. Der nun mehr als drei Jahre tobende Sturm von Diskussionen hat jedoch gezeigt, daß es unmöglich ist, alle Interessen im Internet gleichermaßen zu wahren. Die Vorschläge von J. Postel sind zumindest einigermaßen akzeptabel. Sicher wäre aus europäischer Sicht noch eine stärkere Vertretung unserer lokalen Interessen wünschenswert gewesen. Aber wir werden mit dem jetzt angekündigten Vorschlag leben müssen, falls er von Ira Magaziner und der US-Regierung akzeptiert wird.*

Einen Beweis für die Macht in den Händen weniger, in der Öffentlichkeit kaum bekannter Techniker trat der IANA-Administrator Jon Postel an, als er für einen technischen Test kurzerhand 6 der 12 von dem Provider NSI betriebenen großen Root-Server auf einen eigenen Server umleitete[141], von dem dann sämtliche Anfragen beantwortet wurden. Eine Datenbankmanipulation am zentralen Knotenpunkt des weltweiten Internet wäre damit problemlos möglich gewesen. [142]

Nach erheblicher internationaler Kritik an dem US-amerikanischen Einfluß auf die Verwaltung der Intenet-Adressen wurde am 02.10.1998 die ICANN (The Internet Corporation for Assigned Names and Numbers) gegründet:[143]

*The Internet Corporation for Assigned Names and Numbers (ICANN) is the non-profit corporation that was formed to assume responsibility for the IP address space allocation, protocol parameter assignment, domain name system management, and root server system management functions performed under U.S. Government contract by IANA and other entities.*

Die ICANN soll die globale Internetgemeinschaft repräsentieren; in welcher Form dies tatsächlich geschieht und welche Rolle sie in Zukunft spielen wird, ist noch unklar. Als Non-Profit-Organisation konzipiert, ist sie dem nationalstaatlichen Zugriff weitgehend entzogen, was sich insbesondere bei der Wahl des 19-köpfigen Board of Directors verdeutlichen läßt: Neun der Mitglieder sollen von der Internetgemeinschaft selbst gewählt werden. Allerdings läßt sich bei der Gruppe der Intenetnutzer, die sich an der Wahl nach eigenem Bekunden beteiligen wollen, eine deutliche Mehrheit an amerikanischen Staatsbürgern absehen.[144]

Derzeit ist eine Erhöhung der Zahl von Top-Level-Domains in Vorbereitung; die endgültige Ausprägung der Vergabe dieser neuen Domains steht noch nicht

---

[141] Wired, *Fallout over unsanctioned DNS-Test.* Wired News Report 09.53 a.m. 05.02.98. Online im Internet: http://www.wired.com/news/news/politics/story/10090.html

[142] Wenning, Rigo, *Der große Streit um Internet-Domain-Namen.* JurPC Web-Dok 31/98. Online im Internet: http://www.jura.uni-sb.de/jurpc/aufsatz/19980031.htm

[143] Selbstbeschreibung der ICANN. Online im Internet: http://www.icann.org

[144] Bowman, Lisa M., *ICANN urged to revamp elections.* ZDNet News, 09.03.00. Online im Internet: http://www.zdnet.com/zdnn/stories/news/0,4586,2458252,00.html

fest.[145]Dabei tobt allerdings nicht nur hinter den Kulissen der Kampf um die möglichen Einflußsphären zwischen der Europäischen Union und den Vereinigten Staaten. Die Regierung der Vereinigten Staaten veröffentlichte am 18.02.98 ein Grünbuch, das den Plan für die vorläufige Organisation des Internet enthält.[146] Vorrangiger Vertreter der im Grünbuch vertretenen Ansicht ist der Clinton-Berater Ira Magaziner. Auf Vorschlag des EU-Kommissars für Telekommunikation Martin Bangemann drängt die EU auf mehr Mitspracherecht angesichts der zunehmenden internationalen Bedeutung. Sie veröffentlichte ihre Ansicht in einem Vorschlag für eine Antwort der Europäischen Kommission.[147] Es ist derzeit nicht absehbar, wie ein möglicher Konsens aussehen wird.[148]

Da jedoch jeder Internetnutzer weiß, daß die Top-Level-Domain keine individuelle Kennzeichnung ist, halten verschiedene deutsche Gerichte diese bei der Beurteilung einer möglichen Verwechselungsgefahr für unerheblich.[149] Da es allerdings auch gegenteilige Entscheidungen gibt[150], bleibt die höchstrichterliche Rechtsprechung abzuwarten.

Entgegen häufiger Auffassung gibt die Länderkennung eines Domain-Namens keinen Hinweis auf den Sitz des Verwenders;[151]so kann ein deutsches Unternehmen eine „.com"-Domain (commercial, z.B. http://www.ulrichwerner.com) oder ein US-amerikanisches Unternehmen eine „.de"-Domain (z.B. netscape.de) nutzen. Zudem ist die Kenntnis des URL keineswegs Voraussetzung für das Auffinden einer WWW-Seite; hierfür stehen im Internet Suchmaschinen (z.B. Altavista unter http://altavista.digital.com)[152] oder manuell bearbeitete Verzeichnisse (z.B. Yahoo unter www.yahoo.de) zur Verfügung. Der Wert einer einprägsamen Internetadresse für Unternehmen ist mit den in den USA verbreiteten alphanumerischen „1-800"-

---

[145] Vgl. Berberich, *Chaos im Internet*, 1998.

[146] USA, *A Proposal to Improve Technichal Management of Internet Names and Adresses*. Discussion Draft 1/30/98. Online im Internet:
http://www.ntia.doc.gov/ntiahome/domainname/dnsdrft.htm

[147] Europäische Kommission, *Vorschlag der Europäischen Kommission für eine Antwort der EU und ihrer Mitgliedstaaten auf das Grünbuch der amerikanischen Regierung zur Regelung des Internet*. IP 98/184 vom 25.02.98. Online im Internet:
http://europa.eu.int/rapid/start/cgi/guesten.ksh?p_action.gettxt=gt&doc=
IP/98/184|0|RAPID&lg=DE

[148] Wenning, Rigo, *Der große Streit um die Domain-Namen*. JurPC Web-Dok 31/1998. Online im Internet: http://www.jura.uni-sb.de/jurpc/aufsatz/19980031.htm

[149] LG Braunschweig, Urteil vom 05.08.1997, Az. 9 O 188/97, „deta.com". Gleicher Ansicht auch LG Düsseldorf, Urteil vom 04.04.1997, Az. 34 O 191/96, „epson.de".

[150] So z.B. OLG Celle, Beschluß vom 21.03.1997, Az. 13 U 202/96, „celle.de/celle.com".

[151] Vgl. Bettinger, *Kennzeichenrecht im Cyberspace*, 1996, Fußnote 11.

[152] Diese Suchmaschinen erstellen Datenbanken aller HTML-Dateien (Hypertext Markup Language, Standard-Dateiformat zur Darstellung in Browsern), die für die Stichwortsuche bereitgestellt werden. Da eine kontextsensitive Suche derzeit nur ansatzweise möglich ist, führt die Suche fast regelmäßig zu einer großen Zahl auch redundanter und unbrauchbarer URLs. Zur effizienten Auswertung der „Datenbank" WWW s. Masermann/Vossen, *Suchmaschinen*, 1998.

Telefonnummern vergleichbar,[153] mit denen dortige Unternehmen aufgrund eines höheren Erinnerungswertes versuchen, sich die eigene Marke, das eigene Unternehmenskennzeichen oder eine generische Bezeichnung (z.B. 1-800-CAR-RENT) zuteilen zu lassen.[154]

Zwar wird durch den Domain-Namen in erster Linie kein bestimmtes Rechtssubjekt identifiziert, sondern lediglich ein Computer als Empfangsstation benannt; der Domain kommt jedoch eine Namensfunktion zu, soweit sie als Bezeichnung derjenigen Personen oder Unternehmen aufgefaßt wird, die über das angesteuerte Gerät zu erreichen sind.[155] Die Domain-Namen werden insoweit unternehmenskennzeichnend verwendet und sind nicht mit Telefonnummern oder Postleitzahlen vergleichbar.[156] Allerdings gibt es auch gegenteilige Entscheidungen, die Domain-Namen mit Telefonnummern gleichsetzen (alle vom Landgericht Köln), so daß hier von einer noch offenen Rechtsfrage auszugehen ist.[157] Das aus dem Markenrecht bekannte Eintragungsverbot für freihaltebedürftige Begriffe (vgl. S. 63) ist auf Domain-Namen weder direkt noch analog anwendbar.[158]

Interessant erscheint auch die internationale Divergenz in der Frage der Pfändbarkeit von Domains – während die aktuelle deutsche Rechtsprechung eine Pfändbarkeit, vergleichbar mit einer Lizenz als anderes Vermögensrecht, gemäß § 857 ZPO bejaht,[159] schließt die US-amerikanische Rechtsprechung diese aus,[160] da es sich nicht um eine „neue Art geistigen Eigentums" handele, sondern lediglich um eine Dienstleistung.[161]

Die im folgenden dargestellten Probleme werden insbesondere durch die Regelung verursacht, daß Domain-Namen zwar national vergeben werden, aber internationale Geltung haben.[162]

---

[153] Vgl. hierzu auch Deutscher Bundestag, *Adreßraum im Internet*, 27.05.1997.

[154] Vgl. Bettinger, *Kennzeichenrecht im Cyberspace*, 1996, A.III.

[155] Entsprechend KG Berlin, Urteil vom 25.03.1997, Az. 5 U 659/97, „concert-concept.de/ concert-concept.com".

[156] Gleicher Ansicht LG Braunschweig, Urteil vom 05.08.1997, Az. 9 O 188/97, „deta.com".

[157] So z.B. LG Köln, Urteil vom 17.12.1996, Az. 3 O 477/96, „kerpen.de", Urteil vom 17.12.1996, Az. 3 O 478/96, „huerth.de" sowie Urteil vom 17.12.1996, Az. 3 O 507/96, „pulheim.de".

[158] Gleicher Ansicht LG München I, Urteil vom 04.10.1997, Az. 17 HKO 3447/97, „sat-shop.de".

[159] LG Essen, Beschluß vom 22.09.1999, Az. 11 T 370/99, „Pfändung einer Internet-Domain".

[160] The Circuit Court of Fairfax Conty, Network Solutions Inc. vs. Umbro International Inc. et.al., Berufungsurteil vom 21.04.2000.

[161] Vgl. Brancheninformationsdienst Internet Intern, *Domainnamen nicht pfändbar*, vom 27.04.2000. Online im Internet: http://www.intern.de/news/531.html

[162] Vgl. Hinweis auf die allgemeine Identitätsproblematik im Cyberspace, Mayer, *Recht im Cyberspace*, 1997, S. III 1 c.

## 2.2 Schutz von Kennzeichen, Marken und Namen

Um die internettypische Problematik des Bereiches zu erfassen, sollen hier zunächst die Konfliktsituationen beim identischen Gebrauch von Marken und geschäftlichen Bezeichnungen als Domain-Namen betrachtet werden; anschließend die Fälle, in denen dieser Gebrauch lediglich ähnlich erfolgt. Die Besonderheit einer identischen Nutzung besteht darin, daß der Inhaber des Kennzeichens unterhalb derselben Top-Level-Domain gehindert wird, sein eigenes Kennzeichen als Domain-Namen zu registrieren. Die möglichen Kollisionen entstehen im Schutz der Marke oder geschäftlichen Bezeichnung gegen die Benutzung als Domain-Name

- durch ein Konkurrenzunternehmen,

- durch ein branchenfremdes Unternehmen,

- bei Bekanntheit sowie

- durch Privatpersonen.

Die nachstehenden Grundregeln sind bei der Betrachtung der einzelnen Kollisions-fälle grundsätzlich zu beachten. Für eine Konfliktsituation ist nicht zwingend, daß die Domain auch tatsächlich im Internet benutzt wird[163]. Nach einer Entscheidung des LG Berlin besteht schon unter dem Gesichtspunkt der Erstbegehungsgefahr eine Ver-wechslungsgefahr, wenn eine geschützte Firmenbezeichnung als Domain-Namen von einem Dritten reserviert wird;[164] dabei reicht die Möglichkeit künftiger Ver-wechslungen für einen Unterlassungsanspruch aus.[165] Die Voraussetzungen des § 15 Abs. 2 und 4 Markengesetz sind insoweit erfüllt.[166] Dies gilt auch, wenn ein Anbieter in einer strafbewährten Unterlassungserklärung gegenüber einem anderen erklärt, unter einem bestimmten Domain-Namen keine Dienstleistungen mehr anzubieten; er verwirkt die vereinbarte Vertragsstrafe auch dann, wenn er zwar das Angebot selbst einstellt, jedoch einen Hinweis gibt, wo sein Angebot jetzt zu finden ist.[167]

Die deutsche Rechtsprechung geht inzwischen davon aus, daß Nutzer des Inter-nets, die eine Domain anwählen, die ein geschütztes Unternehmenszeichen enthält, erwarten, daß sich dahinter das Unternehmen verbirgt. Dabei ist nicht zwingend die

---

[163] Es ist zudem kein Zeichen für eine Nichtbenutzung, wenn bei Aufruf des URL ein Hinweis „Hier entsteht demnächst ..." o.ä. erscheint. Die Nutzung kann dennoch z.B. für SMTP- oder FTP-Services erfolgen.

[164] Eine Domain wird i.S.d. § 14 II, 2 MarkenG schon zum Zeitpunkt ihrer Reservierung genutzt. LG Braunschweig, Urteil vom 05.08.1997, Az. 9 O 188/97, „deta.com". Anderer Ansicht ist das LG Düsseldorf, Urteil vom 04.04.1997, Az. 34 O 191/96, „epson.de", wonach ein Unterlassungsanspruch nach § 14 V MarkenG nicht schon allein aus der Reser-vierung resultiert.

[165] LG Braunschweig, Urteil vom 05.08.1997, Az. 9 O 188/97, „deta.com".

[166] Landgericht Berlin, Urteil vom 20.11.1996, Az. 97 O 193/96, „concert-concept.com/ concert-concept.de".

[167] LG Berlin, Urteil vom 30.10.1997, Az. 16 O 236/97, *esotera.de*".

vollständige Firma notwendig; auch Abkürzungen und Schlagworte, die sich im Verkehr durchgesetzt haben, sind ausreichend.[168] Die Verwendung eines gemäß § 5 Abs. 1 MarkenG als geschäftliche Bezeichnung geschützten Unternehmenszeichens als Internet-Domain verstößt daher gegen §§ 5, 15 Abs. 2 MarkenG.[169]Allerdings gilt dies grundsätzlich nur, wenn der unbefugte Nutzer die Domain zu gewerblichen Zwecken nutzt – gegen eine offensichtlich rein privat genutzte Homepage kann nicht generell mit Aussicht auf Erfolg vorgegangen werden. Wurde die Domain allein reserviert, um einen anderen an deren Nutzung zu hindern, ist dies als sittenwidrig anzusehen und begründet einen Freigabeanspruch.[170]

Für die Berechnung des Streitwertes einer auf die Unterlassung der Benutzung eines Domain-Namens gerichteten Klage ist die wirtschaftliche Bedeutung für den Kläger maßgebend. Die wirtschaftliche Bedeutung ist nach Ansicht des LG Braunschweig objektiv zu bestimmen; den Streitwertangaben der Parteien kommt nur eine indizielle Bedeutung zu. Zu berücksichtigen sind Größe des Klägers, Umfang der unter dem Namen oder der Marke getätigten Umsätze, Dauer der Marktpräsenz sowie die zunehmende Bedeutung des Internet.[171]

## 2.2.1 Marken-Recherche

Der Unterlassungsanspruch gegen die unberechtigte Nutzung einer Marke oder eines Kennzeichens ergibt sich grundsätzlich verschuldensunabhängig.

Eine intensive Recherche im Vorfeld sowie auch eine Recherche während der Benutzung zur Feststellung fremden Verstoßes gegen eigene Rechte wird von vielen Unternehmen als unabdingbar angesehen.

Die einfache eigene Recherche durch Einsichtnahme des Markenregisters bzw. der Markenrolle beim Deutschen Patent- und Markenamt[172] bietet genauso wenig entsprechende Absicherung wie die kostengünstige Recherche beim Patentinformationszentrum der TU Dresden[173]oder ein erster Blick in die Datenbanken des US Patent and Trademark Office[174]– in Anbetracht der Internationalität des Internet hilft eine Überprüfung der ausschließlich deutschen Marken nicht weiter; ähnlich erfolgreich wäre ein Blick in die entsprechenden Telefonbücher, der allenfalls einen ersten Überblick darüber geben kann, welche Bezeichnungen aus dem Wunschkatalog sofort ausscheiden.

---

[168]LG Düsseldorf, Urteil vom 04.04.1997, Az. 34 O 191/96, „epson.de", genauso: LG Frankfurt am Main, Urteil vom 26.02.1997, Az. 2/6 O 633/96, „das.de".

[169]LG Berlin, Beschluß vom 5.12.1996, Az. 16 O 602/96, *bally-wulff.de*".

[170]LG Berlin, Urteil vom 30.10.1997, Az. 16 O 236/97, „*esotera.de*"; auch Landgericht Stuttgart, Beschluß vom 9. Juni 1997, 11 KfH O 82/97, „hepp.de".

[171]LG Braunschweig, Urteil vom 05.08.1997, Az. 9 O 188/97, „deta.com".

[172]Recherchemöglichkeiten auf der Website des Deutschen Patent- und Markenamtes online im Internet: http://www.dpma.de/index_rc.htm

[173]Patentinformationszentrum. Online im Internet: http://www.tu-dresden.de/slub/spiz.html

[174]Online im Internet: http://trademarks.uspto.gov/

Auch in Deutschland haben andere Marken und Kennzeichen Rechte, wie IR-Marken mit ausländischer Heimateintragung und Schutzerstreckung auf Deutschland oder die Gemeinschaftsmarken innerhalb der EU. Zudem besteht immer die Gefahr älterer Rechte gemäß § 6 MarkenG.

Über die Tücken des Kennzeichenrechtes informieren zahlreiche Anbieter professioneller Recherchen[175]. Um eine Risikominimierung mit vertretbarem Aufwand vornehmen zu können, wird es fachmännischen Rates bedürfen. Hierzu gehört auch eine Analyse, ob eine kostengünstigere Identitätsrecherche ausreicht, in welchen Klassen recherchiert werden muß und ob es ausreicht, nur solche Marken zu recherchieren, die in der BRD Schutz genießen.

Bei der Betrachtung der nachfolgend aufgeführten Kollisionsfälle ist zu beachten, daß die zitierte Rechtsprechung der Oberlandesgerichte zu „.de"-Domains erfolgte. Insbesondere Namen wie „Freundin", „Shell" und „Krupp" erzeugen in Deutschland in weiten Kreisen bestimmte Assoziationen zu einer Zeitschrift bzw. einem Unternehmen. Es ist fraglich, ob sich die dargestellten Zusammenhänge auch dann anwenden lassen, wenn ein regional tätiges Unternehmen mit einer gängigen und damit weltweit nicht seltenen Abkürzung aus drei oder vier Buchstaben Ansprüche auf eine internationale Top-Level-Domain (z.B. „.net") oder Nicht-„.de"-Domain (z.B. „.fr" für Frankreich oder „.jp" für Japan) erhebt.

## 2.2.2 Kollisionsfall: Konkurrenzunternehmen

Dieser Konflikt zwischen Kennzeichen und Domain-Name liegt vor, wenn der Inhaber des Domain-Namens sich nicht auf ein eigenes Kennzeichenrecht berufen kann. Grundsätzlich gilt der Kennzeichenschutz nach dem Markengesetz (MarkenG, §§ 14 II, 15 II) nicht bei Privatpersonen, die unter der Domain ihre private Homepage veröffentlichen; eine Benutzung im geschäftlichen Verkehr ist Voraussetzung. Zudem setzen kennzeichenrechtliche Ansprüche auch eine kennzeichenmäßige Benutzung voraus. Diese Voraussetzung nach §§ 14, 15 MarkenG ist bei Domain-Namen zu betrachten, die sowohl der Lokalisierung (durch die numerische IP-Adresse) als auch der Identifizierung dienen; die Zeichenfolge des Domain-Namens ist üblicherweise nicht zufällig gewählt, sondern soll den Benutzer identifizieren können.[176]

Zur rechtlichen Einordnung kennzeichenmäßiger Benutzung bei einem Domain-Namen bestehen Parallelen zur Behandlung der Fernschreibkennung als kennzeichenmäßiger Hinweis (BGH GRUR 1986, 475 – Fernschreibkennung).[177] Hiernach sind Fernschreibkennungen in der Praxis zumeist an Unternehmensbezeichnungen angelehnt und werden im Geschäftsverkehr als Kurzbezeichnung des Unternehmens verwendet sowie im sonstigen Geschäftsverkehr z.B. durch Aufdruck auf den

---

[175] Vgl. m.w.N. Transpatent „*Die blaue Zeitung*". Online im Internet: http://transpatent.com

[176] Zur unternehmenskennzeichnenden Verwendung s. LG Braunschweig, Urteil vom 05.08.1997, Az. 9 O 188/97, „*deta.com*".

[177] Vgl. hierzu Deutscher Bundestag, *Adreßraum im Internet*, 27.05.1997.

Geschäftspapieren. Dies rechtfertige den Schluß, daß eine das Firmenschlagwort verwendende Fernschreibkennung als kennzeichenmäßiger Hinweis auf das Unternehmen verstanden werde.[178] In Anbetracht der üblichen Verwendung von Internetadressen, insbesondere aber auch der E-Mail-Adressen (beispielsweise in der Form Ansprechpartner@Domain-Name.de) auf Briefbögen und Visitenkarten, können an der Zulässigkeit des Analogieschlusses wenig Zweifel bestehen. Zudem führt der Ausdruck einer Webseite wie bei einem Fernschreiben dazu, daß der Domain-Name in der Kopfzeile der Seite erscheint. Wenn bereits der Aufdruck auf Geschäftspapiere ausreichend erscheint, gilt dies erst recht bei einer Herausstellung als Schlagwort, z.B. in Printanzeigen oder auf Werbeträgern.[179]

Eine besondere Betrachtung erfordert der Aspekt der Verwechslungsgefahr. Nach § 14 II 1 MarkenG kann die Benutzung eines Kennzeichens untersagt werden, wenn unter diesem Waren oder Dienstleistungen angeboten werden, die identisch mit denen sind, für die eine Marke Schutz genießt; der Markenschutz ist in diesem Fall absolut. In dem hier zu betrachtenden Kollisionsfall, in dem es sich um branchengleiche Unternehmen handelt sowie Marke und Kennzeichen identisch sind, wird eine Verwechslungsgefahr regelmäßig nicht ausgeschlossen werden können. Ein Internetnutzer, der durch Eingabe des URL auf die Website des Unternehmens gelangt, wird nicht selten wirtschaftliche oder organisatorische Zusammenarbeit annehmen, auch wenn die Identität des Unternehmens auf dieser Website klar ersichtlich ist.[180] Zudem ist zu prüfen, ob der Domain-Name mit Behinderungs- oder Verwechslungsabsicht gewählt wurde und die so kanalisierten Kundenströme beabsichtigt wurden. Die Nutzung eines mit der Marke oder geschäftlichen Bezeichnung eines Konkurrenten identischen Domain-Namens mit dem Ziel der wettbewerblichen Vorteilsnahme ist unlauter und läßt die wettbewerbliche Generalklausel des § 1 UWG zur Anwendung kommen.

Anders ist die Sachlage, wenn das Konkurrenzunternehmen sich auf ein eigenes Kennzeichenrecht berufen kann; nicht wenige Unternehmen sind aufgrund eines örtlich begrenzten Schutzbereiches oder einer wettbewerblichen Gleichstellungslage berechtigt, gleiche Kennzeichen im Geschäftsverkehr zu führen. Es ist fraglich, ob die Beurteilung der ursprünglichen Prioritätsverhältnisse für die Fragestellung eines Domain-Namens überhaupt geeignet ist; es ist mit Bettinger

---

[178] Zur Frage der kennzeichenmäßigen Benutzung vgl. auch OLG Hamburg GRUR 1983, 191.

[179] Zur schlagwortmäßigen Herausstellung der Zahlenfolge „4711" aufgrund umfassender Bekanntheit (früher: Berühmtheit) vgl. BGH GRUR 1990, 711 ff, Telefonnummer „4711".

[180] Vgl. hierzu Bettinger, *Kennzeichenrecht im Cyberspace*, 1996, Fußnote 55: „So auch der United States District Court, N. D. Illinois (Actmedia Inc. ./. Active Media International, Civil Docket Nr. 96C3448, 1996 WL 466527 (D.D.Ill) in seiner einstweiligen Verfügung vom 17. Juli 1996, mit der es dem Unternehmen Active Media International untersagte, den Domain-Namen actmedia.com zu benutzen, der mit der Marke des der gleichen Branche zugehörenden Unternehmens ActMedia identisch übereinstimmte. Das Gericht vertrat die Auffassung, daß die Benutzung des Domain-Namens actmedia.com geeignet sei, bei den Internetnutzern die Vorstellung hervorzurufen, zwischen den Unternehmen bestünden wirtschaftliche Beziehungen."

*[...] kaum einzusehen, weshalb sich im Streit um die ‚besten Adressen' im Internet grundsätzlich derjenige durchsetzen sollte, dem außerhalb dieses Mediums die stärkere Wettbewerbsposition zusteht.*[181]

Bettinger schlägt hierzu vor, die Domain-Namen als Anschrift i.S.d. § 23 Nr. 1 MarkenG zu qualifizieren. Dann kämen Unterlassungsansprüche nur in Betracht, wenn die Benutzung des Domain-Namens durch den Inhaber gegen die guten Sitten verstößt.

## 2.2.3  Kollisionsfall: branchenfremdes Unternehmen

Da jeder Domain-Name innerhalb einer Top-Level-Domain nur einmal vergeben werden kann, können Kennzeichen auch dann in Konflikt mit Domain-Namen geraten, wenn die Kennzeicheninhaber in unterschiedlichen Branchen tätig sind. Ansprüche, die sich auf den Schutz der eingetragenen Marke oder des Kennzeichens nach §§ 14 II 2, 15 II MarkenG stützen, scheitern wegen der nicht gleichen oder ähnlichen Waren bzw. Dienstleistungen, für welche die Marke oder das Kennzeichen Schutz genießt. Auch nach der Generalklausel des § 1 UWG (mangels Wettbewerbsverhältnisses) oder aufgrund des deliktsrechtlichen Schutzes der Kennzeichen nach § 823 I BGB (mangels unlauteren Verhaltens oder rechtswidrigen Eingriffs in den eingerichteten Gewerbebetrieb) werden keine Abwehransprüche bestehen. Es bleibt hier bei dem Grundsatz „Wer zuerst kommt, ...".

Ähnlich ist die Situation, wenn sich das branchenfremde Unternehmen nicht auf eigenes Kennzeichenrecht berufen kann. Die Eintragung des Domain-Namens führt zwar zu einer Behinderung des Kennzeicheninhabers, aber diese Behinderung entsteht nicht aus unlauteren Motiven, sondern aufgrund der Besonderheiten des Domain-Name-Systems. Hier wird der Kennzeicheninhaber auf einen anderen Domain-Namen ausweichen oder mit dem Benutzer des gewünschten Namens über eine Überlassung verhandeln müssen.[182] Der Markeninhaber hat zudem grundsätzlich nur dann einen Unterlassungsanspruch gegen den Betreiber, wenn die unter der Marke und der Domain angebotenen Waren und Dienstleistungen ähnlich sind. Etwas anderes gilt nur dann, wenn der Bekanntheitsgrad des fremden Zeichens in unlauterer Weise ausgenutzt wird oder der Domain-Name mit Behinderungsabsicht angemeldet wird.[183]

## 2.2.4  Kollisionsfall: bekannte Marken und bekannte Kennzeichen

Häufig werden auch bekannte (früher: berühmte) Marken oder geschäftliche Bezeichnungen anderer Unternehmen als Domain-Name eingetragen. Dies muß nicht zwangsläufig gezielt geschehen, um sich die o.g. Kanalisierungswirkung

---

[181] Bettinger, *Kennzeichenrecht im Cyberspace,* 1996, I 1 b Abs. 2.
[182] Vgl. hierzu auch Bettinger, *Kennzeichenrecht im Cyberspace,* 1996, I 2 Abs. 5.
[183] LG München I, Urteil vom 18.07.1997, Az. 21 O 17599/96, „freundin.de".

zunutze zu machen, sondern kann auch aus nicht mißbräuchlichen Motiven erfolgen, wie das von Bettinger angeführte Beispiel des Konfliktes zwischen IBM und Integrated Bituminous Mining im Streit um die „ibm.com" darstellt.[184] In der Problematik ist zwischen der Benutzung des Domain-Namens als Zieladresse mit bzw. ohne Beeinträchtigung der Kennzeichnungs- und Werbekraft einerseits sowie der schlagwortartigen Herausstellung andererseits zu unterscheiden.

Bekannte Marken und bekannte geschäftliche Bezeichnungen genießen einen Sonderschutz nach §§ 14 II 3, 15 III MarkenG; als „bekannt" können sie gelten, wenn im Rahmen einer gesicherten demoskopischen Stichprobe 30 Prozent der Befragten sie kennen. Dieser Sonderschutz erlaubt auch ohne Ähnlichkeit von Dienstleistungen oder Waren und ohne Verwechslungsgefahr die Untersagung der Nutzung identischer oder ähnlicher Zeichen, wenn hierdurch die Wertschätzung oder Unterscheidungskraft der bekannten Marke beeinträchtigt würde. Es erscheint jedoch schwierig, den Nachweis einer Verwässerung der Werbekraft oder der Rufausbeutung beizubringen, wenn der Domain-Name lediglich als Zieladresse verwendet wird. Das Nennen des URL auf Briefköpfen, das Auftauchen als Kopfzeile in ausgedruckten Webseiten oder die Nennung durch eine Suchmaschine können ggf. beim Betrachter beiläufige Assoziationen hervorrufen; ob damit allerdings schon eine rechtlich beachtliche Beeinträchtigung der bekannten Marke bzw. des bekannten Kennzeichens begründbar ist, erscheint zweifelhaft.

Sofern davon ausgegangen werden kann, daß diese auch eher beiläufigen Assoziationen dazu dienen sollen, daß der Domain-Inhaber die Interessenten auf seine Website unter Ausnutzung des Prestiges zu dirigieren versucht, erscheint der Schutz vor wettbewerblichen Behinderungen nach § 1 UWG relevanter. Dabei werden nicht nur die vollständige Firma, sondern auch Firmenbestandteile, die als Schlagwort oder Abkürzung dienen, von § 12 und § 37 HGB geschützt. Beansprucht ein Dritter diese Abkürzung als Domain für sich, so greift er in diese Rechte ein.[185]

Einfacher erscheint die Konstellation, wenn das unter einer Domain angepriesene Angebot dazu geeignet ist, auf den Markeninhaber eine negative Auswirkung zu haben, so z.B. in der Auseinandersetzung des Spielzeugherstellers Candyland gegen den Betreiber der candyland.com, auf der pornographisches Material angeboten wurde.[186]

Aber auch ohne eine Beeinträchtigung der Werbe- und Kennzeichnungskraft wird die Benutzung bekannter Kennzeichen als Domain-Name untersagt werden können: Wer sich ohne ein ersichtliches Interesse (das sich allerdings schon durch eine Ableitung der Domain aus dem Kennzeichenrecht des Domain-Inhabers ableiten kann) eine bekannte Marke als Domain-Name sichern läßt, handelt sicher nicht lauter i.S.d. § 1 UWG. Zudem wird der Kennzeicheninhaber auch behindert, da ihm die Nutzung der Domain selber verwehrt ist. Letztlich ist es sicher eine Einzelfall-

---

[184] Bettinger, *Kennzeichenrecht im Cyberspace,* 1996, I 3 Abs. 2.
[185] LG Braunschweig, Urteil vom 05.08.1997, Az. 9 O 188/97, „deta.com".
[186] Vgl. Bettinger, *Kennzeichenrecht im Cyberspace,* 1996, I, 3 a) aa) Abs. 4.

entscheidung, ob der Domain-Inhaber lauter gehandelt hat und ob es für ihn zumutbar ist, auf einen anderen Domain-Namen zu wechseln.

Offensichtlicher gestaltet sich die Sachlage bei schlagwortmäßiger Herausstellung eines solchen Domain-Namens in der Werbung, da hier nicht mehr die Adreßfunktion, sondern offensichtlich die Kennzeichenfunktion des Domain-Namens im Vordergrund steht.


## 2.2.5 Kollisionsfall: Benutzung durch Privatpersonen

Eine Vielzahl von Kollisionsfällen ist unter der Bezeichnung „Domain-Grabbing" bekannt, bei der Privatleute Domain-Namen bekannter Marken und Kennzeichen für sich in der Absicht reservierten, sie den Marken- bzw. Kennzeicheninhabern zu verkaufen. Mit den bisher genannten Rechtsmitteln dürften sich Ansprüche des Kennzeicheninhabers nur schwer durchsetzen lassen, selbst wenn dem entsprechenden Privatmann ein Geschäftshandeln unterstellt werden kann, da es in der Regel an einer Wettbewerbssituation oder an einer Verwechslungsgefahr fehlen dürfte.[187] Wenn die Domain gar nur reserviert, nicht aber genutzt wird, fehlt das notwendige Handlungselement, das die §§ 14 II 2 Nr. 1 bis 3, 15 II MarkenG fordern. In dem Vorhaben, die Domain an den Kennzeicheninhaber zu verkaufen, liegt allerdings auch eine Behinderung, die i.S.d. § 823 I BGB als rechtswidriger Eingriff in eine gewerbliche Tätigkeit bzw. einen eingerichteten und ausgeübten Gewerbebetrieb, und wohl auch als sittenwidrige Schädigung i.S.d. § 826 BGB betrachtet werden kann.[188] Eine Rolle spielt der Handel mit Domain-Namen daher nur noch in Hinblick auf Domain-Namen mit Gattungsbezeichnungen oder beschreibenden Angaben (z.B. „musik.de", „sport.de", „warenhaus.de" u.ä.), die nicht durch Kennzeichenrechte angegriffen werden können, aber für bestimmte Unternehmen aufgrund eines in Aussicht stehenden Wettbewerbsvorteils einen erheblichen Wert haben. Aus rechtlicher Sicht stellt der Handel mit Domain-Namen in diesem Bereich kein Problem dar, da hierbei keine Rechte anderer verletzt werden; insofern ist er also zulässig.

Problematisch erscheint dagegen die Anspruchsdurchsetzung des Kennzeicheninhabers gegenüber einer Privatperson bei Namensgleichheit. Dieser Konflikt ist eine Folge des Domain-Name-Systems, das keine unterschiedliche Registrierung für Privatpersonen und für Unternehmen vorsieht. Auch hier hat der Grundsatz „Wer zuerst kommt, [...]" Gültigkeit.[189]

---

[187] Allerdings ist das LG Düsseldorf der Ansicht, daß es bei einer Verwechslungsgefahr nicht darauf ankommt, welche Waren oder Inhalte auf einer Homepage angeboten werden, sondern daß die verwechslungsfähige Ware oder Dienstleistung bereits die unter der Domain aufzurufende Homepage selbst sein kann. LG Düsseldorf, Urteil vom 04.04.1997, Az. 34 O 191/96, *„epson.de"*.

[188] LG Braunschweig, Urteil vom 05.08.1997, Az. 9 O 188/97, *„deta.com"*.

[189] Ebenso: Bettinger, *Kennzeichenrecht im Cyberspace*, 1996, I, 4 Abs. 3.

## 2.2.6 Schutz des Namens

Unbefugter Namensmißbrauch stellt einen Verstoß gegen § 12 BGB dar. Allerdings hat die Rechtsprechung hierzu Grundsätze entwickelt, nach denen nicht zwangsläufig jeder einen unbefugten Gebrauch eines Namens begeht, dem selber kein Recht an dem in der Domain gebrauchten Namen zusteht. Grundsätzlich setzt ein Namensmißbrauch namensmäßige Fehlzurechnungen voraus, d.h., durch die Benutzung eines fremden Namens muß einem unbeteiligten Betrachter der Eindruck eines Zusammenhangs mit dem Namensträger entstehen – dies ist bei häufig vorkommenden Namen wie Müller oder Schulze wohl regelmäßig nicht der Fall.

Anders sieht es bei bekannten Namen aus; häufig zitiert wird in diesem Zusammenhang das Urteil zu „heidelberg.de".[190] Ein Heidelberger Softwarehaus hatte diese Domain in Benutzung und bot dort Informationen über die Region Rhein-Neckar kostenlos an. Der klagenden Stadt Heidelberg wurde die Domain zugesprochen, da das Landgericht die Gefahr sah, daß Internetnutzer den Domain-Namen „heidelberg.de" mit der Stadt Heidelberg in Verbindung bringen würden. Allerdings stellt Bettinger fest, daß die Argumentation des Landgerichts vermuten läßt, „[...] daß Zuordnungsverwirrungen hier vor allem deshalb angenommen wurden, weil auch die unter der Homepage angebotenen Informationen einen Bezug zur *Stadt Heidelberg* hatten. Wie also wäre der wohl typischere Fall zu entscheiden, in dem die auf der Website angebotenen Informationen ohne jede Beziehung zum Namensträger stehen?"[191]Die bekannt gewordenen gegenteiligen Entscheidungen des Landgerichts Köln in den Fällen der Städte Hürürth1th, Pulheim und Kerpen (vgl. Fußnote 157) basieren allerdings auf der Annahme, daß Domain-Namen mit Telefonnummern gleichzusetzen seien; es darf bezweifelt werden, daß sich diese Ansicht in der täglichen Praxis durchsetzt.

Grundsätzlich gilt, daß Städte- und Gemeindenamen dem Namensschutz unterliegen und von diesen gerichtlich zunehmend erfolgreich erstritten werden können, wobei es nicht darauf ankommt, ob die Top-Level-Domain „.de", „.com", „.org", „.net" oder sonstwie heißt.[192]

Auch der fälschliche Eindruck, daß der Namensinhaber (z.B. in einer fiktiven „www.catarina-valente.de"[193]) in den Gebrauch seines Namens eingewilligt habe, führt zu einem Verstoß gegen § 12 BGB.

Im Falle der überragenden Verkehrsgeltung eines Namens ist es nicht mehr entscheidend, wer die Domain zuerst angemeldet und genutzt hat, wenn zwei Träger

---

[190]LG Mannheim, Urteil vom 08.03.1996, Az. 7 O 60/96, „heidelberg.de".

[191]Bettinger, *Kennzeichenrecht im Cyberspace*, 1996, II Abs. 3.

[192]So auch OLG Karlsruhe, Urteil vom 09.06.1999, Az. 6 U 62/99, „bad-wildbad.com".

[193]Hierzu Bettinger, *Kennzeichenrecht im Cyberspace*, 1996, Fußnote 85: „Eine solche Namensnennung wurde etwa in dem bekannten ‚Caterina Valente'-Fall angenommen, in dem es um die Erwähnung der seinerzeit bekannten Künstlerin in einer Werbeanzeige für Präparate zum Reinigen und Befestigen von Zahnprothesen ging (BGH GRUR 1959, 430, ‚Caterina Valente')."

des gleichen Namens ihren Namen als Domain nutzen wollen. Der Konflikt ist unter Berücksichtigung der jeweiligen Namensrechte interessensgerecht zu lösen. Das Domain-Nutzungsinteresse desjenigen, der sein Namensrecht auf seinen bürgerlichen Namen und den Namen einer von ihm geführten Firma stützt (z.B. Eric W. Krupp als Inhaber einer Medienagentur), tritt gegenüber dem Interesse desjenigen zurück, der sein Namensrecht auf ein Firmenschlagwort stützt, das überragende Verkehrsgeltung erlangt hat (z.B. „Krupp" oder „Shell").

Die Registrierung und Nutzung eines Unternehmenskennzeichens, dem eine überragende Bedeutung zuerkannt wird, als Internet-Adresse einer Person oder Familie gleichen Namens ist durchaus in der Lage, den Kennzeicheninhaber in seiner geschäftlichen Betätigung zu behindern; dabei erscheint es nachrangig, ob die Nutzung im rein privaten oder gewerblichen Bereich erfolgt.[194]

Der sich aus der Beeinträchtigung des Namensrechts ergebende Unterlassungs- und Beseitigungsanspruch verpflichtet den Verletzer, die Registrierung und Nutzung der Domain aufzugeben. Ein Anspruch auf Unterstützung bei der Übertragung der Domain ist nicht eindeutig bestimmbar – nach Ansicht des OLG Hamm besteht er nicht[195], nach Ansicht des OLG München kann der Kennzeicheninhaber von dem Eingetragenen verlangen, daß dieser Zug um Zug gegen Erstattung der Registrierungskosten in die Übertragung der Domain auf den Kennzeicheninhaber einwilligt.[196]

Allerdings bleibt auch hier eine höchstrichterliche Entscheidung über den Vorrang des Markenrechts gegenüber dem Namensrecht abzuwarten; nach häufiger Meinung erscheint keineswegs sicher, daß das Krupp-Urteil in einem Revisionsverfahren Bestand hätte.

Hintergrund des Verfahrens zumindest im Fall Krupp (nicht explizit argumentiert im Fall Shell, obschon ebenso gelagert[197]) ist wohl auch die kommerzielle Nutzung der Domain. Es ist aus dem ergangenen Urteil in der Sache Krupp nicht abzuleiten, daß die Entscheidung gegenüber einem Privatmann (mit rein privater Nutzung der Domain für seine Homepage) ähnlich ergangen wäre. Soweit ersichtlich, ist bislang noch in keinem Urteil ein Unterlassungsanspruch gegen Privat aus § 12 BGB abgeleitet worden, und auch eine Anwendung des UWG gegen Privatpersonen ist nicht möglich, da sich diese gerade nicht am geschäftlichen Verkehr beteiligen. Auch die Shell-Entscheidung erscheint nicht als klare Entscheidung gegenüber rein privater Nutzung. Es wirkt befremdlich, daß der Schutz des § 12 BGB, der sich immerhin im ersten Kapitel des BGB („Natürliche Personen") findet, ohne weiteres auf den Namensschutz juristischer Personen angewendet wird.

---

[194] So entschieden im Fall der Familie Shell (mit gewerblicher Nutzung der Domain in der Werbung für das eigene Angebot), OLG München, Urteil vom 25.03.1998, Az. 6 U 4557/ 98, „shell.de".

[195] OLG Hamm, Urteil vom 13.01.1998, Az. 4 U 135/97 OLG Hamm, „krupp.de".

[196] OLG München, Urteil vom 25.03.1998, Az. 6 U 4557/98, „shell.de".

[197] In dem Verfahren vor dem Landgericht München, das dem Berufungsverfahren vor dem OLG München vorausging, wurde dem Betreiber der Domain „shell.de" untersagt, (a) das Zeichen „shell.de" im Internet als Domain-Namen zu benutzen und (b) in der Werbung für Textverarbeitung, Übersetzungen usw. die Domain „shell.de" zu benutzen.

Aufgrund des dem Krupp-Konzern nicht zugesprochenen Anspruchs auf Übertragung wurde die Domain wieder zur freien Vergabe zur Verfügung gestellt. In der Urteilsbegründung des OLG Hamm heißt es dazu:[195]

*§ 12 BGB räumt dem Verletzten lediglich einen Beseitigungsanspruch und einen Unterlassungsanspruch ein, ggf. auch einen Schadenersatzanspruch (Palandt a.a.O. § 12 BGB Rdn. 32 ff.). Das bedeutet, daß der Verletzer nur den Störungszustand nicht aufrechterhalten darf. Er ist aber nicht verpflichtet, an einer Verbesserung der Rechtsstellung des Verletzten in namensmäßiger Hinsicht mitzuwirken. Das bedeutet für den vorliegenden Fall, daß der Beklagte seine Sperrposition, die er mit der Registrierung und Nutzung seiner Domain-Adresse „...“ ausübt, zwar aufgeben muß, daß er aber nicht verpflichtet ist, seinerseits dafür zu sorgen, daß nunmehr die Klägerin statt seiner die umstrittene Domain-Adresse erhält. Dieses Ziel zu erreichen, ist vielmehr allein Sache der Klägerin, wobei der Beklagte keine Unterstützung mehr schuldet, sobald er seine Sperrposition aufgegeben hat.*

Der Konzern hatte allerdings versäumt, sich rechtzeitig um eine Übertragung der Domain durch das deutsche Network Information Center bzw. seine ausführenden Stellen zu bemühen. Somit wurde neuer Inhaber der Domain der Sohn von Erik W. Krupp. Dieser benutzte die Domain für seine rein private Homepage. Auch diesem wurde in der Zwischenzeit vom LG Bochum untersagt, die Domain zu benutzen; laut Weinknecht läuft gegen diese Entscheidung ein Widerspruchsverfahren.[198]

## 2.3  Markenschutz für Domain-Namen

Bisher nicht geklärt ist die Frage, ob sich ein Inhaber einer beschreibenden Domain gegen die Verwendung seiner Domain außerhalb des Internet erwehren kann. Eine Tendenz hierzu könnte sich aus der Entscheidung des LG Hamburg[199] ableiten lassen, wonach Domain-Namen individuelle namensartige Kennzeichen sind, die dem Schutz des § 12 BGB unterliegen. *„Die Buchstabenzusammenstellung ist nicht mit einer bloßen, nicht schutzfähigen Telefonnummer zu vergleichen.“* Diese für § 12 BGB getroffene Feststellung eines *„individuellen namensartigen Kennzeichens“* könnte auch auf das Markenrecht übertragen werden.

Gegen die Eintragungsfähigkeit könnte sprechen, daß ein Markenschutz für beschreibende Angaben unzulässig ist. Nach § 8 II Nr. 1 MarkG fehlt jegliche Unterscheidungskraft, wenn sie ungeeignet ist, die von der Anmeldung erfaßten Waren und Dienstleistungen hinsichtlich ihrer Herkunft aus einem Unternehmen

---

[198] Homepage RA Dr. Weinknecht. Online im Internet:
http://www.weinknecht.de/rahome2.htm
[199] LG Hamburg, Beschluß vom 17.09.96, Az. 404 O 135/96.

von denjenigen anderer Unternehmen zu unterscheiden. So enthalten beispielsweise die einzelnen Zeichenelemente der löschungsantragsfesten Marke „D-Info" beide beschreibende Angaben: „D" für Deutschland, „Info" als Kurzwort für Information. Es handelt sich dabei um eine beschreibende Angabe, die auf den Inhalt der Ware hinweist. In ihrer Zusammensetzung sind die Begriffe geeignet, das Produkt von anderen zu unterscheiden. Für den Nutzer im WWW kommt es nicht darauf an, wie der Anbieter heißt, sondern wie seine Adresse lautet. Der Domain-Name verdrängt somit den Firmennamen in seiner Bedeutung und bietet schließlich die Unterscheidung der Herkunft. Diese Unterscheidung in der Domain stellt gleichzeitig auch die erforderliche Unterscheidung der Herkunft dar.

Nach § 8 Abs. 2 Nr. 3 MarkG sind Zeichen nicht schutzfähig, die im allgemeinen Sprachgebrauch üblich geworden sind. Für ein Freihaltebedürfnis könnte sprechen, daß beschreibende Einzelelemente, wie z.B. Anwalt, Akademie, Haus, in dieser Zeichenfolge von dem Schutz ausgeschlossen sind. Andererseits kommt es auf die Zeichenfolge in ihrer konkreten Kombination an. Niemand benutzt im allgemeinen Sprachgebrauch zur Bezeichnung von Waren oder Dienstleistungen eine Domain, es sei denn, er meint damit den konkreten Anbieter. Man fährt nicht mit seinem www.auto.de zur Arbeit, sondern mit seinem Auto. Beide Begriffe werden wohl kaum als verwechslungsfähig angesehen werden können. Die WWW-Adresse beschreibt nur den einen konkreten Anbieter. Für eine allgemeine sprachliche Verwendung erscheint daher eine Freihaltung einzelner URLs oder Domains nicht erforderlich.

Zudem ist bislang nicht gerichtlich geklärt, ob durch die kommerzielle Nutzung einer Domain nicht auch Rechte aus § 5 Abs. 2 MarkenG (Unternehmenskennzeichen) i.V.m. § 6 MarkenG (Vorrang und Zeitrang) entstehen. Daher erscheint auch für beschreibende Domain-Namen ein Markenschutz durchaus zulässig.

Besondere Planung braucht zudem eine potentiell internationale Strategie eines Unternehmens. So stellte der Internet-Buchhändler Amazon.com bei der Erschließung des griechischen Buchmarktes fest, daß bereits ein einheimischer Buchhändler diese Domain für sich gesichert und Amazon als Marke hatte eintragen lassen.[200] Für ein griechisches Gericht hatte diese Eintragung national die besseren Rechte als die der amerikanischen Buchhändler.

Ohne eine eingetragene Marke wird es in jedem Land sehr schwierig, die eigene Expansionsstrategie unter gleichlautender Second-Level-Domain fortzusetzen und auch gegen Nachahmer vorzugehen. Eine Marke ist grundsätzlich in dem Land geschützt, in dem sie auch eingetragen ist. Eine Ausnahme bilden bekannte Marken: Sie genießen Schutz auch ohne Eintragung in den Ländern, in denen sie ein hohes Maß an Bekanntheit haben.

In vielen Ländern ist es zur Eintragung einer Marke nicht zwingend, dort auch einen Sitz zu unterhalten. Problematischer sind in diesem Zusammenhang die

---

[200] Online im Internet: http://www.amazon.gr (Stand: 04.11.99). Die Überprüfung der WhoIs-Datenbank zeigte am 12. März 2000 den Statuseintragung „under dispute". Online im Internet: http://www.hostmaster.gr/cgi-bin/webwhois

Registrierungsstellen für die Domain-Namen – so fordert auch das Deutsche Network Information Center DENIC für die Eintragung einer „.de"-Domain einen Wohn- oder Geschäftssitz in Deutschland.


## 2.3.1 E-Branding

Im gewerblichen Bereich haben Kennzeichen, Marken und Namen eine durchaus sozialadäquate Rolle. Durch sie können Produkte zuverlässig auseinandergehalten werden; so gibt sich der Hersteller Mühe zur größtmöglichen Qualität. Zudem ist ohne sie kaum ein Wettbewerb denkbar:

> *The whole idea of free enterprise, as we understand it in this county, is based on the importance of the identity an personal responsibility of the producer for the goods he sells, which are evidenced by his trademarks, names and brands. If that is the sort of an economy we are to have in this country – an I sincerely hope it is, because we have had it for a good many years and it has worked – then trademarks and brands should be protected so that an incentive will be given to all manufacturers to produce the best goods they know how and take pride in them – and not merely comply with minimum government specifications. You can´t have competition unless you can distinguish between the competing goods and choose betwenn them. Trads-marks make this distinction an this choice possible. Without them there could be none.[201]*

Im Internet vertrauen Verbraucher vor allem auf Preis- und Produktvorteile. Dabei machen kulturelle Unterschiede vielen weltweit tätigen Unternehmen arg zu schaffen. Während amerikanische Unternehmen Kosten auf sich nehmen, um in den Preisvergleichs-Datenbanken gelistet zu werden, nutzen deutsche Websites i.d.R. jede Möglichkeit, sich einem automatischen Preisvergleich zu entziehen.[202] Um dem geringen Bindungswillen der Kunden und der Unscheinbarkeit im austauschbaren elektronischen Markt entgegenzutreten, eignet sich wohl nichts besser als der Aufbau einer eigenen Marke. Das Unterscheidungskriterium der Marke wird erreicht, indem eine psychologische Produktdifferenzierung „Uniqueness" verleiht, also möglichst einzigartig macht.

Dieses Markenbewußtsein ist derzeit selbst bei den großen, nur im Internet arbeitenden Anbietern noch schwach entwickelt; Unternehmen wie Amazon, Yahoo oder EBay machen derzeit erste Gehversuche im E-Branding.[203]

Sicher erscheint, daß zwischen dem E-Brand und dem Domainnamen ein direkter Zusammenhang stehen muß, und hier kommt das Problem zum Tragen, daß die

---

[201] Rogers, *The Lanham Act and the Social Function of Trade-Marks*. 154 Law and Contemporary Problems, 180 (1949). Zitiert nach: Petersson, Erik, Branded Bits – Trademark Exhaustion in Internet Trade from an EC-law Perspektive, 1999.

[202] Pfeiffer, *Einfach soll es sein*. NET-Investor 04/00, S. 52.

[203] Huber et al., *Das Produkt ist nicht genug*. NET-Investor 04/00, S. 54 f.

umgangssprachlichen Begriffe der deutschen und englischen Sprache langsam zur Neige gehen. Dies liegt nicht einmal daran, daß so viele deutsche Unternehmen im Internet mit eigener Domain aktiv sind, sondern daß es zahlreiche Domaininhaber gibt, die Domains „sammeln" und so eine Geschäftsidee in die Praxis umzusetzen versuchen.

Der ruinöse Wettbewerb zwischen Strato und PureTec wurde überwiegend über den Preis ausgetragen; in der Folge wurden die Registrierungsgebühren für Domains so preiswert, daß sich auch Privatpersonen bis zu mehreren Tausend Domains zulegen konnten. Der Betrieb der Domains ist einfach automatisierbar, indem per Script lediglich für jede Domain der Titel ausgetauscht und ansonsten der Seiteninhalt identisch gehalten wird.

# 3  Gestaltung der Webseiten

Der vorrangige Grund für eine Internetpräsenz eines Unternehmens sind Selbstdarstellung und Werbung, üblicherweise im Rahmen des Marketingmix. Die Internationalität des Internet setzt dabei die nationalen Rechtsordnungen nicht außer Kraft. Insbesondere deutsche Unternehmen müssen auch hier das UWG vom 7. Juni 1909 mit den Generalklauseln des Verbots irreführender Werbung und des Verstoßes gegen die guten Sitten samt Nebengesetzen wie Rabattgesetz, Zugabeverordnung, Preisangabenverordnung usw. berücksichtigen,[204] auch wenn manche Vorschriften zur Anwendung auf die neuen technischen Sachverhalte nicht geeignet erscheinen.

Die neuen technischen Medien bringen auch neue Fragestellungen mit sich. Das Urheberrecht wurde ursprünglich nicht für technisch bedingte Vervielfältigungen bei der Übertragung über verschiedene Vermittlungsrechner ausgelegt, und eine Übertragung des Nutzungsrechtes beinhaltete zwangsläufig nicht die prompte Bereitstellung für die ganze Welt.

Welches Gericht ist zuständig, und welchem nationalen Wettbewerbsrecht muß die Gestaltung entsprechen – dem des Sender- oder dem des Empfängerlandes? Das folgende Kapitel soll hier Hinweise geben und darstellen, daß die Werbung im Internet auf den Websites deutscher Unternehmen kein rechtsfreier Raum ist und deshalb einige Anpassungen nötig sind, damit die Unternehmen die Vorteile der elektronischen Kommunikation auch tatsächlich nutzen zu können.[205]

In diesem Umfeld kann es zu einer „Inländerdiskriminierung" führen, wenn Unternehmen aus anderen Ländern via Internet auf eine Art und Weise Werbung treiben dürfen, die deutschen Unternehmen untersagt ist. Dieses Dilemma wird nachfolgend dargestellt, läßt sich aber derzeit, auch nach der neuesten Rechtsprechung zur vergleichenden Werbung (s. Kap. 5.1.1), wohl nicht vermeiden. Deutsche Unternehmen müssen sich an deutsches Recht halten, wenn ihre Werbung auch in Deutschland abgerufen werden kann – und das ist bei Websites regelmäßig der Fall.[206]

---

[204] Vgl. auch Schotthöfer, *Wettbewerbsrecht*, 1997, S. 1.
[205] Ebd., S. 2.
[206] Ebd., S. 7.

## 3.1  Abruf von Informationsseiten

Nach überwiegender Rechtsprechung aus dem Btx-Umfeld[207] ist beim entgelt-
lichen Abruf von elektronischen Informationsseiten Kaufrecht anwendbar; bei
fehlerhaften Informationen sind die Vorschriften der §§ 459 ff. BGB zur Gewährleistung zumindest entsprechend anwendbar.

Da der Abruf von Informationsseiten im WWW bislang regelmäßig (schon
mangels Inkassomöglichkeit, insbesondere aber wohl wegen der deutlichen Zah-
lungsunwilligkeit der Nutzer) kostenfrei bzw. unentgeltlich erfolgt, kommt die
Anwendung des Kaufrechts nicht in Frage; es ist fraglich, ob mit dem einfachen
Abruf von Informationen überhaupt ein Vertragsverhältnis begründet wird (nach
§ 676 BGB führt die Erteilung einer Auskunft mangels Rechtsbindungswillens der
anderen Partei nicht zu einem Vertrag). Bei fehlerhaften Informationen auf seiner
Website haftet der Anbieter nur bei Vorsatz oder grober Fahrlässigkeit (entsprechend § 521 BGB).[208]

## 3.2  Gestaltungselemente von Webseiten

Der umgangssprachlich häufig fälschlich dem Internet gleichgesetzte Internet-
Dienst World Wide Web (WWW) basiert auf HTML, der Hypertext Markup
Language, einer Textauszeichnungssprache, die von entsprechenden Programmen
(Browser) gelesen und am Bildschirm dargestellt wird. Eine HTML-Datei besteht
aus ASCII-Text und kann um aktive Elemente erweitert werden, die z.B. aus Java-
Scripts, Java- oder ActiveX-Applets bestehen. Die Einbindung von Bildern erfolgt
durch die bloße Einbindung eines Hinweises auf die Quelldatei des zu integrieren-
den Bildes, das Bild selbst wird nicht eingebunden.

Dies stellt deutlich die Besonderheit von HTML heraus, auf der der Erfolg des
World Wide Web beruht: Dateien werden nicht mehr durch das Durchlaufen einer
Baumstruktur (wie vom Dateimanager oder Explorer des lokalen Rechners
bekannt) angesprochen, sondern durch exakte Benennung des Fundortes der einzelnen Datei.

Damit ist es jedem Laien sehr schnell möglich, gezielt die „verlinkten" Quellen
aufzurufen und im Browser darstellen zu können, ohne auf die Baumstrukturen und
Verzweigungen achten zu müssen. Wie die Bilder, so können durch „Hypertext
Reference Links" (kurz: Links) auch andere Dokumente aufgerufen und im Browser dargestellt werden, auf Wunsch lokal gespeichert und mit lokaler Software weiterverarbeitet werden.

Als einfachste Form werden Links im Fließtext, die zum Aufruf einer anderen
Datei dienen, üblicherweise in einer Kontrastfarbe und unterstrichen dargestellt.

---

[207] Btx = Bildschirmtext, Telekommunikationsdienst, inzwischen Bestandteil von T-Online.
[208] Vgl. auch Witte, A./Karger, M., *Recht im Internet*, 1996, 5.4.4.

Tim Berners-Lee, Mitentwickler von HTML und als „Erfinder des World Wide Web" heute Vorsitzender des WWW-Consortiums[209], formuliert die Eigenschaft „normaler" Links:[210]

*The intention in the design of the web was that normal links should simply be references, with no implied meaning.*

Die Tatsache, daß ein Link auf einem Webdokument vorhanden ist, besagt zunächst gar nichts. Berners-Lee führt zur Haftung für Links aus:

*So the existence of the link itself does not carry meaning. Of course the contents of the linking document can carry meaning, and often does. So, if one writes „See Fred's web pages (link) which are way cool" that is clearly some kind of endorsement. If one writes „We go into this in more detail on our sales brochure (link)" there is an implication of common authorship. If one writes „Fred's message (link) was written out of malice and is a downright lie" one is denigrating (possibly libellously) the linked document. So the content of hypertext documents carry meaning often about the linked document, and one should be responsible about this. In fact, clarifying the relative status of the linked document is often helpful to the reader.*

Links sind eine „conditio sine qua non" des World Wide Web; sie sind keine Zitate im Sinne des Urheberrechts, wie es Stefan Münz, Autor des weit verbreiteten Tutoriums SELFHTML[211] anschaulich beschreibt:[212]

*HTML bedeutet „Hypertext Markup Language", WWW bedeutet „World Wide Web". Verweilen Sie zunächst einmal gedanklich bei diesen Begriffen. Hypertext ist Text, der sich besonders dadurch auszeichnet, daß er viele Verweise auf anderen Text enthält. Im Web sind diese Verweise world wide, also grenzenlos. Das WWW verdient seinen Namen überhaupt nur aufgrund dieser Links.*

*Hypertext ist auch eine geistige Haltung, nämlich die, eigene geistige Erzeugnisse in der Tradition und Umgebung anderer geistiger Erzeugnisse zu sehen. Keine gute schriftliche Dokumentation kommt daher ohne Quellenangaben und Querverweise aus. Diese sind nicht nur Nachweis und Basis der eigenen Arbeit, sie dienen dem Leser auch als Ausgangspunkt zu weiterführender Lektüre.*

*Auf dem Papier niedergeschrieben ist die Auswertung derartiger Querverweise eine mühselige Angelegenheit. Der Leser muß sich in jedem einzelnen Fall zunächst das betreffende Werk beschaffen. Dann ist das querverwiesene*

---

[209] Das World Wide Web Consortium W3C ist online erreichbar unter http://www.w3c.org

[210] Berners-Lee, Tim: Axioms of Web Architecture: 2. Link and Law. April 1997. Online im Internet: http://www.w3.org/DesignIssues/LinkLaw.html. Eine deutsche Übersetzung von Hartmut Semken ist online verfügbar unter
http://www.freedomforlinks.de/Pages/linklaw.html

[211] Online im Internet: http://www.teamone.de/selfhtml

[212] Online im Internet: http://www.teamone.de/selfaktuell/talk/rechtundlinks_frevel.htm

*Kapitel, die Seite, das Zitat, etc. herauszusuchen. Und nun endlich kann mit der weiterführenden Lektüre begonnen werden.*

*Im Internet ist das wesentlich leichter. Ein Klick mit der Maus auf ein als Querverweis gekennzeichnetes Wort oder Bild veranlassen den Browser, die gerade dargestellte Seite auszublenden und die Folgeseite zu laden und anzuzeigen, auf die jeweils verwiesen wurde.*

*Wir alle kennen diese Verweise unter dem Begriff „Link". Sie unterscheiden sich von den schriftlichen Literaturverweisen auf dem Papier durch ihre sofortige Ausführbarkeit. Nichtsdestotrotz bleiben es ganz gewöhnliche Querverweise. (siehe auch: SELFHTML: Verweise zu anderen WWW-Adressen[213])*

*Solche Verweise können zu einer anderen Stelle innerhalb einer Seite, zu einer anderen Seite innerhalb einer Homepage oder gar zu völlig fremden, von anderen Autoren unabhängig erstellten Homepages führen. Wie einfach ist es damit beispielsweise geworden, gerade noch in der deutschen Übersetzung von Shakespeare's Hamlet zu lesen und einen Klick weiter den entsprechenden englischen Originaltext zu bewundern. Nur wenige Mausbewegungen trennen den Leser von Listen aktueller Aufführungen in der ganzen Welt, von Theaterkritiken, Informationen über die Darsteller und vielem mehr.*

*Nicht all diese zusammenhängenden Informationen werden vom gleichen Autor im gleichen Web-Projekt angeboten. Die Querverweise bieten in der Regel vielmehr ein Netz untereinander verlinkter Homepages und Unterseiten. Dem User steht durch die Verlinkung ein Quell müheloser Informationsbeschaffung zur Verfügung. Er kann von den Links Gebrauch machen, muß es aber nicht.*

Durch Links erfolgt die Verbindung der Webseiten innerhalb einer Website, aber auch zwischen verschiedenen Websites. Die heutige Anwendung dieses Dienstes im Internet beruht auf der einfachen Möglichkeit, die im Internet seit Ende der 60er Jahre gesammelten wissenschaftlichen und unterhaltsamen Inhalte durch Querverweise in einen auch für einen computertechnischen Laien anwendbaren Zusammenhang zu setzen und damit nutzbar zu machen. Wer eine Seite ins WWW stellte, übergab sie damit automatisch der Öffentlichkeit, und letztlich führte jeder Link, der auf diese Seite verwies, zu einer zunehmenden Bekanntheit der Seite; dies war durchaus im Sinne des Publizierenden.

Ohne den Wunsch, die eigene Webseite der Öffentlichkeit zu präsentieren, gibt es schließlich keinen Grund, eine Webseite zu publizieren – und damit kann die Einrichtung eines Links auf die eigene Seite geradezu als gewünscht und beabsichtigt unterstellt werden.

Hyperlinks (als HTML-Tag erkenntlich: <a href=„....">...</a> mit href = Hypertext-Reference) als vom Betrachter mit der Maus anklickbare Textmarkierungen, die eine andere Webseite im Browser zur Anzeige bringen, haben grundsätzlich einen ausschließlich funktionalen Charakter.[214]

---

[213] Online im Internet: http://www.teamone.de/selfhtml/tcfd.htm
[214] Vgl. zur Nichterfassung von Text-Hyperlinks als Katalogwerke nach § 2 Abs. 1 UrhG m.w.N. Zscherpe, Kerstin: *Urheberrechtsschutz digitalisierter Werke im Internet.* MMR 8/98, S. 404.

Neben den normalen Links gibt es zudem embedded Links (z.B. <a img src=„..“>...</a> mit img src = Image Source), mit denen multimediale Elemente und Objekte in das Dokument integriert werden können.

HTML selbst ist eine reine Textauszeichnungssprache und benötigt diese embedded Links zur Einbettung von Fotos, Grafiken, Tönen, Applets etc., wobei das so ausgestattete Dokument im Browser des Betrachters als Ganzes dargestellt wird, also mit den eingebetteten Elementen. Diese sind als Bestandteil des Dokumentes zu betrachten. Daher trägt der Autor des Dokumentes die Verantwortung auch für die eingebetteten Elemente, unabhängig davon, ob sie von der eigenen oder einer fremden Website stammen.

Diese Embedded Links, auch Inline Links genannt, kann ein Anwender nicht durch einen Mausklick als Verweis ansprechen; sie sind durch den Browser bei Laden des Dokuments, auf das verwiesen wird, automatisch auszuführen.

Die Möglichkeit der Kaskadierung von Auszeichnungsmerkmalen in HTML beinhaltet, auf Webseiten auch anklickbare Grafiken oder Fotos einzusetzen. Die Kaskadierung kann durchaus darin bestehen, daß innerhalb eines Links anstelle anklickbaren Textes ein Bild durch einen Embedded Link eingebunden wird, wie die Abbildungen 3-1 (Quelltext) und 3-2 (Browserdarstellung) zeigen.

Der Unterschied in der Verantwortlichkeit des Autors ist in diesen Beispielen leicht zu erkennen: Jeglicher (normale) Link, der zum Aufruf eines anderen Dokumentes führt, ist lediglich ein Verweis ohne jede eigene Aussage. Ein einbettender Link wird vom Browser beim Betrachter selbständig ausgeführt, fügt die benannten Elemente (embedded) in das zu betrachtende Dokument ein und unterliegt vollständig der Verantwortung desjenigen, der ihn in das Dokument eingebaut hat. Entscheidungskriterium ist dabei allein die Benutzerschnittstelle, zu der Berners-Lee ausführt:[215]

*When Web documents are presented to people, most current browsers (1997) make a clear distinction between embedded images, which are presented in the same window as the embedding document at the same time, and linked documents which never are. The window system's concept of a „Window" is used to convey when things are part of the same document. It is important for many reasons, some of which were mentioned above, that user interfaces continue to make this distinction.*

Rechtsprobleme ergaben sich erst ab 1995 mit der verstärkten Nutzung des WWW durch Werbetreibende und Unternehmen, die eine größere Kontrolle ihrer öffentlichen Präsenz wünschten.

Einen Link auf ein fremdes Dokument zu setzen bedeutet weder eine Aufforderung zum Kopieren und damit zur Urheberrechtsverletzung an dem fremden Dokument[216], noch macht der Link das eigene Dokument wertvoller in dem Sinne, daß der Inhaber der Verweisseite dafür irgend etwas verlangen könnte, noch wird die

---

[215]Zscherpe, Kerstin: *Urheberrechtsschutz digitalisierter Werke im Internet.* MMR 8/98, S. 404.
[216]Vgl. dazu auch Zscherpe, Kerstin: *Urheberrechtsschutz digitalisierter Werke im Internet.* MMR 8/98, S. 404–411.

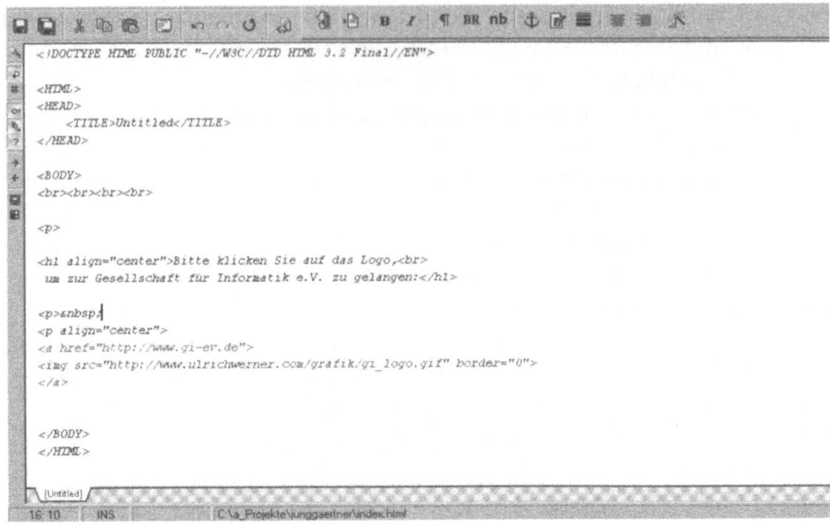

**Abb. 3-1:** Kaskadierung von Hyperlink und Embedded Link, Quelltext

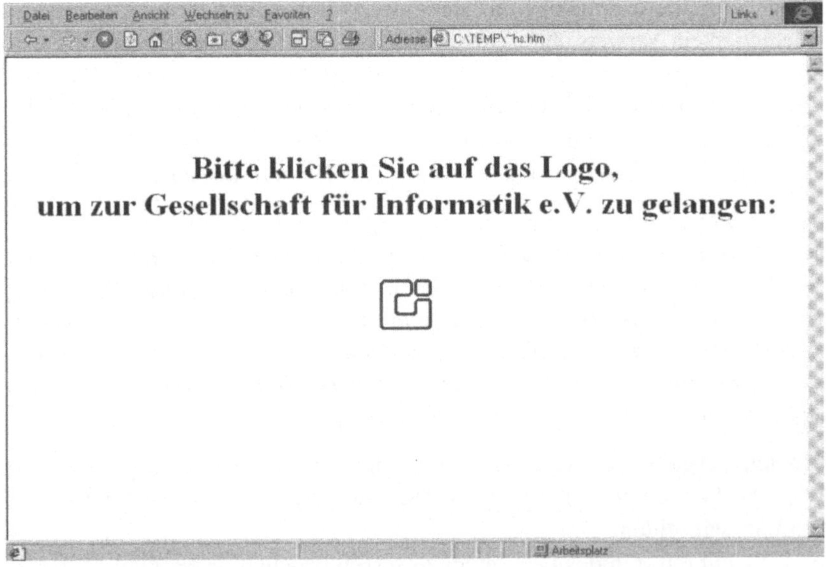


**Abb. 3-2:** Kaskadierung von Hyperlink und Inline Link, Browserdarstellung

Privatsphäre des Autors des gelinkten Dokumentes verletzt. Zu diesen drei Themenbereichen schreibt Berners-Lee:[217]

---

[217] Berners-Lee, Tim: *Axioms of Web Architecture: Vol. 4. Link and Law: Myths*. April 1997. Online im Internet: http://www.w3.org/DesignIssues/LinkMyths.html. Eine deutsche Übersetzung von Uschi Hering ist online verfügbar unter http://192.41.48.33/hering/Pages/linkmyth.html

**Myth one**

*Myth: „A normal link is an incitement to copy the linked document in a way which infringes copyright".*

*This is a serious misunderstanding. The ability to refer to a document (or a person or any thing else) is in general a fundamental right of free speech to the same extent that speech is free. Making the reference with a hypertext link is more efficient but changes nothing else.*

*When the „speech" itself is illegal, whether or not it contains hypertext links, then its illegality should not be affected by the fact that it is in electronic form. Users and information providers and lawyers have to share this convention. If they do not, people will be frightened to make links for fear of legal implications. I received a mail message asking for „permission" to link to our site. I refused as I insisted that permission was not needed.*

***There is no reason to have to ask before making a link to another site.***

*But by the same token, you are responsible for what you say about other people, and their sites, etc., on the web as anywhere.*

**Myth two**

*Myth: Making a link to a document makes your document more valuable and therefore is a right you should pay".*

*This is another dangerous one. It is of course true that your document is made more valuable by links to high quality relevant other documents. A review in a consumer magazine has added value because of the quality of the products to which it refers the reader. It may be more valuable to you as a person if I refer you to other people by name, phone number or URL. This doesn't mean I owe those people something.*

*We cannot regard anyone as having the „right not to be referred to" without completely pulling the rug out from under free speech.*

**Myth three**

*Myth: Making a link to someone's publicly readable document is an infringement of privacy.*

*The „security by obscurity" method of hiding things behind secret URLs has the property that anyone knowing the URL (like a password) can pass it on. This is only a breach of confidentiality of there is some confidentiality agreement which has been made.*

*Conclusions about links*

*There are some fundamental principles about links on which the Web is based. These are principles which allow the world of distributed hypertext to work. Lawyers, users and technoloy and content providers must all agree to respect these principles which have been outlined.*

## 3.2.1 Verantwortung für Hyperlinks

Die Frage nach der Verantwortung des Website-Betreibers für die auf seinen Seiten integrierten Links ist aus strafrechtlicher, urheberrechtlicher und wettbewerbsrechtlicher Sicht interessant.

Im Web sind – wie auch in anderen Publikationsformen – die Verbreitung pornographischer Schriften, Volksverhetzung und Gewaltdarstellungen verboten. Das OLG Nürnberg stellte z.B. in der Entscheidung über ein Klageerzwingungsverfahren fest[218], daß ein gekreuzigtes Schwein im Internet den Tatbestand einer Störung des „öffentlichen Friedens" gemäß § 166 StGB erfüllt, der das „öffentliche Beschimpfen" von religiösen oder weltanschaulichen Bekenntnissen unter Strafe stellt. Dafür genügt es schon, daß berechtigte Gründe für die Befürchtung vorliegen, der Angriff werde das Vertrauen in die öffentliche Rechtssicherheit erschüttern, weil Intoleranz gefördert werde, wenn die Beschimpfung nicht geahndet wird.

Das gekreuzigte Schwein war auf einem zum Verkauf angebotenen T-Shirt abgebildet; anstelle der üblichen „INRI"-Aufschrift war das Logo einer Punk-Band abgebildet. Nach einem Pressebericht ist nach Ansicht des OLG Nürnberg für den Inhalt „in erster Linie der Ersteller, der sich mit dessen Inhalt identifiziert, verantwortlich."[219] Das allerdings wirft die Frage auf, wer denn nun für den Inhalt einer Webseite juristisch verantwortlich ist – wie hier der Ersteller der Seite, oder wie im Somm-Urteil (vgl. Kapitel 1.2) festgestellt, der Provider, der den Zugang auf die Seite ermöglicht.

Der Verweis auf Webseiten mit verbotenem Inhalt (z.B. vergleichende Werbung) kann als Beihilfe zu einer Straftat angesehen werden, wenn der verbotene Inhalt bei Erstellung des Links bekannt war.

Strafrechtliche Relevanz hat z.B. die Frage, inwieweit ein Link auf eine fremde Webseite, deren Inhalt als strafbar angesehen wird,[220] bereits den Vorwurf der Beihilfe zu dieser Straftat ermöglicht. Öffentlichkeitswirksam war in Deutschland hierzu das Verfahren gegen die ehemalige stellvertretende PDS-Vorsitzende Angela Marquardt, auf deren Homepage ein Link zu der Online-Ausgabe der Zeitschrift „radikal" eingebunden war. In dieser Online-Ausgabe erschienen Artikel strafbaren Inhalts (eine Anleitung, wie man die Achsenzähler der Deutschen Bahn zerstört und so den Verkehr, insbesondere von Kastor-Transporten, erschwert), jedoch erst zu einem Zeitpunkt, nachdem der Link auf der Homepage von Frau Marquardt bereits gesetzt war. Die Beklagte wurde freigesprochen, weil ihr keine Kenntnis des straf-

---

[218] OLG Nürnberg, Beschluß vom 23.06.98, Az. Ws 1603/97, „Schwein am Kreuz", aus: Justizpressestelle OLG Nürnberg vom 30.06.98: *Öffentliche Zurschaustellung eines gekreuzigten Schweins im Internet – Strafbarkeit wegen Beschimpfung von religiösen Bekenntnissen.* Online im Internet: http://www.justiz.bayern.de/olgn/prs029.htm. Das Urteil befindet sich online im Internet: http://www.online-recht.de/vorent.html?OLGNuernberg980623

[219] Rötzer, Florian: *Ein gekreuzigtes Schwein und das Internet.* Telepolis, 01.07.98. Online im Internet: http://www.heise.de/tp/deutsch/inhalt/glosse/2388/1.html

[220] Vgl. Schulski-Haddouti, *Tatort Internet,* 1996.

baren Inhalts nachgewiesen werden konnte; zur generellen Frage der Strafbarkeit von Links äußerte sich das Gericht nicht.[221]

Nicht geklärt wurden die Fragen, inwieweit der Verweisende den Inhalt der Seite, auf die verwiesen wird, auf seine Strafbarkeit prüfen muß bzw. ob er prüfen muß, ob sich der Inhalt der verlinkten Seite geändert hat.

Völlig unrealistisch erscheint jedoch die Argumentation der Berliner Staatsanwaltschaft, nachdem ein Hypertextlink bereits „die Möglichkeit an sich" sei, zu dem inkriminierten Schriftstück zu gelangen; wie viele Links dahinter noch angeklickt werden müssen, um direkt zu den rechtswidrigen Inhalten zu kommen, sei irrelevant. Hier wird der Zurechnungszusammenhang eindeutig überstrapaziert.

In der Praxis würde eine Akzeptanz dieser Einstellung letzlich die Strafbarkeit jedes Links im Web bedeuten, da aufgrund der webtypischen Vernetzung irgendwann durch weitere Links immer irgendwo ein strafbarer Inhalt erreicht werden kann.

Nach der von Wenning vertretenen Auffassung sind selbst Links zu rechtswidrigen Inhalten immer noch lediglich ein Hinweis auf die Tat eines anderen:[222]

*Ein Link, auch an prominenter Stelle, führt in der Masse der Informationen nicht zu einer rechtlich relevanten Steigerung der Verbreitung. Darüber hinaus wäre es wohl eine Überdehnung, wenn man aus dem Hinweis auf die Existenz einer Information auf die Förderung von deren rechtswidrigen Inhalten schließen würde. Ansonsten wären Betreiber von Suchmaschinen in großer Gefahr, wegen aller möglichen Inhalte zur Verantwortung gezogen zu werden. Eine Einschränkung findet in diesem Fall nur durch das Fehlen des Vorsatzes statt. Aus all diesen Gründen wollte der Gesetzgeber die Links mit einer größtmöglichen Haftungsprivilegierung versehen, weshalb Links und Suchmaschinen als ein Angebot zur Nutzung des Internet im Sinne von § 5 III 1 TDG gesehen werden. Dies schließt eine Haftung aus. Die ganze Diskussion um off-shore-server dient dazu, über die Art und Weise des Link zu diskutieren. Letztlich ist es aber der Linktext selbst, der zu einer Haftung führen kann, nicht der Verweis als solcher. Es kann nicht sein, daß allein aufgrund der erhöhten Verfügbarkeit der hinter einem Zeiger (Fußnote) liegenden Information die Verantwortlichkeit für die gesamte Hypertextinformation sozusagen „nach oben" weitergereicht wird. Entscheidend ist vielmehr die Beurteilung des angebotenen Dokuments, des Textes, nicht aber seiner Verweise. Eine andere Auffassung führt sofort zu einer erheblichen Behinderung bei der Erstellung von HTML-Seiten und einem nicht abschätzbaren Haftungsrisiko im internationalen Bereich. Tim Berners-Lee, der Begründer des W3 Consortiums, hat das in einem Text sehr anschaulich gemacht.[223]*

---

[221] AG Berlin-Tiergarten, 30.06.97, Az. 260 DS 857/96, „Marquardt/radikal".

[222] Wenning, Rigo: *Akteure im Internet: Rechtliche Problemfelder* (Teil 1). JurPC Web-Dok 46/1998, Abs. 19. Online im Internet:
http://www.jura.uni-sb.de/jurpc/aufsatz/19980046.htm

[223] Berners-Lee, Tim: Links and Law. Online im Internet:
http://www.w3.org/DesignIssues/LinkLaw.html

*Berners-Lee unterscheidet zwischen einem Link, der ein „A" für Anker (anchor) enthält (z.B. <A HREF oder <A NAME>, und den eingebundenen Objekten (z.B. <img src). In einem Hypertextsystem habe alles, was nach „A" ginge, nichts mit dem aktuellen Dokument zu tun. Es seien verschiedene Dokumente unter verschiedener Verantwortlichkeit.*

Interessant ist der praktische Umgang mit dieser Rechtsunsicherheit beim W3C, das in seinen „Intellectual Property Notice and Legal Disclaimers" folgende Erklärung[224] veröffentlicht:

*6. W3C has not reviewed any or all of the web sites linked to this Site and is not responsible for the content of any off-site pages or any other web sites linked to this Site. Please understand that any non-W3C web site is independent from W3C, and W3C has no control over the content on that web site. In addition, a link to a non-W3C web site does not mean that W3C endorses or accepts any responsibility for the content, or the use, of such site. It is the user's responsibility to take precautions to ensure that whatever is selected is free of such items as viruses, worms, Trojan horses and other items of a destructive nature. [225]*

Entsprechendes führt auch der Berliner Datenschutzbeauftragte im Impressum seiner Website an:[226]

*Der Berliner Datenschutzbeauftragte ist als Inhaltsanbieter (Content provider) nach § 5 Abs. 1 des Teledienstgesetzes vom 22.07.1997 (TDG) für die „eigenen Inhalte", die er zur Nutzung bereithält, nach den allgemeinen Gesetzen verantwortlich. Von diesen eigenen Inhalten sind Querverweise („Links") auf die von anderen Anbietern bereitgehaltenen Inhalte zu unterscheiden. Durch den Querverweis hält der Berliner Datenschutzbeauftragte insofern „fremde Inhalte" zur Nutzung bereit, die in dieser Weise gekennzeichnet sind: [LINK]. Für diese fremden Inhalte ist er nur dann verantwortlich, wenn er von ihnen (d.h. auch von einem rechtswidrigen bzw. strafbaren Inhalt) positive Kenntnis hat und es ihm technisch möglich und zumutbar ist, deren Nutzung zu verhindern (§ 5 Abs. 2 TDG).*

*Bei „Links" handelt es sich allerdings stets um „lebende" (dynamische) Verweisungen. Der Berliner Datenschutzbeauftragte hat bei der erstmaligen Ver-*

---

[224] M.w.N. Laga, Gerhard: *Hyperlinks, Frames and Inline Images. The WWW – A Legally Unsolved Domain?* Vortragsmanuskript zur KnowRight 98. Wien 1998.

[225] W3C = World Wide Web Consortium, zeichnet für die Weiterentwicklung der Hypertext Markup Language als Dachorganisation verantwortlich und wird gebildet vom Massachusetts Institute of Technology, Institut National de Recherche en Informatique et en Automatique sowie der Keio-Universität. Online im Internet:
http://www.w3.org/Consortium/Legal/ipr-notice.html#Copyright

[226] Datenschutz Berlin. Website des Berliner Datenschutzbeauftragten. Impressum. Online im Internet: http://www.datenschutz-berlin.de/ueber/impress.htm#links

> *knüpfung zwar den fremden Inhalt daraufhin überprüft, ob durch ihn eine möglich zivilrechtliche oder strafrechtliche Verantwortlichkeit ausgelöst wird. Er ist aber nach dem TDG nicht dazu verpflichtet, die Inhalte, auf die er in seinem Angebot verweist, ständig auf Veränderungen zu überprüfen, die eine Verantwortlichkeit neu begründen könnten. Erst wenn er feststellt oder von anderen darauf hingewiesen wird, daß ein konkretes Angebot, zu dem er einen Link bereitgestellt hat, eine zivil- oder strafrechtliche Verantwortlichkeit auslöst, wird er den Verweis auf dieses Angebot aufheben, soweit ihm dies technisch möglich und zumutbar ist. Die technische Möglichkeit und Zumutbarkeit wird nicht dadurch beeinflußt, daß auch nach Unterbindung des Zugriffs von der Homepage des Berliner Datenschutzbeauftragten von anderen Servern aus auf das rechtswidrige oder strafbare Angebot zugegriffen werden kann.*

Mit Hyperlinks ist ein Zugriff auch auf potentiell urheberrechtlich geschützte Werke in einem Ausmaß möglich, wie er von anderen Medien her nicht bekannt ist. Hyperlinks gelten urheberrechtlich als unbedenklich, sofern die Website, auf die verwiesen wird, selber rechtmäßig im Internet angeboten wird.[227]

Üblicherweise beinhaltet jede Webseite zu einem Thema auch eine Reihe von Links zu themenbezogenen oder ergänzenden Webseiten. So wird z.B. kaum eine anwaltliche Homepage sämtliche Gesetzestexte zum x-ten Mal in Hypertext-Format veröffentlichen, sondern im jeweiligen Bezug einen Link auf den entsprechenden Gesetzesparagraphen in einer bereits online verfügbaren Fassung des Gesetzes legen.

Umfangreiche und sorgfältig gepflegte Linkseiten, die häufig wichtiger Ausgangspunkt für eine umfassende Recherche zu spezifischen Themenkreisen sind (z.B. Abb. 3-3), können wohl durchaus unter den urheberrechtlichen Schutz von Sammelwerken fallen. Daher erscheinen die im WWW häufig anzutreffenden ungepflegten Kopien dieser Seiten durchaus urheberrechtlich bedenklich.

Der Rechteinhaber an der Website, auf die verwiesen wird, muß in der Regel nicht zustimmen. Anderes kann ausnahmsweise gelten, wenn das Werk eines Urhebers durch die Verweisziele von Hyperlinks in einen seine Interessen beeinträchtigenden Kontext gestellt wird[228]. Zudem ist es als wettbewerbswidrig anzusehen, wenn ein Unternehmen auf Konkurrenzprodukte verlinkt, um das eigene Angebot abzurunden oder sich mit dem „Glanz" des verlinkten Unternehmens zu schmükken, da ein unvoreingenommener Betrachter eine enge Zusammenarbeit des Verweisenden und des Verweisziels annehmen kann.

Zwar hat jede Website als Eingangsseite eine „Homepage", von der aus die Benutzerführung zu den weiteren Inhalten der Website führt, aber in den meisten Fällen werden Links auf direkte Inhalte untergeordneter Seiten gelegt, nicht auf die Homepage. Dies hat seinen Grund im Wunsch der Benutzer, direkt zu der relevan-

---

[227] Vgl. Omsels, *Urheberrecht*, 1997, S. 6.
[228] Omsels, *Urheberrecht*, 1997, S. 95.

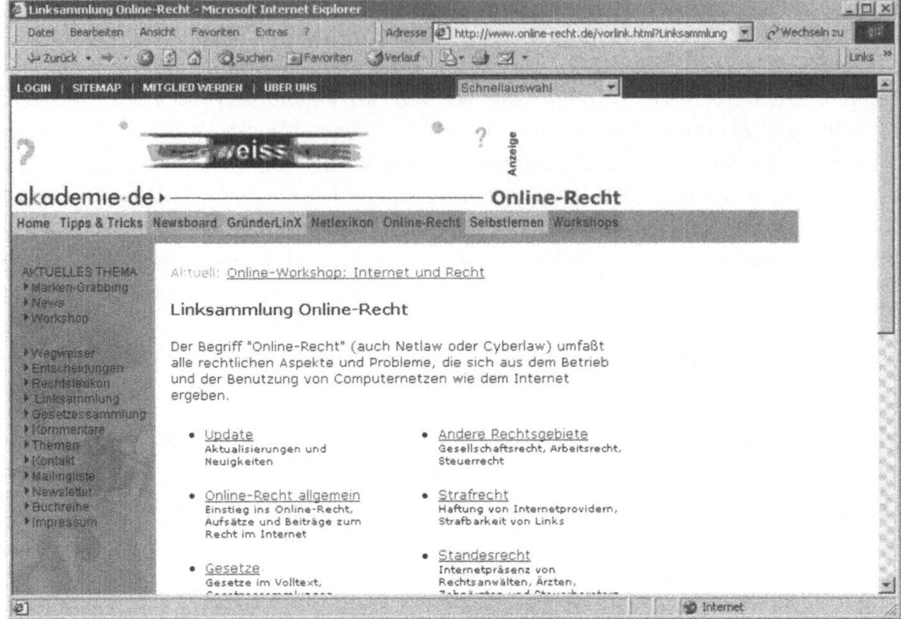


**Abb. 3-3:** Linksammlung Online-Recht von akademie.de[229]

ten Information zu gelangen (zumeist über kommentierte Links, die den Inhalt des Verweisziels klar beschreiben). Ein Link auf die Homepage würde den Benutzer zwingen, sich mit der dortigen, in der Regel unterschiedlichen Benutzerführung wieder vertraut zu machen und die gewünschte spezifische Information durch Anklicken weiterer Links erst zu suchen.

Auf der anderen Seite bedeutet diese grundlegende Praxis, die aus dem Wesen des Hyperlinks als „conditio sine qua non" des WWW entsteht, jedoch die Nichtbeachtung der vom Betreiber des Verweisziels gewünschten inhaltlichen, formalen und gestalterischen Zusammenhänge. Zwar ist ein Anspruch des Betreibers des Verweisziels denkbar, auch seine Rechte an der Benutzerführung durch sein Informationsangebot geltend machen zu wollen, aus praktischer Sicht jedoch nicht durchsetzbar.

Grundsätzlich wird derjenige, der ein Informationsangebot ins Internet stellt, sich den Besonderheiten des Mediums zunächst unterordnen müssen. Heutige Technologien bieten jedoch, allerdings bei höherem Aufwand, problemlos die Möglichkeit, die einzelnen Webseiten aus einer Datenbank jeweils für den Betrachter „on the fly" erstellen zu lassen. Damit ist ein Verlinken der untergeordneten Informationen nicht mehr möglich, da diese Seiten keine eindeutige Dateiadresse haben.

---

[229]Online im Internet: http://www.online-recht.de/vorlink.html?Linksammlung

Wer seinen Anspruch auf Durchsetzung der eigenen Benutzerführung und Informationsarchitektur verwirklichen möchte, kann auf diese Technologien jederzeit zurückgreifen.

Eine Unterbindung eines Links auf das eigene Angebot auf juristischem Weg erscheint nicht sinnvoll, da zwar zunächst die Anspruchsgrundlage offensichtlich sein mag, bei einer Berücksichtigung der Besonderheiten des Mediums allerdings die Bewertung offen ist. Zudem muß gegen jeden Verweisenden einzeln vorgegangen werden, und das Vorgehen muß letztlich weltweit auch durchsetzbar sein.

In manchen Fällen möchten Unternehmen zwar das Medium World Wide Web nutzen, ihre Webseiten aber gerade nicht der Öffentlichkeit zugänglich machen (geschlossene Benutzergruppen). Diese Seiten sind ohne technischen Aufwand durch die Abfrage von Benutzername und Paßwort schützbar; sämtliche Anbieter von virtuellen Servern sowie die Softwarelösungen für dedizierte Webserver bieten diese Möglichkeit. Damit wird auch das Verlinken der Seiten unmöglich, da niemand, der nicht über die durch Benutzername und Paßwort dargestellte Zugriffsberechtigung verfügt, regulär auf diese Seiten zugreifen kann.

Rechtlich eindeutig ist die Situation bei offensichtlich unfairen Verhaltensweisen eines Verweisenden, der z.B. mit einem Link auf sein Warenangebot verweist und über den Link das Warenangebot eines Mitbewerbers auf den Bildschirm ruft. Hier ist § 1 UWG als Generalklausel mit seiner Fallgruppe „Ausbeutung" durchaus anwendbar.

Rechtlich relevant ist auch die Betrachtung von Werbung per Hyperlink, bei der sich durch Anklicken eines Buttons auf der Webseite (je nach Form und Größe häufig auch als „Banner" bezeichnet) die Seite eines anderen Werbung treibenden Unternehmens öffnet (bedenklich insbesondere mit der auswertbaren Übergabe von „Cookies", Kap. 8.1).

Die beiden vorrangigen Fragen sind, ob eine „Anlehnung"[230] ohne ausdrückliche Erlaubnis des Inhabers der Anlehnungsseite zulässig ist, und andererseits, ob – selbst bei Vorliegen dieser ausdrücklichen Erlaubnis – der Nutzer vor dem Anklicken des Buttons nicht ausdrücklich auf den werblichen Charakter des damit aufzurufenden Dokuments hingewiesen werden muß.

Die Zulässigkeit dieser Werbung ist bislang noch nicht gerichtlich überprüft worden. Vorstellbar ist, daß es entscheidend auf den Charakter der Seite ankommt, auf der sich dieser Button befand: War es eine rein informative oder eine Seite mit allgemein werblichem Inhalt, oder anders gefragt, mußte der Anwender aus dem Zusammenhang mit Werbung rechnen.

Besonders interessant ist vor dem Hintergrund der weltweiten Praxis auch die von deutschen Rechtsvorschriften vorgeschriebene strikte Trennung von Werbung und redaktionellen Inhalten sowie explizite Kennzeichnung für die Online-Auftritte von Printmedien. In Online-Präsentationen sieht man immer häufiger das Wort „Anzeige" über einem Banner[231] (Abb. 3-4).

---

[230] Vgl. Schotthöfer, *Wettbewerbsrecht*, 1997, S. 6.

[231] So z.B. bei der Online-Ausgabe des Magazins „Stern" unter http://www.stern.de

**Abb. 3-4:** Werbebanner als Anzeigen gekennzeichnet[232]

Die Vorgabe, eine Werbung nur in Verbindung mit einem bestimmten redaktionellen Beitrag zu plazieren, ist generell nicht erlaubt. Allerdings erscheint es dringend notwendig, diese für andere Medien gestalteten Regularien dem real existierenden Anwendungsbereich des WWW anzupassen – eine umgekehrt weltweite Anpassung erscheint wenig aussichtsreich.

Ebenfalls nur aus dem Kontext zu beurteilen ist das Problemfeld der diffamierenden Links, die Laga als „defamatory links" klassifiziert.[233] Ein Beispiel dafür ist ein diffamierendes Statement über eine andere Person, die lediglich durch den angebotenen Link identifizierbar ist. Die Aussage, „eine bestimmte Person hat mein Auto gestohlen, meinen Hund geschlagen, meine Großmutter entführt und meinen Kühlschrank leer gegessen", ist an sich nicht problematisch, weil sie die gemeinte Person nicht identifiziert. Der Link zu einer bestimmten Person macht jedoch allein durch seine Existenz aus dem Statement ein diffamierendes Statement.

Ähnlich gelagert ist das Urteil zur Haftbarkeit für Links, das im Fall Steinhöfel gegen Best am 12.05.98 durch das Landgericht Hamburg gesprochen wurde.[234] Dort wird derjenige einem Dritten gegenüber schadenersatzpflichtig erklärt, der

---

[232] Online im Internet: http://www.stern.de am 08.11.1999
[233] Laga, Gerhard: *Hyperlinks, Frames and Inline Images. The WWW – A Legally Unsolved Domain?* Vortragsmanuskript zur KnowRight 98. Wien 1998.
[234] Landgericht Hamburg, Urteil vom 12. 05.98, Az. 312 O 85/98, „*Haftung für Links*". Online im Internet: http://www.online-recht.de/vorent.html?LGHamburg980512

einen Link auf eine Seite setzt, in der Beleidigungen über den Dritten geäußert werden. Ein Hinweis des Autors, mit dem er sich von dem beleidigenden Inhalt der Äußerungen distanzierte, wurde nicht als ausreichend angesehen.

Bemerkenswert ist dieses Urteil in zweifacher Hinsicht. Zum einen hatte der Beklagte bereits eine strafbewehrte Unterlassungserklärung abgegeben, was dem Gericht als Beleg für Bewußtsein des Publizierenden bezüglich der Überzogenheit seines Handelns ausreichte. Diese Unterlassungserklärung wurde dahingehend gewertet, daß die gelinkten Äußerungen auch nach Auffassung des Beklagten die Meinungsfreiheit des Art. 5 GG überschritten.

Die zweite bemerkenswerte Eigenheit des Urteils ist die Tatsache, daß die Haftungsfreizeichnungsklausel, mit der der Beklagte sich von dem Inhalt der verlinkten Seite distanzierte, vom Gericht nicht akzeptiert wurde. Selbst, wenn diese Einschätzung lediglich die Folge der bereits abgegebenen Unterlassungserklärung sein sollte, ist es bedauerlich, daß das Gericht in seiner Urteilsbegründung nicht klar dargestellt hat, was der Beklagte zu einer wirksamen Distanzierung hätte unternehmen müssen, um sich vor einem Schadenersatzanspruch zu schützen.

Hierbei kann es nicht angehen, daß die Anforderungen so überzogen werden, von dem Verwender zu verlangen, in einem derartigen Fall keinen Link zu setzen. Dies würde die Freiheit des World Wide Web in unzulässiger Weise einschränken.

Der Link als Verweis stellt keine eigene Willenserklärung dar und kann somit mangels Rechtsbindungswillens schwerlich haftungsbegründend sein.


## 3.2.2  Inline Linking

Unter „Inline Linking" wird verstanden, daß in eine Webseite eines Anbieters Texte, Bilder, Grafiken o.ä. integriert werden, die mit einem absoluten Verweis zur Ladezeit der Seite von einem fremden Server geladen und erst im Browser des Betrachters in das mit HTML beschriebene Dokument (durch Embedded Links) integriert werden.

Dieses Verfahren ist nicht selten problematisch, da viele Anbieter Speicherkapazitäten auf fremden Internetservern (virtuelle Webserver) gegen ein Entgelt gemietet haben, dessen Höhe sich u.a. auch nach der übertragenen Datenmenge durch die Seitenabrufe von Nutzern berechnet.

Durch Einbindung von Elementen (z.B. umfangreichen Grafiken), die insbesondere auf externen Servern bereitgehalten werden und somit nicht vom Anbieter selbst bereitgestellt werden, lassen sich die zu übertragenden Datenmengen gering halten – schließlich muß für die abgerufenen Daten vom externen Server jener Anbieter kostenmäßig geradestehen.

Technisch ist die Integration externer Ressourcen in die erst im Browser des Nutzers entstehende optische Darstellung der Webseite eines Anbieters problemlos möglich – es macht dem Ersteller der Seite keinen Unterschied, ob er eine Grafik (durch ihren Universal Resource Locator) auf dem eigenen Server oder auf einem fremden Server in die HTML-Datei einbindet. Dem Benutzer bleibt dies ohne expliziten Aufruf der Quelltextdarstellung verborgen, da der Browser für die Darstellung der HTML-Datei die externen grafischen Elemente, auf die in der HTML-Datei verwiesen wurde, einbindet und die Seite als optische Gesamtheit darstellt.

Grafikdateien sind im Normalfall erheblich speicherplatzintensiver als HTML-Dateien. Durch Inline Linking ist es problemlos möglich, eine Vielzahl umfangreicher Grafiken (die an anderer Stelle im Internet vorhanden sind) in eine Webseite einzubinden, ohne auch nur eine einzige Grafik auf dem entgeltlich angemieteten eigenen Speicherplatz des virtuellen Servers ablegen zu müssen.

In den aktuellen Diskussionen zeichnet sich ab, daß eine solche Übernahme ohne Zustimmung des Urhebers des übernommenen Werkes nicht zulässig ist. Ein Ansatz zur Regelung dieser Problematik ist die Einführung des Anbietungsrechtes als neuem Verwertungsrecht, da dann dem Urheber ausdrücklich die alleinige Entscheidung vorbehalten ist, ob und von wem sein Werk im Internet bereitgestellt werden darf. Dies mindert allerdings nicht die Problematik der Durchsetzung im Web.

Tim Berners-Lee, einer der Väter der Hypertext Markup Language und Vorsitzender des World Wide Web Consortium, hat den Vorschlag entwickelt, in die Sprachdefinition von HTML eine andersfarbige Kennzeichnung von Inline Links aufzunehmen, die dadurch von normalen Links unterscheidbar wären. Gescheitert ist diese Spezifikation offensichtlich am Widerstand der werbetreibenden Industrie, die ihre Banner-Werbung zumeist per Inline Linking in Webseiten einbindet und kein offensichtliches Interesse daran hat, dies einem Benutzer deutlich zu machen[235] (vgl. auch Kap. 8.1).

### 3.2.3 Frames

Seit der dritten Generation der Browser erlauben die Produkte der führenden Hersteller Netscape und Microsoft den Einsatz von Frames. Es handelt sich dabei um die Unterteilung des Browser-Darstellungsfensters in zwei oder mehrere separate Fenster, die einzeln mit HTML-Dateien beschickt werden können und diese innerhalb des Fensterbereiches darstellen, ohne daß sich die gesamte Browserdarstellung ändert (Abb. 3-5).

In den einzelnen Frames lassen sich beliebige HTML-Dateien darstellen, also auch Seiten aus fremden Websites, die häufig den Eindruck erwecken (sollen), als wären sie Bestandteil der eigenen Website. Urheberrechtlich sind diese mit dem Inline Linking vergleichbar; fremde Werke dürfen nur dann aufgerufen werden, wenn der Urheber dem Programmanbieter ausdrücklich das Recht zur Veröffentlichung übertragen hat. Auch hier ist zudem das Urheberpersönlichkeitsrecht zu beachten, nach dem kein Urheber es hinnehmen muß, daß sein Werk in einem Zusammenhang präsentiert wird, der seinen persönlichen und geistigen Interessen widerspricht (s. hierzu Kap. 3.3.1).

---

[235] Vgl. hierzu Laga, *Neue Techniken im World Wide Web – Eine Spielwiese für Juristen?* Absatz 38, 1998.

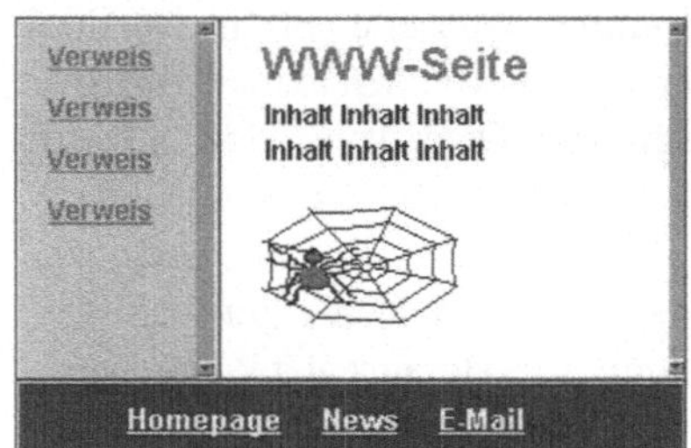


**Abb. 3-5:** Darstellung eines Framesets (Stefan Münz)[236]

Die Anwendung von Frames weicht von der klaren Unterscheidung der Art eines Links anhand der Benutzerschnittstelle ab; dies beschreibt Tim Berners-Lee:[237]

> *The „frames" of HTML unfortunately provide an interface which is less clear. The parts of the document do appear with the same window, but because within a single frame (subsection of a window) one can follow hypertext links replacing content with a separate document, it is easy to create the impression that the owner of the surrounding frames is in fact responsible for the defining document. It is possible that work by the HTML community can produce explict markup (such as the „foreign" flag above) for conveying, when frames are used, which parts of the screen are considered to be the same document. In the mean time, it is appropriate for content providers so make efforts to ensure by the design of (and/or statements on) their web pages that users are not left with the illusion that information within an embedded frame is part of their document when it is really not.*

Dem Benutzer fällt die Einbindung kompletter fremder Webseiten häufig nicht auf, da in der Titelzeile des Browsers nur der Titel der übergeordneten Seite auftaucht, nicht aber derjenige der eingebundenen Seite. Dies kann dazu benutzt werden, lediglich den werbenden Rahmen selbst zu gestalten, aber die wesentlich aufwendigere inhaltliche und informationstechnische Gestaltung des fremden Unternehmens zu übernehmen.

Die Wahrscheinlichkeit, bei der Einbindung fremder Seiten in Frames der eigenen Website wegen urheberrechtlicher Verletzung in die Pflicht genommen zu werden, ist erheblich höher als bei Inline Links. Zum einen wird die fremde Webseite als Bestandteil der Frame-Seite ausschließlich unter der Webadresse der Frame-

---

[236] Münz, Stefan: *SELFHTML – HTML-Dateien selbst erstellen.* Version 7.0 vom 27.04.1998. Grafik xtcia.gif aus dem Hypertext-Buch. Online im Internet: http://www.teamone.de/selfhtml/tcia.htm

[237] Berners-Lee, Tim: *Axioms of Web Architecture: Vol. 2. Link and Law.* April 1997. Online im Internet: http://www.w3.org/DesignIssues/LinkLaw.html. Eine deutsche Übersetzung von Hartmut Semken ist online verfügbar unter http://192.41.48.33/hering/Pages/linklaw.html

Seite geführt; der Betrachter wird nicht zu der fremden Webseite geführt, sondern verbleibt auf der alten Seite. Zum anderen werden Frames von den aktuellen Browsern bei Aufruf einer Webseite automatisch ausgeführt. Dem Anwender ist es oft nur schwer möglich, die linkende Seite von der verlinkten Seite zu unterscheiden.

Zudem können, durch partielle Übernahme von Informationen aus zusammenhängenden Websites, leicht Informationen aus dem Zusammenhang gerissen werden und so dem Publikationsinteresse des ursprünglichen Herausgebers widersprechen, was letztlich einer inhaltlichen Verfälschung gleichzusetzen wäre. Rechtliche Grundlage ist bei kommerziellen Websites mindestens die wettbewerbsrechtliche Ausbeutung nach § 1 UWG.

Die eigenen Webseiten lassen sich gegen eine Darstellung innerhalb eines fremden Framesets schützen. Das von Münz beschriebene einfache JavaScript sollte im Kopf jeder HTML-Datei stehen, die man nicht innerhalb eines fremden Frames wiederfinden möchte.[238]

```
<html>
    <head>
        <title>Meine Homepage</title>
        <script language=„JavaScript“>
        <!-- if(top.frames.length > 0) top.location.href=self.location; //-->
        </script>
    </head>
    <body> Inhalt der Datei </body>
</html>
```

Mit diesem Script wird, unabhängig vom Vorhandensein jedweder fremder Frame-Anweisungen, erzwungen, daß die Datei im gesamten Browserfenster dargestellt wird; allerdings erfordert dies, daß der Anwender, in dessen Browser die Seite dargestellt werden soll, nicht die Verwendung von JavaScript in seinen Browseroptionen deaktiviert hat. Das dargestellte Script funktioniert jedoch nur so lange, wie die eigene Seite nicht innerhalb eines eigenen Framesets dargestellt werden soll. In diesem Fall ist der Bezug auf die self.location gegen den entsprechenden Prüfungsbezug des eigenen Framesets auszutauschen.

Die Diskussion über die rechtlichen Auswirkungen der Darstellung fremder Webseiten innerhalb eines Framesets ist derzeit recht intensiv. Die häufig ins Feld geführte unberechtigte Vervielfältigung wird einer gerichtlichen Überprüfung wohl nicht standhalten, da kein Vervielfältigungsstück angefertigt wird, das auf dem Server des Frame-Inhabers liegt; es wird lediglich die fremde Webseite innerhalb eines Fensters der eigenen Website eingebunden. Das Vervielfältigungsstück entsteht daher erst nach dem Aufruf des entsprechenden Links im Browser des Nutzers. Die Darstellung einer Webseite in einem Frameset zeigt Abb. 3-6.

---

[238] In: Münz, Stefan, *SELFHTML – HTML-Dateien selbst erstellen.* Version 7.0 vom 27.04.1998. Online im Internet: http://www.teamone.de/selfhtml/tedb.htm

**Abb. 3-6:** Publikation im Frameset am Beispiel Deutscher Bundestag[239]

Auch die wettbewerbsrechtlichen Argumente decken lediglich einen Teilaspekt des Problems ab, da diese zunächst eine Teilnahme am geschäftlichen Verkehr bzw. auch eine direkte Wettbewerbssituation der Betroffenen voraussetzen. Die Fallgruppen des UWG schützen die Mitbewerber; individual-rechtliche Ansprüche Einzelner lassen sich daraus nicht ableiten.

Weitreichender erscheint in diesem Zusammenhang die Frage, ob durch die Wiedergabe einer fremden Webseite als „third party content"nicht eher eine öffentliche Wiedergabe i.S. des § 19 Abs. 4 UrhG vorliegt. Abbildung 3-6 verdeutlicht, daß bei der Übernahme der Website des Deutschen Bundestages sowohl die Titelzeile als auch der Universal Resource Locator eben nicht auf die Quelle (in diesem Fall www.bundestag.de) verweisen, sondern den Inhaber des Framesets als Autor darstellen.

---

[239] Das Beispiel wurde speziell für diese Darstellung konstruiert und ist online nicht verfügbar. Die Homepage des Deutschen Bundestages ist online im Internet verfügbar unter http://www.bundestag.de

Der entsprechende Quelltext der aufgerufenen Datei frame-show-test.html ist:

```
<HTML>
    <HEAD>
            <TITLE>Frame-Show von Ulrich Werner</TITLE>
    </HEAD>
    <FRAMESET cols=„20%,80%“ frameborder=0 border=0>
    <FRAME src=„index_2.html“ SCROLLING=No NORESIZE
            FRAMEBORDER=0 NAME=„Index“>
    <FRAME src=„http://www.bundestag.de“ SCROLLING=auto NORESIZE
    FRAMEBORDER=0 NAME=„Haupt“>
    </FRAMESET>
    <body bgcolor=„#FFFFFF“>
    </body>
</HTML>
```

Das Recht der öffentlichen Wiedergabe nach dem Urheberrechtsgesetz umfaßt mit Relevanz für das Internet vor allem das Vorführungs- und das Senderecht (§ 19 Abs. 4, § 20 UrhG). Der Begriff der Öffentlichkeit setzt dabei nach § 15 Abs. 3 UrhG die Wiedergabe für eine Mehrzahl von Personen fest, die nicht abgegrenzt und untereinander nicht verbunden sind. Das in diesem Zusammenhang häufig geforderte Merkmal der Gleichzeitigkeit ist demgegenüber keine grundsätzliche gesetzliche Forderung, sondern von Lehre und Rechtsprechung hineininterpretiert.[240]

Es kommt lediglich darauf an, daß die öffentliche Wiedergabe auch gleichzeitig empfangen werden kann, was einer Anwendung auf das Internet nicht entgegensteht, da der reale Zeitversatz des Empfangs bei Multitasking-Zugriff mehrerer Nutzer auf einen Server kaum anders zu behandeln sein dürfte als der reale Zeitversatz der entfernungsbedingten Sende-Empfangs-Zeiten.

Im Gegensatz zu einer weitverbreiteten Meinung stellt Zscherpe dar, daß letztlich mehr Argumente dafür sprechen, auch die sequentielle Öffentlichkeit im Internet für den Öffentlichkeitsbegriff des § 15 Abs. 3 UrhG ausreichen zu lassen.

Das Recht der öffentlichen Wiedergabe aber verbleibt beim Urheber, so daß bei einer Inframe-Darstellung mindestens dessen Zustimmung (sowie die Zustimmung aller Rechteinhaber für die Darstellung auf der eingebundenen Seite) zwingend erforderlich ist.

Nicht übersehen werden darf auch das Argument, daß auch eine ungenehmigte Bearbeitung vorliegen kann, wenn in die Struktur des fremden Werkes durch die Einbindung in ein anderes Werk eingegriffen wird. Nach § 14 UrhG hat allein der Urheber das Recht, eine Entstellung oder eine andere Beeinträchtigung seines Wer-

---

[240] Vgl. m.w.N. Zscherpe, Kerstin: *Urheberrechtsschutz digitalisierter Werke im Internet.* MMR 8/98, S. 407–408. Online im Internet:
http://www.beck.de/mmr/mmr9808/Default.htm

kes zu verbieten, die geeignet ist, seine berechtigten geistigen oder persönlichen Interessen am Werk zu gefährden (s. Kap. 3.3).

Frames sind ein Werkzeug, um Informationsarchitektur und Benutzerführung je nach Struktur der eigenen Website zu optimieren. Zu diesem Zweck können sie ohne jede Einschränkung eingesetzt werden. Es ist dabei in aller Regel keinerlei Notwendigkeit zu erkennen, fremde Inhalte auch in diesen Frames darzustellen.

Aufgrund der noch unsicheren rechtlichen Regelungen sowie der drohenden Ansprüche urheberrechtlicher und wettbewerbsrechtlicher Art sollte dem einfachen Link auf das fremde Angebot unbedingt der Vorzug vor einer Integration einer fremden Seite in die eigene Website gegeben werden, auch wenn das OLG Düsseldorf die Anforderungen an eine schützenswerte Website recht hoch stellt[241] – dies bedeutet noch nicht, daß ihm jedes andere Gericht folgt; auch hier fehlt die breite Praxis oder ein BGH-Urteil.

## 3.2.4 Meta-Tags, Kommentare und Blindschrift

Meta-Tags sind thematisch von der Auffindbarkeit eines HTML-Dokumentes in Suchmaschinen nicht zu trennen. Sie sind dafür keineswegs notwendig, dienen aber der besseren Kategorisierung durch viele Suchmaschinen und führen damit häufig zu einem besseren Stand im Ranking der Suchergebnisse.

Bislang gibt es zu diesem Themenkomplex nur ein deutsches Gerichtsurteil, das aber bei Kenntnis der internettypischen Zusammenhänge mehr verblüfft als klarstellt.

Für die Verweise von Suchmaschinen auf seine URL ist nach aktueller Rechtsprechung der Betreiber einer Website selbst verantwortlich. Dies entschied das LG Mannheim;[242] im vorliegenden Fall hatte der Kläger seinen geschützten Markennamen in die Suchmaschine Altavista eingegeben. Es wurden zehn Links zu Webseiten gefunden, von denen einer auf die Website eines Konkurrenten verwies. Das beklagte Konkurrenzunternehmen wurde wegen unzulässiger Benutzung einer fremden Marke bzw. geschäftlichen Kennzeichnung sowie wegen Irreführung zur Unterlassung verurteilt.

Nach Auffassung des Gerichts ist es unerheblich, ob die Beklagte diesen Link selbst veranlaßt hat (er wurde durch die Suchmaschine erstellt); jedenfalls habe sie den Link für ihre Zwecke ausgenutzt und sei in der Lage, ihn zu unterbinden.[243]

Verwunderlich an der Entscheidung des Gerichts ist zunächst, daß der Betreiber einer Website für etwas verantwortlich gemacht wird, das er selbst nicht zu verantworten hat, nämlich die Generierung eines Links durch eine Suchmaschine in Folge einer Stichwortrecherche.

---

[241] OLG Düsseldorf, Urteil vom 29.06.1999, Az. 20 U 85/98, „Urheberrechtlicher Schutz von Internet-Seiten in Frames".

[242] LG Mannheim, Urteil vom 01.08.1997, Az. 7 O 291/97, „Suchmaschinen".

[243] Allerdings hat das Gericht in seinem Urteil den logischen Schluß, daß die Beklagte den Markennamen in ihrer Website als Keyword im Rahmen eines Meta-Tags eingebaut haben mußte, nicht gezogen. Vergleiche dazu Stadler, *Alles, was Recht ist*, 1998.

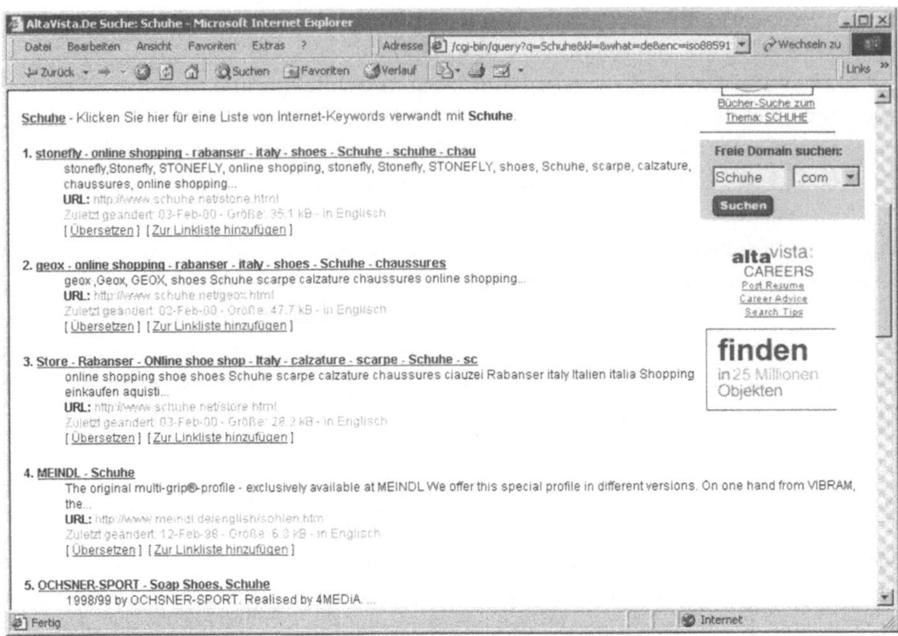

**Abb. 3-7:** Ergebnisanzeige einer Suchmaschine[244]

Der Website-Betreiber kann seine Website sowie einzelne Seiten daraus mit ihrem URL bei Suchmaschinen und Verzeichnisdiensten anmelden. Insbesondere Suchmaschinen setzen als „robots" oder „spider" bezeichnete Software ein, die selbständig über Hyperlinks Webseiten einlesen und deren Textteil in eine Datenbank übernehmen, in der dann auf Stichwortsuche eine Volltextrecherche durchgeführt wird.

Das Ergebnis der Recherche wird als dynamisch generierte Website dem Benutzer als eine Liste von Links zu den Dokumenten präsentiert, in denen der gesuchte Begriff aufgefunden wurde (Abb. 3-7).

Gegen die automatische Indizierung kann man sich nur vollständig wehren (im <HEAD>-Bereich der HTML-Datei folgende Zeile einfügen: <META NAME=„robots" CONTENT=„noindex">), dann aber wird die gesamte Seite über keine Suchmaschine zu finden sein. Dies ist weder im Sinne des Betreibers (abgesehen von den bereits genannten geschlossenen Benutzergruppen) noch dem der Recherchierenden.

Die HTML-Dateien bestehen aus einem Kopf- (<HEAD> ... </HEAD>) und einem Körpersegment (<BODY> ... </BODY>), wobei im Kopfsegment Steuerdaten wie der Seitentitel stehen. Im Körpersegment befindet sich das, was dem Betrachter im Browserfenster dargestellt werden soll.

---

[244] Hier am Beispiel der Abfrage nach dem Suchbegriff „Schuhe" bei AltaVista (http://www.altavista.de).

Innerhalb des Kopfsegmentes können sogenannte <META>-Tags[245] eingefügt werden. Diese Tags können Informationen beinhalten, die von verschiedenen Suchmaschinen als Hilfe zur Indizierung der Seite und ihres Inhaltes verwendet werden, keineswegs jedoch von jeder Suchmaschine.

Ein Beispiel für die häufigsten Meta-Tags gibt der nachstehende Quellcode:

```
<head>
<meta name=„description" content=„Der hier eingetragene Text soll dem
Anwender einer Suchmaschine bei der Auflistung dieser Datei angezeigt werden">
<meta name=„author" content=„Der Name des Webseiten-Autors">
<meta name=„keywords" content=„Stichworte, durch Komma getrennt, die ein
Anwender zur Suche der Datei benutzen könnte">
<meta name=„date" content=„1998-09-05">
... weitere Anweisungen im Dateikopf ...
</head>246
```

Noch nicht gerichtlich geklärt ist die Rechtsfrage nach der wettbewerbsrechtlichen Nutzung der META-Tags. Trägt der Betreiber einer Website, die für das relativ unbekannte Produkt A wirbt, dort als Keyword für die Suchmaschinen-Indizierung die wesentlich bekanntere Marke B eines Mitbewerbers ein, hat dies bei manchen Suchmaschinen zur Folge, daß seine Seite in der Linkliste eines Rechercheurs aufgeführt wird, der ausschließlich den Suchbegriff für die Marke B eingegeben hatte.

Diese Linkliste als Ergebnis einer Abfrage listet nur die (anklickbaren) Adressen aller Seiten auf, die in Zusammenhang mit dem Suchbegriff in der Datenbank der Suchmaschine indiziert wurden; sie zeigt keinesfalls direkt die entsprechenden Webseiten. Aus der medialen Typisierung des World Wide Web ergibt sich, daß die ebenfalls in dieser Linkliste vorkommende Verweisung auf die Seite zu Produkt A durchaus gewünscht ist, da Suchmaschinen fast ausschließlich genutzt werden können, um Informationen innerhalb eines Themengebietes zu recherchieren – die Suche nach „der" einzelnen Information ist auch mit Suchmaschinen im Internet nicht möglich; dazu ist das Informationsangebot viel zu umfassend.

Der Inhaber der Seite zu dem bekannten Produkt B kann sich durchaus gestört fühlen, daß bei einer Recherche nach seinem Produkt auch der Link zur Seite des unbekannteren Produkts A aufgeführt wird. Dies entspricht aber dem Wesen und dem Sinn einer Suchmaschine und ist, bei einer Anpassung der Sichten an die Besonderheiten des WWW, auch wettbewerbsrechtlich nicht zu beanstanden.

Zudem betrifft dies auch die technologischen Unterschiede in den Suchmaschinen, die zur Indizierung einer Seite nach Stichworten führen, auf die ein Betreiber einer einzelnen Website keinen Einfluß hat. Anders ist die Sachlage natürlich, wenn

---

[245] Ein Tag (engl.) ist ein Etikett, mit dem Text ausgezeichnet wird und das i.d.R. aus einem Anfangs- und einem Ende-Etikett besteht.

[246] Vgl. auch Münz, Stefan, *SELFHTML – HTML-Dateien selbst erstellen.* Version 7.0 vom 27.04.1998. Online im Internet: http://www.teamone.de/selfhtml/tcbc.htm

im Text der Seite, wie er dem Betrachter im Browser dargestellt wird, ebenfalls Bezug zu dem bekannteren Produkt B genommen wird. Dies ist sicherlich wettbewerbsrechtlich bedenklich und führt zu einer entsprechenden Indizierung in allen Suchmaschinen, die im wesentlichen immer auf einer Volltext-Recherche des ASCII-Textteiles einer HTML-Datei beruhen.

Es ist zu bezweifeln, ob eine so geartete Nutzung von META-Befehlen überhaupt als mißbräuchlich gewertet werden kann. Zudem kann der Zusammenhang zwischen den eventuell streitenden Parteien nicht direkt, sondern nur durch Zwischenschaltung einer Suchmaschine hergestellt werden; die Eingabe des korrekten URL ermöglicht dem Benutzer, unabhängig von jeder Suchmaschine, schließlich den direkten Aufruf einer Webseite.

Findige Website-Ersteller nutzen inzwischen auch die Kommentar-Tags innerhalb eines HTML-Quellcodes zur Suchmaschinenoptimierung. Da die Robots den gesamten ASCII-Text einer HTML-Datei scannen, erfassen sie zudem natürlich auch die Kommentare, die ursprünglich nur zur Dokumentation in den Quellcode vom Ersteller eingefügt werden sollten und dem Nutzer im Browser nicht angezeigt werden.

Die typische HTML-Kennzeichnung eines Kommentars ist

*<!-- Dies ist eine Kommentarzeile -- >*

Die Reihenfolge der Anzeige eines Abfrageergebnisses in einer Suchmaschine beruht auf einer Qualifizierung des zugrundeliegenden Quelltextes. Von höchster Priorität ist die Existenz des Suchbegriffes in der Titel-Zeile einer HTML-Datei (innerhalb der Tags <title>Titelangabe</title>). Die nächste Priorisierung nehmen die meisten Suchmaschinen allerdings anhand der Häufigkeit vor, mit der ein Suchbegriff im Quelltext eines vom Robot eingescannten Dokuments vorkommt.

Diese Häufigkeit läßt sich durch die Integration in den Text, den der Anwender im Browser sieht, nur unter weitgehendem Verzicht auf Lesbarkeit ausweiten. Aber die potentiellen Suchbegriffe können in mehrfach redundanten Kommentarzeilen im Quelltext wiederholt werden – diese werden schließlich im Browser nicht angezeigt, stören somit die Darstellung und Lesbarkeit nicht, aber erhöhen doch die potentielle Trefferquote.

Da einige Suchmaschinen diese Trickserei inzwischen auszufiltern versuchen, gehen die Webdesigner zunehmend zu einer unsichtbaren Textdarstellung über, bei der eine mehrfache Wiederholung der Keywords dadurch ermöglicht wird, daß für die Schrift dieselbe Farbe gewählt wird wie für den Hintergrund – weiß auf weiß fällt dem Betrachter nicht auf.

Gegen diese Tricks ist rechtlich nichts einzuwenden; jeder Website-Inhaber legt Wert darauf, daß seine Seiten mit hoher Relevanz von Suchmaschinen angezeigt werden.

Das Problem ist hierbei eher die korrekte Anwendung der Kommentarzeilen ohne das Bewußtsein, damit etwas rechtlich Relevantes zu berühren. Als fiktives Beispiel mag eine Seite mit Werbung für die Dosenmilch „Bärenmarke" gelten, in der ein Webdesigner folgenden Kommentar im Rahmen seiner Programmdokumentation einfügt:

*<!-- Hier folgt die Darstellung des Produktes. Wichtig ist, daß Optik und Text viel interessanter sind als bei Glücksklee!! -- >*

Dabei ist nachvollziehbar, daß dem Ersteller des Dokumentes die Existenz von Mitbewerbern des eigenen Auftrag- oder Arbeitgebers bewußt ist. Auch die Nutzung der Dokumentationsfunktion von Kommentarzeilen als Regieanweisungen ist im Rahmen üblicher Anwendungen; dafür wurden die Kommentar-Tags in HTML schließlich geschaffen.

Da die meisten Robots von Suchmaschinen aber auch Kommentarzeilen als ASCII-Text scannen, werden so die in den Kommentarzeilen und für den Betrachter im Browser unsichtbaren Begriffe in die Datenbank der Suchmaschinen automatisch übertragen. Während es rechtlich unbedenklich ist, die eigene Werbung besser machen zu wollen, als es der Mitbewerber geschafft hat, kann aber ein mehrfacher Bezug auf den Mitbewerber im Rahmen der Regieanweisungen der Programmdokumentation leicht dazu führen, daß die Marke des Mitbewerbers, obwohl für den Anwender unsichtbar, hier häufiger vorkommt als auf der Website des Mitbewerbers selbst.

Folge davon ist dann möglicherweise eine höherrangige Einstufung im Ranking der Ergebnisdarstellung im Rahmen einer Suchanfrage nach dem Begriff der Mitbewerbermarke.

Diese Faktoren waren dem LG Mannheim bei seiner o.g. Entscheidung offensichtlich nicht bewußt. Dabei ist festzustellen, daß derzeit keine Suchmaschine auf Programmcode aus Skriptsprachen oder Applets reagiert. Es wird lediglich der ASCII-Text eingelesen, und dieser ist bei jedem zeitgemäßen Browser für den Anwender (wie auch für jeden Mitbewerber) sehr leicht einsehbar.

Ähnlich kritisch ist die Entscheidung des Landgerichts Hamburg zu sehen, das in einem Ermessensbeschluß zur Entscheidung über die Kosten eines Verfahrens durch die Verwendung eines Namens in Meta-Tags eine Verletzung der Namensrechte und auch eine Verwechslungsgefahr gegeben sah.[247] Abgesehen davon, daß kaum ein Nutzer einen Blick in den Quelltext der HTML-Datei werfen dürfte (und nur dort sind die Meta-Tags zu sehen), dürfte für die Nutzer der Gesamteindruck einer Website zur Identifikation eines einzelnen Unternehmens entscheidend sein. Werden nicht Layout und Gesamteindruck ebenfalls übernommen, ist die Verwechselbarkeit wohl kaum gegeben.

---

[247] Landgericht Hamburg, Beschluß vom 13.09.1999, Az. 315 O 258/99, „wettbewerbswidrige Meta-Tags". Online im Internet:
http://www.online-recht.de/vorent.html?LGHamburg990913

## 3.3  Urheberrechtliche Aspekte

Häufig wird bei der Websitegestaltung auf Elemente zurückgegriffen, die nicht vom Anbieter selbst erstellt oder gestaltet wurden, wie beispielsweise Texte, Bilder, Grafiken oder Musik. Eine auch unbeabsichtigte Verletzung des Urheberrechts oder eines ähnlichen Rechts[248] Dritter kann den Anbieter schadenersatzpflichtig oder sogar strafbar machen. Angesichts zumeist sehr hoher Streitwerte in einstweiligen Verfügungsverfahren kann eine leichtfertige Schutzverletzung sehr schnell ärgerlich und teuer werden.

Das Urheberrecht bezieht sich auf das Eigentum an einem immateriellen Geistesprodukt und sorgt dafür, daß dieses ähnlich wie eine reale Sache geschützt wird. Nur dem Urheber steht körperliche Verwertung seiner persönlichen geistigen Schöpfung zu. Die in § 2 I UrhG mit „insbesondere" eingeleitete Aufzählung von Sprachwerken, Werken der Musik, pantomimischen Werken etc. ist nicht abschließend, sondern lediglich beispielhaft; somit werden auch andere ungenannte Werktypen urheberrechtlich geschützt, sofern sie eine persönliche geistige Schöpfung darstellen.[249]

Im Internet werden vielfältig Werke verwendet, die einem urheberrechtlichen Schutz unterliegen können. Websites selbst können als wissenschaftliche oder technische Darstellung gem. § 2 VII UrhG, als Computerprogramme gem. §§ 2 I 1, 69 a UrhG bzw. als Datenbank gem. § 69 h UrhG angesehen werden; die Einzelprüfung wird hier entscheidend sein. Der urheberrechtliche Schutz kann an der Website insgesamt oder auch an Teilen davon bestehen; so kann er sich auf die optische Gestaltung einer einzelnen Seite, die Verknüpfung der einzelnen Seiten einer Website untereinander, deren Auswahl und Anordnung, ggf. aber auch auf ihre Verknüpfung mit anderen Websites beziehen.[205]

Auch einzelne Bestandteile von Websites können einem separaten urheberrechtlichen Schutz unterliegen, so insbesondere Sprachwerke (beispielsweise Schriftwerke, Reden, Computerprogramme gem. § 2 I 1 UrhG), Musikwerke (gem. § 2 I 2 UrhG), Werke der bildenden Kunst (beispielsweise Zeichnungen, Bilder, grafische Darstellungen, Bildschirmhintergründe, aber auch Icons und Buttons gem. § 2 I 4 UrhG), Fotos und Lichtbilder (gem. § 2 I 5 UrhG), Filmsequenzen (gem. § 2 I 6 UrhG) sowie Pläne, Skizzen und Zeichnungen (wie Darstellungen technischer und wissenschaftlicher Art, die nicht der bildenden Kunst zugehören gem. § 2 I 7 UrhG). So reicht z.B. die Tatsache, daß ein Bericht in einem Printmedium bereits

---

[248] Eine explizite Behandlung der sogenannten „verwandten Schutzrechte" würde den Rahmen dieser Arbeit sprengen. Es handelt sich hierbei insbesondere um das Recht des ausübenden Künstlers an seiner künstlerischen Leistung, das Recht des Fotografen an seiner Fotografie, das Recht des Tonträgerherstellers an der Aufnahme, das Recht des Filmherstellers am Film, das Recht des Sendeunternehmers an seiner Sendung sowie das Recht des Herstellers einer Datenbank an der Datenbank. Vgl. hierzu auch Omsels, *Urheberrecht*, 1997, S. 13.

[249] Omsels, *Urheberrecht*, 1997, S. 2.

veröffentlicht wurde, als Grundlage der Veröffentlichung in einer fremden Website nicht aus; hierzu ist eindeutig die Genehmigung des Urhebers notwendig.[250]

Die Angabe einzelner URLs als Hyperlinks ist an sich wohl keine urheberrechtlich geschützte Leistung, wohl aber die Zusammenstellung von Internetadressen in strukturierten Übersichten, wie sie von Suchmaschinen, Verzeichnisdiensten oder Branchenübersichten bekannt sind. Solche spezifischen Zusammenstellungen können sowohl hinsichtlich ihrer Darstellung als auch hinsichtlich der Adressenauswahl als Sammelwerk gem. § 4 UrhG (oder wiederum als Datenbank gem. § 69 h UrhG) geschützt sein.[251] Dies gilt auch für manuell oder datenbankgestützt zusammengestellte Link-Listen.[252] Damit gilt bereits die Sammlung von Links in einer einzigen HTML-Datei als schützenswerte Datenbank; erst recht muß dies auch für die Sammlung von Dateien gelten, die in ihrer Gesamtheit eine Website darstellen. Bei dem Schutz als Datenbank durch § 87 a ff. UrhG darf somit keinesfalls nur an die dynamisch aus hierarchischen, relationalen oder sonstigen Datenbanken generierten Webseiten gedacht werden; schon die normale Website, die aus mehreren einzelnen statischen Dateien besteht, ist eine strukturierte Sammlung von Daten im urheberrechtlichen Sinn.

Nach der weiten Definition des § 87 a UrhG fallen auch zum Beispiel Fernsprech- und Teilnehmerverzeichnisse unter den Datenbankbegriff. Dieser schützt somit nicht nur wesentliche, sondern auch unwesentliche Teile der Datenbank vor systematischer Verbreitung oder öffentlicher Wiedergabe, wenn diese die berechtigten Interessen des Datenbankerstellers unzumutbar beeinträchtigen oder diese Handlungen auch nur einer normalen Auswertung der Datenbank zuwiderlaufen.[253]

Die Nutzung für neue Medien (wie das WWW) muß ausdrücklich vorgesehen sein: Formulierungen wie z.B. „Übertragung des Rechts zur unbeschränkten Nutzung" oder „Übertragung auch für neue, noch nicht bekannte Nutzungsarten" reichen nicht aus. Die Verwender müssen das Einverständnis des Rechtsinhabers einholen.

Dieser Schutz währt jedoch nicht ewig, sondern gilt 70 Jahre über den Tod des Urhebers hinaus. Danach kann das Produkt als gemeinfrei von jedermann genutzt werden. Ein Bild von van Gogh (gest. 1890) kann daher jeder auf seiner Website zeigen, ein Bild von Kandinsky (gest. 1944) ist dagegen noch bis zum 31.12.2014 geschützt. Ein Musikstück von John Lennon (gest. 1980) ist noch bis zum 31.12.2050 geschützt – es sei denn, er hat es z.B. gemeinsam mit Paul McCartney geschrieben. Dann kann das Ende der Schutzfrist noch nicht berechnet werden – schließlich lebt Paul McCartney noch. Im Rahmen der Miturheberschaft gilt der Todestag des zuletzt gestorbenen Miturhebers.[254] Fotos von Personen dürfen nur

---

[250] Entsprechend entschieden haben das OLG Frankfurt am Main (Urteil vom 19.12.1995, Az. 6 U 11/94) sowie das OLG Düsseldorf (Urteil vom 14.05.1996, Az. 20 U 126/95).

[251] Vgl. Omsels, *Urheberrecht*, 1997, S. 2.

[252] Landgericht Köln, Urteil vom 25.08.1999, Az. 28 O 527/98, „Linksammlung".

[253] Landgericht Köln, Urteil vom 02.12.1998, Az. 28 O 431/98, „Urheberrechtsverstoß durch Suchdienst".

[254] Vgl. Omsels, *Urheberrecht*, 1997, S. 9.

mit Erlaubnis der jeweiligen Person im Web angeboten werden. Das Recht des Abgebildeten endet 10 Jahre nach seinem Tod. Jegliches Urheberrecht dauert immer nur so lange, bis die „Erschöpfung" eintritt. So ist beispielsweise bei urheberrechtlich geschützter Software das Verbreitungsrecht bereits nach dem erstmaligen Verkauf erschöpft; der Käufer darf die Software nach Belieben weiterverkaufen (nicht mit dem Vervielfältigungsrecht zu verwechseln).[255]

Die Rechte eines Urhebers an seinem Werk können vorwiegend in das Urheberpersönlichkeitsrecht gem. §§ 12 – 14 UrhG sowie die Verwertungsrechte gem. §§ 15 – 24 UrhG, die wirtschaftlich bedeutender sind, unterteilt werden.

### 3.3.1 Urheberpersönlichkeitsrechte

Nach dem Urheberpersönlichkeitsrecht kann der Urheber darüber bestimmen, ob, wie und wann sein Werk erstmals veröffentlicht wird, und zudem festlegen, daß bzw. ob bei der Verwertung seines Werkes sein Name oder ein Pseudonym angegeben werden muß. Aufgrund dieses Rechtes muß der Name des Urhebers in angemessener Form genannt werden, wenn bei der Erstellung einer Website auf ein vorbestehendes Werk zurückgegriffen werden soll, sofern der Urheber den Nutzer nicht ausdrücklich von der Namensnennung befreit hat oder die Namensnennung ausnahmsweise so unüblich ist, daß die Befreiung von der Namensnennungspflicht als stillschweigend vereinbart gelten kann. Zudem sollten an einem vorbestehenden Werk ohne ausdrückliche Zustimmung des Urhebers keine Veränderungen vorgenommen werden. In Anbetracht der aktuellen Diskussion unter Urheberrechtlern, ob nicht schon eine Digitalisierung eines Werkes bzw. die dazu notwendige Komprimierung und Dekomprimierung zustimmungspflichtige Eingriffe sind, sollte der Nutzer fremder Werke sich die spezifische Bearbeitung zur Internetpublikation vertraglich vom Urheber zusichern lassen.[256]

Gleiches gilt auch für die Eingliederung des fremden Werkes in den Kontext der zu erstellenden Website, bei der durch Hyperlinks auf andere Seiten durchaus „andere Beeinträchtigungen" gem. § 14 UrhG auftreten können. Omsels nennt dazu ein Beispiel:[257]

*Der Autor einer kritischen Politglosse mag zwar damit einverstanden sein, daß sein Werk von einem berechtigten Nutzer ins Netz eingespeist wird. Er könnte es dem Nutzer aber dennoch als eine Verletzung seines Urheberpersönlichkeitsrechts verbieten, von seinem Werk Hyperlinks auf Websites extremistischer Gruppierungen zu legen, wenn dadurch der Eindruck ideologischer Verbundenheit entstehen kann.*

---

[255] Vgl. Witte/Krager, *Recht im Internet*, 1996, 1.3.1 Absatz 1.
[256] Vgl. Omsels, *Urheberrecht*, 1997, S. 3.
[257] Ebd., S. 3–4.

## 3.3.2 Verwertungsrechte

Die Verwertungsrechte sind wirtschaftlich bedeutender als die Urheberpersönlichkeitsrechte, weil sie schließlich den Urheber in die Lage versetzen, wirtschaftliche Vorteile aus jeder Verwertung seines Werkes zu ziehen und dazu die Nutzung seines Werkes durch Dritte zu kontrollieren. Insbesondere hat der Urheber das ausschließliche Recht gem. § 15 UrhG, sein Werk in körperlicher Form zu verwerten (Herstellung und Verbreitung von Vervielfältigungsstücken) und in unkörperlicher Form wiederzugeben (Vortrag, Aufführung, Vorführung und jegliches Wiedergaberecht). Auch in § 15 UrhG wird die Aufzählung durch das Wort „insbesondere" eingeleitet, was darauf hinweist, daß die Aufzählung zwar umfassend, aber keineswegs abschließend ist. Nach allgemeiner Auffassung soll der Urheber an jedem Nutzen, den ein Dritter aus seinem Werk zieht, beteiligt werden. Eine neue, in der Aufzählung nicht vorkommende Technologie oder technologische Umsetzung ist durch § 15 UrhG somit ebenfalls abgedeckt.[258]

Die Veröffentlichung eines Werkes im Internet fällt derzeit lediglich unter das Vervielfältigungsrecht gem. § 16 UrhG, der jedoch der Tatsache, daß hier kostenlos und weltweit zur Verfügung gestellt wird, nicht gerecht werden kann. Dieses technologische Novum war jedoch bereits Grundlage des WIPO-Urheberrechtsabkommens, das auf der Diplomatischen Konferenz der Weltorganisation für Geistiges Eigentum (WIPO) am 20.12.1996 in Genf angenommen wurde und folgende weitere Verwertungsrechte des Urhebers festlegt:[259]

> ***Article 8 – Right of Communication to the Public***
> *Without prejudice to the provisions of Articles 11(1)(ii), 11bis(1)(i) and (ii), 11ter(1)(ii), 14(1)(ii) and 14bis(1) of the Berne Convention, authors of literary and artistic works shall enjoy the exclusive right of authorizing any communication to the public of their works, by wire or wireless means, including the making available to the public of their works in such a way that members of the public may access these works from a place and at a time individually chosen by them.*

Hintergrund dieser neuen Verwertungsrechte ist die Tatsache, daß der Anbieter einer Website im Internet in aller Regel selbst nichts vervielfältigt. Die Vervielfältigungsstücke entstehen technisch bedingt durch Seitenabruf, Übertragung und nicht zuletzt durch Zwischenspeicherung auf Proxyservern sowie im lokalen Browsercache. Auch diese Kopien unterliegen als Vervielfältigungen dem § 16 UrhG und bedürfen zur Rechtmäßigkeit des Einverständnisses aller an der Website beteiligten Urheber. Zwar ist nach § 69 d UrhG für Computerprogramme und § 69 k UrhG für

---

[258] Entsprechend lautet die Entscheidung des LG Hamburg, daß sowohl das Digitalisieren von Publikationen mittels Scanner als auch die elektronische Übertragung an einen weiteren Rechner eine Vervielfältigung i.S.d. § 16 UrhG darstellen. LG Hamburg, Urteil vom 02.05.1996, Az. 308 O 88/96.

[259] WIPO, *Copyright Treaty,* 1996.

Datenbanken die Zustimmung des Urhebers für solche Vervielfältigungen nicht erforderlich, die im Rahmen bestimmungsgemäßer Nutzung durch Berechtigte erfolgen. Allerdings liegt eine andere Situation vor, wenn die einzelne Webseite vom Urheber für die Benutzung im Internet nicht genehmigte Werke enthält. Der Inhaber des Urheberrechts kann derzeit nur die Rechtsverletzungen bei Transport und Empfang verfolgen, aber nicht gegen die Quelle der Rechtsverletzung vorgehen, solange nicht das Bereitstellen in Netzwerken selbst bereits als eigenes Verwertungsrecht erfaßt wird. Diese neuen Verwertungsrechte sind derzeit noch nicht explizit in das bundesdeutsche Urheberrechtsgesetz integriert. Wer jedoch auf seiner Website ein fremdes Werk der Öffentlichkeit zugänglich machen will, sollte sich in jedem Fall die entsprechende Erlaubnis des Urhebers dazu einholen.[260]

Das Übereinkommen von Genf hat aber noch eine weitere Besonderheit: Nach dessen Vorstellungen sollen die Provider und Online-Dienste für Copyrightverletzungen in ihren Netzen haften.[261] Es darf dabei jedoch nicht übersehen werden, daß die Harmonisierung der Vorschriften schwierig ist, weil das Urheberrecht durch das Berner Abkommen geregelt ist, welches wiederum nur einstimmig verändert werden kann.[262]

Interessant erscheint zudem auch eine künftige rechtliche Klärung des Inline Linking (s. Abschnitt 3.2.2.). Im Rahmen dieser Basisanwendung von Hyperlinks ist die Einbindung urheberrechtlich geschützter Elemente in eine Webseite einfach möglich. Allerdings erfolgt diese Einbindung im Browser des Betrachters, da dieser die verlinkten Elemente in die Darstellung des HTML-Textsegmentes einbindet. Der Ersteller der Seite gibt somit zwar die Anweisung zur integrierten Darstellung, nimmt aber seinerseits keinerlei Kopie vor. Vorwerfbar erscheint offensichtlich nur das Angebot der Kombination eigener und geschützter fremder Elemente, da die von ihm veröffentlichte Webseite den Wunsch zur Benutzung durch andere impliziert, während nach traditioneller Auffassung eigentlich der Benutzer die Rolle des Täters übernimmt – schließlich setzt der Browser seines lokalen Rechners die Urheberrechtsverletzung erst in die Tat um. Es kann jedoch nach vernunftgemäßem Ermessen nicht angehen, den Benutzer für diesen Seitenaufruf und seine urheberrechtlichen Folgen zur Verantwortung ziehen zu können.

Als Beispiel dazu mag der von Laga genannte „Dilbert-Fall" gelten:[263]

> *Auf einer Homepage der Princeton University wurden laufend neue Bilder einer Figur namens „Dilbert" gezeigt. Diese Comicfigur ist für die United Feature Syndicate, Inc urheberrechtlich geschützt. Der Autor der beanstandeten Webseite nahm aber keine wie immer geartete Vervielfältigung des Werks vor, sondern band lediglich die auf dem Webserver der United Feature Syndicate*

---

[260] Vgl. hierzu auch IFPI, *Leistungsschutzrechte für die Informationsgesellschaft*, 1997.

[261] Vgl. Duhm, *Copyright im Internet*, 1997.

[262] Vgl. Vahrenwald, *Legal Issues*, 1996.

[263] Laga, *Neue Techniken im World Wide Web – eine Spielwiese für Juristen?* Abschnitt 37, 1998.

*abgelegten Grafiken in seine Webpage ein. Er teilte dies der United Feature Inc mit, die aber ihrerseits mit Klagedrohungen reagierte. Ein Monat später wurde die Seite offline genommen.*

## 3.3.3 Entstehung und Inhaberschaft

Nicht jede Website integriert bestehende Werke; die meisten Websites sind mit allen Elementen oder doch mit dem größten Teil der verwendeten Elemente vom Anbieter selbst erstellt worden. Daher ist auch die Entstehung von Urheberrechten sowie die Inhaberschaft entsprechender Rechte zu betrachten. Anders als die Entstehung anderer sogenannter gewerblicher Schutzrechte (beispielsweise Patent, Gebrauchsmuster etc.) setzt die Entstehung des Urheberrechts keinen formellen Anmeldungsakt oder gar eine Eintragung in ein Register voraus, sondern entsteht durch den Vorgang der Schöpfung eines schutzfähigen Werkes. Damit sind nach § 2 II UrhG Werke bezeichnet, die sich durch ihre individuelle Eigenart von alltäglichen Produkten geistiger Tätigkeiten abheben. Einfach strukturierte Texte, einzelne Sätze oder einfache Tonfolgen erreichen dieses geforderte Schöpfungsniveau in der Regel nicht und sind gemeinfrei.[264] Jedoch ist bei der Verwendung vermeintlich gemeinfreier Werke Dritter im Rahmen der eigenen Website Vorsicht angeraten, da für den Urheberrechtsschutz in aller Regel ein niedriges Schöpfungsniveau ausreichend ist; eine geringfügige individuelle Eigenart kann durchaus einen vollumfänglichen Urheberrechtsschutz begründen.

In den meisten anderen Staaten entsteht das Urheberrecht allein durch die Schöpfung des Werkes. Eine wichtige Ausnahme bilden die USA, wo ein die inhaltlichen Voraussetzungen für einen urheberrechtlichen Schutz erfüllendes Werk nur unter der Bedingung tatsächlich effektiv geschützt wird, daß auf allen Werkexemplaren der Copyrightvermerk (©, in Verbindung mit der Jahresangabe und der Nennung des Rechtsinhabers) angebracht ist. Schon bei Fehlen des Copyrightvermerkes auf einzelnen Werkexemplaren ist der Schutz des gesamten Werkes in den USA erheblich gefährdet.[218] Dieses Risiko wirkt auf das Verhalten vieler internationaler Rechteinhaber, die den Copyrightvermerk auf allen Werkexemplaren auch außerhalb des amerikanischen Marktes anbringen, weil sie ihr Werk in den USA umfassend geschützt wissen wollen. Diesen Umstand sollte auch ein Anbieter einer Website hier in Deutschland beachten, wenn er eigene urheberrechtlich geschützte Werke im Internet präsentiert. Fehlt der Copyrightvermerk, ist das Werk zwar nicht in den USA, aber im Prinzip in allen anderen Staaten der Welt urheberrechtlich geschützt.

Der Inhaber des Urheberrechts ist der Urheber, der sein Recht auch dann behält, wenn er das Werk im Auftrag eines Auftraggebers erstellt hat; es ist im Ganzen vom Urheber auf einen anderen nicht übertragbar. Es kann vererbt werden, ist jedoch dann auch vom Erben nicht im Ganzen übertragbar (§ 29 S. 2 UrhG). Anders ist die

---

[264] Vgl. Omsels, *Urheberrecht*, 1997, S. 7.

Situation wiederum in den USA, wo ein als sogenanntes „Made for Hire" im Auftrag eines anderen erstelltes Werk automatisch auch ohne weitere Verhandlung mit der Übertragung des Urheberrechtes auf den Auftraggeber verbunden ist.[265]

Grundsätzlich gilt, daß ein geschütztes Werk nur vom Urheber verbreitet werden darf. Durch das Urheberrecht wird ein Werk geschützt, wenn es folgende Kriterien erfüllt:

- Es ist ein Original,

- wurde persönlich geschaffen,

- ist nicht trivial und

- hat einen gewissen Umfang.

Einen erheblich geringeren Anspruch stellt die urheberrechtliche Bewertung von Computerprogrammen dar. Aktuell entwickelt sich noch eine Handhabungspraxis bezüglich der rechtlichen Einordnung von HTML-Dateien. Derzeit wird heftig diskutiert, inwieweit eine Einordnung der HTML-Dateien in den Begriff der Computerprogramme vorzunehmen ist. Eine klare Einordnung dieser Dateien als Textdokumente von seiten der EU würde die durch die unklare Formulierung (es wird nicht definiert, was unter einem Computerprogramm zu verstehen ist) der EU-Urheberrechtsrichtlinie entstandene Rechtsunsicherheit beseitigen. Das OLG Düsseldorf erkannte in einem Urteil, daß die Darstellung einzelner Webseiten auf dem Computerbildschirm jedoch – auch in Verbindung mit dem zur Formatierung und Übertragung verwendeten HTML-Code – keine Ausdrucksform eines Computerprogramms i.S.v. § 2 Abs. 1 Nr. 1 UrhG darstellt, und setzt die Anforderungen an eine Webseite zur Erlangung der Schutzwürdigkeit in seiner Begründung hoch an:[266]

*I. a) Der Gestaltung einzelner sog. Webseiten kann unabhängig von der Digitalisierung ihres Inhalts an sich ein Urheberrechtsschutz allerdings zukommen, soweit die Gestaltung die in § 2 Abs. 2 UrhG vorausgesetzte Schöpfungshöhe erreicht. Daneben bestehende Sonderschutzrechte für Computerprogramme (§§ 2 Abs. 1 Nr. 1, 69a ff. UrhG), Datenbankwerke (§ 4 Abs. 2 UrhG) und Datenbanken (§§ 87a ff. UrhG) sind der Klägerin dagegen nicht zuzuerkennen.*

*1. Die Darstellung einzelner Webseiten auf dem Computerbildschirm stellt in Verbindung mit dem zur Formatierung und Übertragung verwendeten HTML-Code entgegen der Auffassung der Klägerin keine Ausdrucksform eines Computerprogramms i. S. v. § 2 Abs. 1 Nr. 1 UrhG dar.*

*Gemäß § 69a Abs. 1 UrhG sind Computerprogramme Programme in jeder Gestalt, einschließlich des Entwurfsmaterials. § 69a Abs. 2 UrhG besagt, der*

---

[265] Vgl. Omsels, *Urheberrecht*, 1997, S. 9.
[266] OLG Düsseldorf, Urteil vom 29.06.1999, Az. 20 U 95/98, „Urheberrechtlicher Schutz von Internetseiten in Frames".

*gewährte Schutz gelte für alle Ausdrucksformen eines Computerprogramms. Damit ist klargestellt, daß der Schutz von Computerprogrammen vor allem den Programmcode sowie die innere Struktur und Organisation des Programms umfaßt. Hiervon zu unterscheiden ist indessen das durch das Programm hervorgebrachte und auf dem Bildschirm sichtbar gemachte Arbeitsergebnis. Auf den Text oder die Grafik als solche, die auf dem Computerbildschirm dargestellt wird, erstreckt sich der Schutz des Computerprogramms nicht. Es ist dies vor allem auch mit der Kontrollüberlegung zu begründen, daß es technisch möglich ist, mit verschiedenen Computerprogrammen ein und dieselbe textliche oder grafische Abbildung auf dem Bildschirm zu erzeugen (vgl. Schricker/Loewenheim, Urheberrecht, 2. Aufl., § 69a UrhG, Rdn. 7, 25 f. ; Saacke in Götting (Hrsg. ), Multimedia, Internet und Urheberrecht, 1998, S. 19, 26 f. jeweils m. w. N. ). Einzelne Internetseiten bilden auch als sog. Multimediaerzeugnisse keine Computerprogramme. Der schöpferische Gehalt eines Multimediaerzeugnisses verkörpert sich in der durch Sprache, Bild und gegebenenfalls Ton vermittelten gedanklichen Aussage, aber nicht in dem für den Ablauf und die Wiedergabe erforderlichen Computerprogramm (vgl. Schricker/Loewenheim, a. a.O. Rdn. 27).*

*2. Einzelne von der Klägerin gestaltete Webseiten und die ihnen zugrundeliegende Auswahl und Anordnung von Daten genießen im Streitfall ebensowenig einen Schutz als Datenbankwerke gemäß § 4 Abs. 2 UrhG.*

*Auf das ungenannte Erfordernis einer persönlich-geistigen Schöpfung ist hierbei nicht verzichtet worden, wie sich auch an dem in § 4 Abs. 2 UrhG ausgesprochenen Bezug auf Sammelwerke im Sinne von § 4 Abs. 1 UrhG sowie an dem Zusammenhang mit dieser Bestimmung zeigt. Als Datenbankwerke sind demnach nur solche Datenbanken zu verstehen, bei denen die Auswahl oder Anordnung der in ihnen enthaltenen Elemente auf einer schöpferischen Leistung beruht. Datenbanken haben also ein gewisses, aus der Alltäglichkeit herausragendes Maß an Individualität und Originalität aufzuweisen, damit ihnen Werkqualität zukommen kann. Qualitative oder ästhetische Anforderungen sind hieran jedoch ebensowenig zu stellen, wie eine insoweit vorhandene Gestaltungshöhe von Bedeutung ist (vgl. Datenbankrichtlinie, Erwägungsgrund Nr. 15 u. 16; Schricker/ Loewenheim, § 4 UrhG, Rdn. 28, 33).[...]*

*Ausführungen der Klägerin, wie: sie habe eine komplexe Programmierung vorgenommen, eine serverinterne Suchmaschine oder seiteninterne Navigationsleisten integriert oder sie unterhalte eine durch mehrere Ebenen reichende Baum- und Verweisungsstruktur (vgl. GA 168 f. ), sind ohne Mitteilung der eine Bewertung als neu und individuell tragenden Tatsachen und der hierzu in der Datenbank verwendeten Elemente nicht geeignet, eine Schutzfähigkeit nach § 4 Abs. 2 UrhG zu begründen.*

In einer Website kann eine Vielzahl von Urheber- und Leistungsschutzrechten involviert sein. In einem Filmwerk vereinen sich die Rechte von Drehbuchautor, Regisseur, Komponist, Texter, Schauspielern, Tonträgerherstellern und ggf. anderer. Wegen dieser Verbindung unterschiedlicher Leistungen und Werke zu einem einzigen Gesamtwerk muß der Anbieter des Films – und analog dazu auch der Website – peinlich genau darauf achten, die zur konkreten Verwertung seines Produktes notwendigen Urheber- und Leistungsrechte vollständig zu erwerben. Fehlt auch nur das Verwertungsrecht eines einzigen beteiligten Nutzungsrechts, kann von dessen Inhaber die Verwertung des gesamten Vorhabens unterbunden werden. Der Anbieter hat damit eine Urheberrechtsverletzung begangen und sich in der Regel zudem strafbar gemacht.[267]

### 3.3.4 Die Verwertungsgesellschaften

Ohne näher auf die Verträge über Leistungsschutzrechte eingehen zu wollen, sollen hier jedoch die Verwertungsgesellschaften angesprochen werden. In der Praxis ist kein Urheber organisatorisch wie wirtschaftlich in der Lage, seine Rechte weltweit hinreichend wahrzunehmen. Dies übernehmen in Deutschland und in vielen anderen Staaten Verwertungsgesellschaften, denen treuhänderisch die Rechteverwertung vom Urheber übertragen wurde.

Die bekannteste Verwertungsgesellschaft in Deutschland ist die GEMA, die Gesellschaft für musikalische Aufführungsrechte und mechanische Vervielfältigungsrechte. Jeder, der in Deutschland ein Musikstück in urheberrechtlich zustimmungspflichtiger Weise verwerten will, hat diese Verwertung der GEMA zu melden und eine entsprechende Gebühr an die GEMA zu zahlen. Die Erlöse zahlt die GEMA nach Abzug der Verwaltungskosten an die Rechteinhaber aus.

Nun ist nicht jeder Musiker weltweit Mitglied der GEMA, sondern ggf. einer nationalen Verwertungsgesellschaft. Diese Gesellschaften haben untereinander Abkommen über die nationale Verwertung der Urheberrechte der jeweils anderen Verwertungsgesellschaften geschlossen, so daß weltweit nahezu das gesamte urheberrechtlich geschützte Musikgut durch die jeweils in einem Staat zuständige Verwertungsgesellschaft wahrgenommen wird. Hier zeigt sich, neben dem offensichtlichen Nutzen für die Rechteinhaber, daß sich auch ein klarer Nutzen für die Rechteverwerter ergibt: Für die Verwertung eines urheberrechtlich geschützten Musikstückes ist es nicht notwendig, die Person des Rechteinhabers ausfindig zu machen und in individuelle Vertragsverhandlungen zu treten. Mit der GEMA gibt es einen Ansprechpartner, der zudem gesetzlich verpflichtet ist, gegen Vergütung ein einfaches Nutzungsrecht einzuräumen.[268]

Neben der GEMA gibt es zahlreiche weitere Verwertungsgesellschaften, die andere Urheber- oder verwandte Leistungsrechte wahrnehmen, z.B.

- GVL (Gesellschaft zur Verwertung von Leistungsschutzrechten mbH) zur Wahrnehmung der Rechte bildender Künstler und der Hersteller von Tonträgern,[269]

---

[267] Vgl. Omsels, *Urheberrecht*, 1997, S. 15.
[268] Vgl. Omsels, *Urheberrecht*, 1997, S. 17.
[269] Online im Internet: http://www.gvl.de

- VG WORT (Verwertungsgesellschaft Wort) für Schriftsteller, Journalisten etc.,[270]

- VG BILD-KUNST (Verwertungsgesellschaft Bild-Kunst) für Künstler, Grafiker, Fotografen etc.,[271]

- VFF (Verwertungsgesellschaft für Film- und Fernsehgesellschaften mbH), die sich mit den nachstehend aufgeführten Gesellschaften um die Rechte der Filmproduzenten kümmert,[272]

- VGF (Verwertungsgesellschaft für Nutzungsrechte an Filmwerken mbH),

- GWFF (Gesellschaft zur Wahrnehmung von Film- und Fernsehrechten mbH),[273]

- GÜFA (Gesellschaft zur Übernahme und Wahrnehmung von Filmaufführungsrechten mbH),[274] sowie die

- AGICOA Urheberrechtschutz GmbH, die in- und ausländische Filmhersteller und Verwerter bei der Wahrnehmung von Rechten und Ansprüchen aus der Einspeisung von Filmwerken in Kabelsendeanlagen zum Zwecke der Weitersendung per Kabel vertritt.

Trotz der Zwischenschaltung der Verwertungsgesellschaften kann es sehr schwierig sein, den richtigen Ansprechpartner für die Verwertung des Rechtes an einem Produkt für die eigene Website zu ermitteln. Zur Vereinfachung wurde inzwischen von den o.g. Gesellschaften die CMMV (Clearingstelle Multimedia der Verwertungsgesellschaften für Urheber- und Leistungsschutzrechte GmbH)[275] gegründet, die als Ansprechpartner für jedermann zur Verfügung steht.

Um keine überzogenen Erwartungen bei Multimedia-Produzenten zu erwecken, weist Wartenberg zu Recht darauf hin, daß die CMMV zunächst nur eine Vernetzung von Datenbanken der meisten und größten Verwertungsgesellschaften ist und sich noch in der Testphase befindet. Ein Clearing im eigentlichen Sinn findet dort nicht statt; ein Multimedia-Produzent kann lediglich Informationen über die Verwertungsgesellschaft erhalten, bei der das betreffende Werk verwaltet wird, sowie über die entsprechenden Tarife.[276] Neben dieser Organisation haben sich daher, ähnlich wie in den USA, als ergänzende Struktur Copyright-Clearing-Agenturen

---

[270] Online im Internet: http://www.vgwort.de

[271] Online im Internet: http://www.bildkunst.de

[272] Online im Internet: http://www.vffvg.de/

[273] Online im Internet: http://www.gwff.de/

[274] Online im Internet: http://www.guefa.de/

[275] Online mit Recherchemöglichkeit im Internet: http://www.cmmv.de

[276] Von: Dr. Marlene Wartenberg (Marlene.Wartenberg@munich.netsurf.de).
An: Ulrich Werner (werner@ulrichwerner.com).
Datum: Montag, 10.08.98, 21:30. Betreff: Kollektive und individuelle Rechtewahrnehmung (private Mail, mit freundlicher Genehmigung der Absenderin).

entwickelt. Die erste Agentur dieser Art ist CCS (info@copyright-clearing.com). Die Tätigkeiten dieser Agenturen umfassen u.a. die Tarifverhandlungen, Repertoire-Beratungen sowie Kalkulationshilfen.

## 3.4  Haftung bei verteilter Redaktion

Viele Unternehmen veröffentlichen verteilte Websites, teils einfach strukturiert, teils mit professionellen Redaktionssystemen, die unter einem einheitlichen gestalterischen Rahmen von verschiedenen Abteilungen des Unternehmens redaktionell in eigener Verantwortung erstellt werden. Häufig sieht sich das Unternehmen selbst in der Rolle eines Zugangsproviders, der nur den Rahmen und den Domain-Namen bereitstellt. Haftungsrechtlich ist das Unternehmen jedoch, im Gegensatz zum Provider, für jeglichen Bestandteil seiner Websites voll haftbar.

Bei Zugangs- und Service-Providern bestehen zwischen der urheberrechtlichen Verantwortlichkeit eines Betreibers für von Nutzern urheberrechtswidrig verbreitete Inhalte und der strafrechtlichen Verantwortlichkeit der Betreiber für von Nutzern verbreitete Inhalte durchaus Parallelen; der Betreiber kann eine lückenlose Überwachung nicht gewährleisten. Hier ist der Rückgriff auf den Anbieter bei Rechtsverletzung demnach wohl nur möglich, wenn diesem die Rechtsverletzung ausnahmsweise zurechenbar ist (positive Kenntnis) und die Verhinderung der Rechtsverletzung zumutbar möglich ist.[277]

Die Zumutbarkeit der Verhinderung von Rechtsverletzungen wird bei verteilter Redaktion von Websites in jedem Fall gegeben sein, da die Gesamtverantwortung des Unternehmens es erforderlich macht, eine Kontrollinstanz für die unter der eigenen Domain vorgenommenen Veröffentlichungen einzurichten. Die in den Unternehmen verteilte Verantwortung mag arbeitsrechtliche Konsequenzen bei Übertretungen nach sich ziehen, in der Außenwirkung greift sie nicht; das Unternehmen bleibt für seinen Internet-Auftritt als alleiniger Ansprechpartner in jeder Beziehung haftbar.

---

[277] Vgl. Mayer, *Recht im Cyberspace*, 1997, S. III.

# 4  Vom Link zur Abmahnung

Während die Problematik des Domain-Grabbing (vgl. S. 54) von den deutschen
Gerichten weitgehend entschärft werden konnte, ist mit der Verbreitung des Internet
in privaten und kommerziellen Feldern ein neues Problem aufgetreten, das erheblich
zur Rechtsunsicherheit von Website-Betreibern beiträgt – das „Markengrabbing".[278]

Kennzeichnend für das Markengrabbing ist, daß jemand einen Begriff beim
Deutschen Patent- und Markenamt (DPMA) zur Anmeldung vorlegt, der aufgrund
der Unkenntnis des neuen Mediums den dortigen Beamten sehr wohl als unterschei-
dungskräftig erscheint, aber bei den mit dem neuen Medium Befaßten bereits ein
beschreibender Allerweltsausdruck geworden ist – so z.B. Begriffe wie „Webspace"
(s. Kap. 4.2) oder „Explorer" (s. Kap. 4.3).

Die Situation wird kennzeichnend beschrieben in einer Stellungnahme des
DPMA zur heftigen Kritik der Internetnutzer:[279]

*Die Bedeutung des Markenschutzes für den Wettbewerb und die zum Teil erheb-
lichen Behinderungsmöglichkeiten, die durch die Eintragung schutzunfähiger
Begriffe entstehen können, sind nicht zu unterschätzen. Deshalb werden seitens
des Deutschen Patent- und Markenamts Markenanmeldungen sorgfältig geprüft.
Das Amt ist auch bemüht, den zuständigen Markenprüfern den neuesten Stand
der sich sehr schnell verändernden und umfangreichen Entwicklungen auf den
einschlägigen Waren- und Dienstleistungsgebieten zu vermitteln. So sind die
Einrichtung interner Datenbanken mit gebräuchlich gewordenen Begriffen und
die regelmäßige Anschaffung der neuesten Literatur sowie eine verstärkte Verwendung des Internets als Recherchemittel in Angriff genommen worden.*

---

[278] Vgl. Damaschke, *Von Schiebern, Schmarotzern und Spekulanten*, Spiegel Online vom
28.09.99, online im Internet:
http://www.spiegel.de/netzwelt/politik/0,1518,44133,00.html
sowie o.Verf.: *Schnelle Mark mit geschützten Marken. Abmahnungen sorgen im Internet für
Beunruhigung.* Handelsblatt vom 20.10.99. Online im Internet:
http://www.handelsblatt.de/cgi-bin/hbi.exe?SH=&iPV=0&FN=hb&SFN=NEWS_CT_
ARTCOMPUTER&iID=109287&sBegriff=webspace&Recherche=1
[279] Deutsches Patent- und Markenamt, *Stellungnahme zur Eintragung der Marke „Webspace"
und ähnlicher Marken.* Pressemitteilung vom 08.05.99. Online im Internet:
http://www.dpma.de/infos/pressedienst/pm990805.html

Die immer komfortableren Suchmaschinen ermöglichen den Markeninhabern wie
auch den von ihnen mit dem Schutz der Marke betrauten Anwälten, Webseiten zu
finden, deren Ersteller im guten Glauben an den beschreibenden Charakter der
Begriffe diese in ihren Texten oder Angeboten benutzen.

Zum Schutz der eigenen Marke gegen mißbräuchliche Benutzung gibt es u.a.
das Instrument der Abmahnung. Sicher könnte der Markeninhaber es auch erst einmal mit einem freundlichen Schreiben mit dem Hinweis auf die vermutete Verletzung versuchen, aber daran scheinen etliche Anwälte kein Interesse zu haben –
diese geschäftsfreundliche Verhaltensweise bringt schließlich nichts ein.

Die Vermutung, daß aufgrund der leichten Recherchierbarkeit massenhaft
Abmahnungen durch Anwälte versendet werden, die im Grunde nichts mehr mit
dem Schutz der Marke zu tun haben, sondern lediglich den Umsatz der Kanzlei drastisch erhöhen, drängt sich bei näherer Betrachtung auf.

Typischerweise werden zahlreiche kleine Gewerbetreibende abgemahnt; bei im
Markenrecht üblicherweise vorhandenen Streitwerten von mindestens 100.000 DM
beträgt die Kostennote des abmahnenden Anwalts bereits knapp 1.900 DM – und
die meisten Abgemahnten gehen auf die geforderte strafbewehrte Unterlassungserklärung schon allein deshalb ein, weil sie das damit verbundene Prozeßkostenrisiko nicht tragen können oder möchten.

Einen Trend in die falsche Richtung zeigt das OLG München in seinem Urteil
„CDBench" auf (vgl. Kap. 1.2), in dessen Begründung es heißt:[280]

*1.1. Zu Recht geht allerdings die Klägerin davon aus, daß das Angebot der
Beklagten, über ihren Universitäts-Server im Internet u.a. Sammlungen freier
Software zu nutzen, auch dann als Handeln im geschäftlichen Verkehr gemäß § 14
Abs. 2 MarkenG anzusehen ist, wenn diese Zugangsvermittlung unentgeltlich und
bestimmungsgemäß zu wissenschaftlichen Zwecken erfolgt. Denn insoweit ist
auch nach Auffassung des Senats ausschlaggebend, daß eine Zugangsbeschrän-
kung, etwa im Sinne eines geschlossenen Benutzerkreises, nicht existiert, so daß
sich das Angebot der Beklagten faktisch an jedermann richtet.*

Dies bedeutet nichts anderes, als daß jede private Homepage, die sich im World
Wide Web an jedermann richtet, als Teilnahme am geschäftlichen Verkehr anzusehen ist. Damit ist der Abmahnmarkt um wesentliche lukrative Zielgruppen ver-
größert worden – jetzt kann man immerhin jeden abmahnen, ohne noch prüfen zu
müssen, ob tatsächlich ein geschäftliches Handeln vorliegt. Ob „mitgegangen, mit-
gefangen, mitgehangen" hier eine vernünftige Strategie ist, scheint sehr zweifelhaft.

Wer zudem einer Abmahnung bereits aufgrund des Kostenrisikos ohne weitere
Prüfung nachgibt, hat selbst dann, wenn von einem Gericht die Unrechtmäßigkeit
der Abmahnung (z.B. im Fall einer Serienabmahnung zum Zwecke des Geldverdienens) aufgrund des Widerspruchs eines später Abgemahnten festgestellt wird, kei-

---

[280] OLG München, Urteil vom 3. Februar 2000. Az. 6 U 5475/99, „CDBench". Online im
Internet: http://www.afs-rechtsanwaelte.de/urteile78.htm

nerlei Anspruch, die mit der Anerkennung verbundenen Kosten zurückzubekommen – schließlich hat er in einem privaten Vertrag die Forderung anerkannt. Hier hilft nur ein guter Rechtsbeistand, der im Zweifel die rechtsverbindliche Unterlassungserklärung ohne Anerkennung einer Rechtspflicht so zu formulieren versteht, daß die Grundinteressen der Abmahnung zwar erfüllt sind, aber zumindest die Rückforderungsmöglichkeit der gegnerischen Anwaltskosten offenbleibt. Die Kosten der eigenen Rechtsberatung wird der Abgemahnte in den allermeisten Fällen dennoch selber tragen müssen, wenn die Abmahnung nicht gerichtlich als eindeutig rechtsmißbräuchlich festgestellt wird.

Ein erster Überblick über das Kostenrisiko kann im Internet gewonnen werden, wenn man den Streitwert kennt: Richter am Amtsgericht Franz Dimbeck hat einen Kostenrechner als Java-Applet erstellt, mit dem sich die Kosten für einen zivilrechtlichen Rechtsstreit leicht ausrechnen lassen.[281]

Durch die Scheu vor dem Kostenrisiko wird schnell ein Kreislauf in Gang gesetzt: Kommt es gegen einen der Abgemahnten zu einem Prozeß, weil er eben nicht unterschreiben wollte, wird die erhebliche Zahl der von anderen Abgemahnten abgegebenen Unterlassungserklärungen als Beleg dafür vor Gericht verwendet, daß das Begehren des Markeninhabers und des ihn vertretenden Anwalts doch sehr einleuchtend erscheint; eine direkte Auswirkung auf die Entscheidung des Gerichts ist damit nicht mehr weit entfernt.

Nicht jede Marke hat auf Dauer Bestand; es gibt durchaus Möglichkeiten, gegen die vorgenommene Eintragung der Marke anzugehen. Dies bedeutet aber wiederum nicht, daß die vom Abgemahnten vorschnell beglichene Kostennote des abmahnenden Anwalts nun zurückgefordert werden könnte. Um eine Rückforderung zu einem späteren Zeitpunkt offenzuhalten, sind eine Reihe von Maßnahmen des Abgemahnten notwendig – sonst ist die Marke zwar gelöscht, aber sein Geld ist weg. Schließlich gilt die Marke so lange, wie sie eingetragen ist, und in diesem Zeitraum gilt auch der Schutzanspruch des Markeninhabers. Ist die Marke anschließend gelöscht, betrifft dies nicht automatisch rückwirkend die Forderung nach Schutz der Marke, die während der Gültigkeit der Eintragung erhoben wurde.

In diesem Kapitel wird gezeigt, worin der Unterschied zwischen der Idee des Markenrechts zur berechtigten Abmahnung einerseits und der als Abmahnindustrie anmutenden Praxis im Internetbereich andererseits zu sehen ist. Nach der Darstellung der Faktoren einer Abmahnung und ihrer Bedeutung wird die gängige Praxis des Markengrabbing an zwei prominenten Beispielen demonstriert. Die Onliner-Initiative Freedom for Links (FFL) hat ein Konzept entwickelt, mit dem es möglich ist, den veränderten Rahmenbedingungen durch das Internet Rechnung zu tragen, ohne die berechtigten Ansprüche von Markeninhabern zu beschränken.

Zum Abschluß des Kapitels werden die für viele Gewerbetreibende und Unternehmen doch noch recht unbekannten Möglichkeiten dargestellt, wie man sich ver-

---

[281] Online im Internet u.a. bei RAe Steinherr & Vogt, Breisach:
http://www.anwaltsinfo.de/Gerichts-_u_Anwaltskosten/body_gerichts-_u_
anwaltskosten.html

halten sollte, wenn einem solch eine Abmahnung zugestellt wird. Um Mißverständ-
nissen vorzubeugen: Die genannten Ansätze können den Besuch beim Anwalt
keineswegs ersetzen, aber auch hier gibt es das alltägliche Problem, daß sich zahlreiche Anwälte als „Online-Rechtler" positionieren, ohne über das Grundwissen
internetspezifischer Problematiken zu verfügen. Da ist es zumeist ganz hilfreich,
wenn der Mandant ebenfalls einen Überblick über die Situation hat; eben dazu soll
dieses Kapitels dienen.

Zudem ist es wohl für jeden Abgemahnten interessant, wie er mit einer Abmahnung umgehen soll, wenn er nach einer eventuellen Löschung der Marke sein Geld
wiederhaben möchte oder wenn er die Unterlassung erklären, aber die Kostennote
des Anwalts nicht bezahlen möchte.

## 4.1  Die Abmahnung

Eines sollte man mit einer Abmahnung keinesfalls machen: sie in den Papierkorb
werfen und den Kopf in den Sand stecken – denn das kann teuer werden.

Als Abmahnung[282] wird die Prozedur bezeichnet, mit der ein Abmahner einen
Mitbewerber außergerichtlich auf ein vermeintlich wettbewerbswidriges Verhalten
hinweist und diesen auffordert, dieses Verhalten sofort und für die Zukunft zu unterlassen. Ziel der Abmahnung ist damit vorrangig die außergerichtliche Beilegung
des Streits und damit eine Kostenbegrenzung für alle Beteiligten, da die Abmahnung gegenüber der gerichtlichen Klärung in aller Regel die günstigere Alternative
darstellt.

Um die Streitbeilegung zu erreichen, verlangt der Abmahnende üblicherweise
zur Vermeidung des Prozeßrisikos die Unterwerfung unter eine strafbewehrte
Unterlassungserklärung durch den Verletzer. Die Strafbewehrung soll dabei die
Wiederholungsgefahr, und die Erklärung, die Verletzung zu unterlassen, das aktuelle wettbewerbswidrige Verhalten beseitigen.

In diesem Zusammenhang hat der Abmahnende Anspruch auf Ersatz seiner
Aufwendungen, die durch das wettbewerbswidrige Verhalten des Verletzers ent-
standen sind, so z.B. der Kosten der Rechtsvertretung. Die Begründung für den
Kostenersatzanspruch wirkt auf Nichtjuristen häufig ein wenig sonderlich – der
Anspruch beruht auf §§ 677 BGB, der „Geschäftsführung ohne Auftrag"(GoA):
Demjenigen, der die Abmahnung erhält, wird das Interesse daran zugewiesen, nicht
verletzend handeln zu wollen; daher handelt der abmahnende Anwalt im Interesse
des Verletzers. Deshalb hat der Verletzer als „virtueller Auftraggeber" die Kosten zu

---

[282]Diverse Quellen im Internet erläutern Hintergründe und Rahmenbedingungen von Abmahnungen, um Betroffenen eine erste Einschätzung der Situation zu ermöglichen. Als Beispiel
seien hier nur genannt die Abmahn-FAQ von Leif Kuse (online im Internet:
http://transpatent.com/leif/abmahn-faq.html) sowie die Info-Seiten von Steinherr & Vogt
(http://www.anwaltsinfo.de/Wettbewerbsrecht/Was.../
body_was_ist_eine_abmahnung.html)

tragen, auch wenn er sich sicherlich nicht durch den gegnerischen Anwalt selbst kostenpflichtig abmahnen ließ – daher „Geschäftsführung ohne Auftrag".

Typischerweise beginnt das Entstehen einer wettbewerbsrechtlichen Abmahnung damit, daß ein Rechteinhaber von einer Handlung eines Konkurrenten erfährt, die er für nicht korrekt hält. Er beauftragt seinen Rechtsanwalt mit der Prüfung des wettbewerbsrechtlichen Verstoßes; kommt dieser zu dem Ergebnis, daß eine Unkorrektheit tatsächlich vorliegt, schreibt der Rechtsanwalt den Verletzer an und fordert ihn auf, den Wettbewerbsverstoß künftig zu unterlassen. Um diese künftige Unterlassung sicherzustellen, verlangt der Rechtsanwalt von dem Verletzter die Vereinbarung einer Vertragsstrafe für den Fall, daß sich der Verletzer an die zu treffende Unterlassungsvereinbarung nicht hält.

Eine Abmahnung enthält mindestens eine kurze Beschreibung des Sachverhalts, die rechtliche Begründung des gerügten Wettbewerbsverstoßes, die Aufforderung zur Unterlassung eines bestimmten Verhaltens, die Aufforderung zur Abgabe eines Vertragsstrafeversprechens sowie abschließend die Androhung, andernfalls gerichtliche Schritte einzuleiten.

Um die Kosten der Beurteilung, ob die Abmahnung gerechtfertigt ist bzw. wie gut die Abwehrmöglichkeiten sind, in überschaubarem Rahmen zu halten, kann mit dem eigenen Anwalt zunächst eine Erstberatung (maximale Gebühr 350 DM netto) vereinbart werden, bei der Risiken und Kosten abgeklärt werden können. Wichtig ist dabei auch die Frage der Zuständigkeit – Markenrechtsstreitigkeiten werden z.B. nur bei bestimmten Landgerichten behandelt; der beauftragte Anwalt muß dort zugelassen sein.

## 4.1.1 Alternative Verfahren

Warum reicht nicht ein freundlicher Telefonanruf oder ein Brief als erster Schritt? Warum greift man gleich zur doch recht kostenintensiven Abmahnung?

Zumeist kann bei wettbewerbsrechtlichen Streitigkeiten eine gewisse Dringlichkeit unterstellt werden: Wenn der Verletzte schon seit längerem von der Verletzung weiß und sich nicht gewehrt hat, steht das der Möglichkeit entgegen, die Verletzung im Streitfall durch eine Einstweilige Verfügung gerichtlich zu beseitigen. Die Einstweilige Verfügung dient dazu, den Mangel kurzfristig zu beseitigen, um nicht auf das eigentliche Gerichtsverfahren warten zu müssen. Darin liegt auch eines der Hauptprobleme des Abmahnwesens: Sicherlich können auch Unternehmen fair miteinander umgehen und sich per einfachem Brief gegenseitig über die vermutete oder nachweisliche Unkorrektheit informieren, um den Mangel auf freundliche Art aus der Welt zu schaffen. Dann allerdings kann es hinterher schwierig werden, wenn der Verletzer den Mangel eben nicht auf das freundliche Schreiben hin beseitigt: Die Durchsetzung der Abmahnung durch eine Einstweilige Verfügung kann problematisch werden, weil die Dringlichkeit der Mangelbeseitigung nicht mehr so deutlich ist; hatte doch der Verletzte genügend Zeit, erst einmal ein freundliches Schreiben zu schicken.

Daher greifen die Verletzten in den allermeisten Fällen gleich zum Instrument der Abmahnung, um sich nicht im Umfang des ihnen zustehenden Instrumentariums, mit dem sie ihre Rechte durchsetzen können, schon im Vorfeld einzuschränken.

Darüber hinaus fordern die Gerichte vor der Eröffnung eines Verfahrens den Versuch, das Problem außergerichtlich aus der Welt zu schaffen. Zwar ist die Klageerhebung selbst unabhängig von der Abmahnung, aber der Kläger geht das Risiko ein, auf den gesamten Verfahrenskosten nach § 93 ZPO sitzenzubleiben, wenn der Beklagte mit Verfahrenseröffnung den Mangel ja sofort beseitigt: Dann kann sich der Beklagte nämlich gegen die Verfahrenskosten mit der Bemerkung wehren, er hätte den Mangel ja sofort beseitigt, wenn er nur Kenntnis davon gehabt hätte – sofern er nicht erkennbar vorsätzlich gehandelt hat oder bereits im Vorfeld nachweislich äußerte, er habe keinesfalls vor, den Mangel zu beseitigen.

Ein alternatives Verfahren zur Abmahnung bietet die Anrufung einer Einigungsstelle durch den Verletzten, um eine gütliche und rechtsverbindliche Einigung herbeizuführen. Diese auf Basis von § 27 a UWG von den Landesregierungen bei den Industrie- und Handelskammern eingerichteten Einigungsstellen können von jeder Partei zu einer Aussprache mit dem Gegner mit dem Ziel eines Vergleiches zwischen den Parteien angerufen werden.

Die Einigungsstellen können jedoch nach § 27 a Abs. 8 UWG ablehnen, ein Einigungsverfahren einzuleiten, wenn der Anspruch von vornherein als unbegründet angesehen wird.

Dieser Punkt ist für den Abgemahnten eine Möglichkeit, schon im Vorfeld zu prüfen, welche Erfolgsaussichten die Abmahnung hat. Das Einigungsverfahren ist in den meisten Bundesländern[283] kostenlos; zwar fallen Anwaltskosten an, dafür aber keine Gerichtsgebühren.

## 4.1.2 Prüfung der eingegangenen Abmahnung

Nicht jede Abmahnung, die einem vermeintlichen Verletzer zugestellt wird, hat auch eine tatsächliche Verletzung als Grundlage. Es ist nicht selten, daß der Abgemahnte mit der Abmahnung unter den Druck eines nicht unerheblichen Kostenrisikos gesetzt wird, mit dem Ziel, daß im Rahmen der nachfolgend angebotenen gütlichen Einigung ein Handeln oder Unterlassen erreicht wird, für das tatsächlich keinerlei rechtliche Grundlage bzw. Anspruch des Abmahnenden besteht. Es ist daher dringend zu empfehlen, jede erhaltene Abmahnung sehr genau zu prüfen. Zur Unterstützung können zahlreiche Quellen im Internet dienen, so z.B. die Websites von Transpatent[284], Freedom for Links[285] oder Anwaltskanzleien wie Steinherr und Vogt[286].

---

[283] Gebühren werden lediglich in Bremen erhoben (§ 11 Abs. 1, 2 BremerVO v. 16.02.88. GBl 88 S. 17).

[284] Online im Internet: http://transpatent.com/leif/abmahn-faq.html

[285] Online im Internet: http://www.freedomforlinks.de/Pages/absahn.html

[286] Online im Internet: http://www.anwaltsinfo.de/body_index.html

So trivial es klingt, zur Schonung der eigenen Nerven trägt es erheblich bei, wenn als erster Schritt die erhaltene Abmahnung auf ihre formale Korrektheit überprüft wird: Ist sie beim richtigen Empfänger gelandet, unterschrieben und der Abmahnende deutlich erkennbar?

Wenn hier Mängel festgestellt werden, die durch eine Faxübertragung entstanden sein können, ist Vorsicht angeraten: Es kann die Verpflichtung bestehen, den Abmahnenden über z.B. ein verstümmeltes Fax zu informieren. Die meisten Abmahnungen kommen per Fax, auch wenn diese Übertragungsart nicht unproblematisch ist, weil der sichere Nachweis des Zugangs fehlt. Vor dem Hintergrund der Eilbedürftigkeit der meisten Abmahnungen wird die Faxübertragung aber von der Rechtsprechung akzeptiert. Der Abmahnende muß in dem eventuellen späteren Verfahren lediglich durch Vorlage eines Fax-Übertragungsprotokolls ohne Fehlermeldung glaubhaft machen, daß er das Fax an den Verletzer abgeschickt hat – das Übermittlungsrisiko ist damit auf Seiten des Abgemahnten.

Für Nichtjuristen ist es zumeist überraschend, daß es für die Wirksamkeit einer Abmahnung keinen Nachweis des Zugangs beim Abgemahnten braucht: Die Abmahnung kann somit wirksam sein, obwohl der Abgemahnte keine Ahnung von ihrer Existenz hat. Eine Abmahnung ist bereits dann wirksam, wenn der Abmahner die ordnungsgemäße Absendung nachweisen kann. Grund ist, daß es sich bei einer Abmahnung um eine Rechtshandlung handelt, nicht aber um eine zugangsbedürftige Willenshandlung. Lediglich in der Frage der Kostenerstattung muß der Abmahnende nachweisen können, daß die Abmahnung auch zugegangen ist.

Grundsätzlich ist die Abmahnung formfrei[287], wobei eine mündliche oder telefonische Abmahnung schon aufgrund der Flüchtigkeit des gesprochenen Wortes dermaßen viele Verteidigungsmöglichkeiten bietet, daß ein Abmahnender sie nicht mit Aussicht auf Erfolg nutzen kann.

Der wettbewerbsrechtliche Vorwurf muß hinreichend deutlich, aber nicht in Form eines umfangreichen Gutachtens, begründet sein; die Begründung muß noch nicht einmal vollständig richtig sein, sondern dem Verletzer lediglich darstellen, worin die ihm vorgeworfene Verletzung besteht. In der Praxis ist es üblich, Kopien der beanstandeten Veröffentlichungen oder Screenshots der beanstandeten Webseiten in der Anlage mitzusenden. Ziel der Begründung ist es, den Abgemahnten in die Lage zu versetzen, den ihm gemachten Vorwurf nun selber rechtlich zu würdigen. Ist diese Beschreibung der angeblichen Verletzungshandlung zu ungenau, ist dennoch von einer wirksamen Abmahnung auszugehen, aber im späteren Verfahren kann die Ungenauigkeit gegen den Abmahner ausgelegt werden. Wenn sich der Streit schließlich um die Zahlung der Vertragsstrafe im Wiederholungsfall dreht, kann der Abmahner natürlich nur die Faktoren zugrunde legen, die er ganz konkret in der Unterlassungserklärung benannt hat. Sind die Vorwürfe zu allgemein, kann der Abgemahnte sie zum Gegenstand einer negativen Feststellungsklage machen,

---

[287]Lediglich nach vereinzelten Urteilen kann die Abmahnung nicht mündlich oder telefonisch mit Anspruch auf Wirksamkeit ausgesprochen werden. Vgl. Kuse, *Abmahn-FAQ*, online im Internet: http://transpatent.com/leif/abmahn-faq-4.html#4.6Die (sic!).

mit der gerichtlich auf Kosten des Abmahners festgestellt werden kann, daß die in der Abmahnung formulierten Vorwürfe kein wettbewerbsrechtliches Vergehen darstellen und zumindest insoweit die Abmahnung unberechtigt erfolgte.

Von den Gerichten wird häufig zwingend angesehen, daß eine Abmahnung eine Aufforderung enthält, eine strafbewehrte Unterlassungserklärung (s.u.) zu unterschreiben. Sollte diese Aufforderung fehlen, ist die lokale Entscheidungspraxis der Gerichte zu prüfen. Wenn dort das Fehlen der Aufforderung nicht überwiegend als unschädlich für den Erfolg einer Abmahnung angesehen wird, besteht hier möglicherweise ein weiterer Punkt für eine erfolgreiche Verteidigung.

Nicht üblich ist die Beifügung einer Vollmacht des Verletzten für seinen Anwalt, was natürlich nicht bedeutet, daß diese Vollmacht nicht erteilt worden sein muß. Der Abgemahnte kann den Nachweis der Bevollmächtigung verlangen, allerdings kann er nicht darauf bauen, daß durch dieses Verlangen die i.d.R. sehr kurzen Fristen einer Abmahnung durch aufschiebende Wirkung verlängert werden.

Die Kurzfristigkeit der verlangten Maßnahmen ergeben sich aus der einer Abmahnung zugrunde liegenden Eilbedürftigkeit. Eine Rechtshandlung wie die Abmahnung, die schnell und außergerichtlich eine Verletzung beseitigen soll, wird immer sehr kurze Fristsetzungen enthalten. Die Frist soll lediglich ausreichen, daß der Abgemahnte rechtlichen Beistand einholen kann; fünf bis vierzehn Tage sind üblich, aber nicht zwingend – Rechtsrat kann notfalls auch in ein bis zwei Tagen eingeholt werden. Ist die Frist zu kurz oder bereits zum Zeitpunkt der Zustellung der Abmahnung teilweise abgelaufen, wird eine angemessene Frist in Kraft gesetzt; eine zu kurze Frist berührt die Wirksamkeit der Abmahnung insgesamt aber nicht.

Zudem sollte überprüft werden, daß die Abmahnung die Drohung zur Einleitung gerichtlicher Schritte im Falle der Nichtabgabe der geforderten Unterlassungserklärung enthält. Fehlt diese Drohung, bedeutet das nichts anderes, als daß der Abgemahnte dem Verletzten gegenüber keinen Grund zur Klageerhebung gegeben hat.


## 4.1.3 Unterlassungserklärung und Vertragsstrafe

Die vom Abmahnenden geforderte strafbewehrte Unterlassungserklärung in vollem Umfang abzugeben, sollte nur in Fällen erwogen werden, in denen die Verletzungshandlung tatsächlich klar ist und komplett eingestanden wird sowie die Unterlassungserklärung sach- und interessengerecht abgefaßt ist. Dies gilt jedoch nur in seltenen Fällen, schließlich möchte der Abmahnende aus dem Verfahren so viel wie möglich für sich herausschlagen.

Häufig wird daher der gut beratene Abgemahnte nur eine modifizierte Unterlassungserklärung abgeben, die jedoch zwei grundlegende Bedingungen erfüllen muß: Erstens muß sie die Wiederholungsgefahr beseitigen; dies geschieht nicht durch Reueerklärungen, sondern durch die Vertragsstrafe, die vereinbart wird. Zweitens muß die Vertragsstrafe so hoch sein, daß sich eine Wiederholung der Verletzungshandlung offensichtlich nicht mehr lohnt. Die Vertragsstrafe erfüllt damit nicht nur die Funktion einer Sanktionsandrohung, sondern auch die eines pauschalierten Mindestschadenersatzes für den Abmahner. Der Abgemahnte wird ein großes Interesse haben, nur soviel zuzugestehen, daß diese Bedingungen erfüllt sind; der Abmahner dagegen wird eher auf „Nummer sicher" gehen wollen und so viel wie möglich fordern.

Kuse nennt folgende Punkte, in denen sich Abänderungsmöglichkeiten anbieten:[288]

*1. Bei mehreren voneinander trennbar abgemahnten Verletzungshandlungen kann es sich zum Zweck der Streitwertminderung anbieten, nur eine Teilunterwerfungserklärung abzugeben, wenn dadurch die Wiederholungsgefahr für alle Verstöße ausgeräumt wird.*

*2. Auch eine räumliche Begrenzung der Unterlassungserklärung bei nur räumlich begrenzter Wiederholungsgefahr ist denkbar, allerdings nicht bei Verstößen im Zusammenhang mit weltweiten Computernetzwerken.*

*3. Einer unnötigen Einschränkung der Geschäftstätigkeit durch die Unterlassungserklärung kann auch dadurch begegnet werden, daß die Verletzungshandlung konkreter gefaßt wird. Dabei ist zu beachten, daß nach dem BGH sich die Unterwerfungserklärung auf alle „maßgebenden charakteristischen Merkmale" der Verletzungshandlung erstrecken muß. Es müssen daher bei der Abfassung Abweichungen in der äußeren Gestaltung der Verletzungshandlung berücksichtigt, aber auch abgeänderte Inhalte über andere Firmen und Produkte erfaßt werden.*

*4. Eine überzogene Vertragsstrafe kann auf ein erträgliches Maß herabgesetzt werden. Durch den niedrigeren Betrag darf sich der Verstoß aber nicht kostenrechnerisch lohnen. Der Abgemahnte darf allerdings den Begünstigten der Vertragsstrafe nicht ändern. Die Vertragsstrafe muß im Falle einer wiederholten Verletzung an den Abmahner zu zahlen sein.*

*5. Wenn der Abmahner den Ausschluß des Fortsetzungszusammenhangs bei der strafbewehrten Unterlassungserklärung verlangt (,,... für jeden Fall der Zuwiderhandlung unter Ausschluß des Fortsetzungszusammenhangs eine Vertragsstrafe in Höhe von ... zu zahlen ..."), ist der Abgemahnte berechtigt, diesen Ausschluß aufzuheben. Hintergrund ist die Tatsache, daß in der Regel vom Abgemahnten nicht nur ein Wettbewerbsverstoß begangen worden ist, der jetzt beanstandet wird, sondern vielmehr in einem zeitlichen Zusammenhang mehrere Verstöße begangen wurden, von denen jetzt einer zufällig Anlaß der Abmahnung ist. Unterschreibt der Abgemahnte die Unterlassungserklärung unter Ausschluß des Fortsetzungszusammenhangs, so läuft er Gefahr, durch die anderen Verstöße die Vertragsstrafe zu verwirken. Daher sollte von der Übernahme dieser Formulierung in die modifizierte Unterlassungserklärung dringend abgeraten werden. Dadurch ist die Beseitigung der Wiederholungsgefahr nicht in Frage gestellt; die Unterlassungserklärung erfüllt nach wie vor ihren Zweck. Gleichzeitig können mehrere in einem Fortsetzungszusammenhang stehende gleichartige Einzel-*

---

[288] Online im Internet: http://transpatent.com/leif/abmahn-faq-4.html#5.1.Die (sic!), Abs. 16

*handlungen (z.B. dieselbe Werbeaktion in verschiedenen Städten in einem begrenzten Zeitraum) zu einer einheitlichen Zuwiderhandlung zusammengefaßt werden und entfalten daher keinen Einfluß mehr auf die Verwirkung der Vertragsstrafe.*

*6. Auch ist zu prüfen, ob die modifizierte Unterlassungserklärung einen Haftungsausschluß für Erfüllungsgehilfen gemäß § 278 BGB enthalten kann. Dies ist insbesondere bei Unternehmern der Fall, die trotz ausdrücklicher Weisung nicht dafür garantieren können, daß sich die Angestellten an das Strafversprechen halten. Allerdings ist bislang nicht einheitlich geklärt, ob ein solcher Ausschluß zulässig ist, also ob der Abmahner sich darauf einlassen muß. Daher ist insofern auch die Rechtsprechungspraxis eines möglicherweise zuständigen Gerichtes zu beachten.*

*7. In jedem Fall ist die Anerkenntnis der in der Abmahnung geltend gemachten Schadenersatzforderung sowie die Übernahme der verlangten Abmahnkosten nicht mit in die modifizierte Unterlassungserklärung aufzunehmen. Die Unterlassungserklärung wird dadurch trotz der möglichen Rechtmäßigkeit der Forderung nicht unwirksam. Auch sollte die Anerkennung einer Rechtspflicht ausgeschlossen werden. Der Abmahnende muß dann klagen, um an die Kosten zu kommen, und der Streitwert dieser Klage besteht lediglich in Höhe der Kosten, wobei in diesem Verfahren auch noch die Höhe der geltend gemachten Kosten bestritten werden kann, und zwar sowohl hinsichtlich des Streitwerts als auch hinsichtlich der angesetzten Gebühr. Dieses Vorgehen kann den Elan eines Abmahners ungemein hemmen.*

*8. Enthält die Abmahnung keine Vertretungsbefugnis (z.B.: Vertretungsbefugnis des Anwalts durch den abmahnenden Konkurrenten), so kann die Abgabe der Unterwerfungserklärung von dem Nachweis der Vertretungsbefugnis des Abmahnenden abhängig gemacht werden.*

*9. Auf die Strafbewehrung („... für jeden Fall der Zuwiderhandlung ...DM Vertragsstrafe zu zahlen ...") kann nur dann verzichtet werden, wenn eine sogenannte Erstbegehungsgefahr ausgeräumt werden soll. Das ist immer dann der Fall, wenn die Abmahnung schon allein auf die bloße Ankündigung eines Wettbewerbsverstoßes erfolgt, also präventive Wirkung entfalten soll, die eigentliche Handlung aber noch nicht erfolgt ist. Hier reicht die umfassende Rückgängigmachung der Ankündigung, um die Erstbegehungsgefahr auszuräumen.*

*10. Zudem sollte gleichzeitig der Streitwert bestritten werden, der gerne zu hoch angesetzt wird, weil er Grundlage der Kostenberechnung ist. Allerdings ist zu beachten, daß dieser auch schon bei leichtesten Verstößen im Wettbewerbsrecht schnell eine sechsstellige Höhe erreichen kann.*

*11. Hilfreich ist manchmal, dem Abmahner die eigene Verwunderung über die Abmahnung kundzutun und gleichzeitig die Vermutung zu äußern, die Abmahnung diene vorwiegend zur Erzeugung von Anwaltsgebühren. Wird auf einen solchen Einwand hin auch im Prozeß nicht substantiiert widersprochen, hat man die Chance, die Abmahnung gemäß § 13 Abs.5 UWG als mißbräuchlich zu entlarven und das Verfahren zu seinen Gunsten zu entscheiden.*

Nicht abzugeben braucht man die geforderte Unterlassungserklärung, wenn man von einem Dritten bereits für dieselbe Verletzung erfolgreich abgemahnt wurde und diesem gegenüber bereits eine Unterlassungserklärung abgegeben hat, die die o.g. Anforderungskriterien erfüllt.

Diese Antwort jedoch befreit den Abgemahnten nur dann von der Zahlungspflicht für die gegnerischen Anwaltskosten, wenn man dem Abmahner beweisen kann, daß er von der Abmahnung durch den Dritten sowie der nachfolgend vom Verletzer ausgefertigten Unterlassungserklärung Kenntnis hatte.

In diesem Zusammenhang kommen allerdings immer wieder Abgemahnte auf die vermeintlich gute Idee, eine Unterlassungserklärung gegenüber einem befreundeten Mitbewerber bereits im voraus zu erstellen, um für spätere Abmahnungen nicht so freundlich gesonnener Konkurrenten gewappnet zu sein. Dieses Verhalten ist ein Schuß, der schnell nach hinten losgeht, da vor Gericht häufig schon geringe Anzeichen ausreichen, die Erklärung dem Dritten gegenüber als nicht ernsthaft gemeinte, vorsichtshalber getätigte Erklärung anzusehen.

## 4.1.4 Einstweilige Verfügung und Schlußschreiben

Der Vollständigkeit halber muß an dieser Stelle auch die einstweilige Verfügung dargestellt werden. In der Mehrzahl der wettbewerbs-, marken- oder kennzeichenrechtlichen Streitigkeiten geht es primär um die Durchsetzung eines Anspruchs auf Unterlassung. Um einen effektiven Rechtsschutz gegen die Verletzung zu erreichen, kommt es nicht zuletzt auch auf die Geschwindigkeit an, mit der dieser verfügbar wird. Wie geschildert wird daher zumeist auf einen freundlichen Hinweis verzichtet und als erster Schritt die Abmahnung im Verbund mit der Forderung zur Abgabe einer strafbewehrten Unterlassungserklärung eingesetzt.

Werden die in der Abmahnung geltend gemachten Forderungen nicht oder nur unzureichend erfüllt, besteht grundsätzlich die Möglichkeit, eine Unterlassungsklage bei Gericht einzureichen. Angesichts der chronischen Überlastung der Gerichte ist dann allerdings nicht vor Ablauf von Monaten oder gar Jahren mit einer Entscheidung zu rechnen – von einem effektiven Rechtsschutz kann somit nicht mehr die Rede sein.

Aus diesem Grund gibt es das Instrument der einstweiligen Verfügung, die einen Rechtsstreit schnell, aber nur vorläufig regeln soll, und zwar bis zur endgültigen Klärung in einem Hauptsacheverfahren.

Aufgrund der Zielsetzung einer möglichst schnellen Regelung im Sinne eines effektiven Rechtsschutzes ergeben sich im Rahmen der einstweiligen Verfügung einige Besonderheiten, auf die Steinherr und Vogt hinweisen:[289]

---

[289] Steinherr/Vogt, *Die einstweilige Verfügung.* Online im Internet: http://www.anwaltsinfo.de/
Wettbewerbsrecht/Die_einstweilige_Verfugung/body_die_einstweilige_verfugung.html

*Der Antragsteller bestimmt das Verfahren durch das Einreichen des Antrages maßgeblich. Die meisten einstweiligen Verfügungen ergehen durch die Gerichte ohne mündliche Verhandlung innerhalb von wenigen Tagen. In diesen Fällen erfährt der Antragsgegner regelmäßig nichts von dem Antrag, d.h., er hat auch keine Möglichkeit, sich im Verfahren zu äußern. Dies erscheint so manchem, der plötzlich per Gerichtsvollzieher eine einstweilige Verfügung überreicht bekommt, sehr bedenklich. Solche Überlegungen müssen aber hinter dem Anspruch auf die Gewährung effektiven, d.h. schnellen Rechtsschutzes zurückstehen.*

*Glaubhaftmachung statt Beweis: Die Gewährung schnellen Rechtsschutzes erlaubt keine langwierigen Beweisaufnahmen. Daher müssen die Tatsachen, die den Anspruch begründen, vorläufig nur glaubhaft gemacht werden. Der Begriff „glaubhaft" bedeutet hier einen geringeren Grad an Wahrscheinlichkeit, als ein Beweis erfordert. Die Mittel zur Glaubhaftmachung sind die Vorlage von Urkunden und die Versicherung an Eides statt. Daneben kommt die Vorlage von Kopien, Parteigutachten, etc. in Betracht. In einem Hauptsacheverfahren (Klage) müssen die glaubhaft gemachten Tatsachen, soweit sie zwischen den Parteien streitig sind, bewiesen werden.*

Der Antragsteller kann durch Glaubhaftmachung seines Anspruchs binnen weniger Tage die einstweilige Verfügung gegen den Abgemahnten erlangen. Die Dringlichkeitsvermutung der Entscheidung ist dabei zwingende Grundlage, sie wird bei Wettbewerbsstreitigkeiten nach § 25 UWG allerdings regelmäßig zugunsten des Antragstellers vermutet.

Diese Eilbedürftigkeit ist jedoch widerlegbar. Wenn der Abmahnende nach Ablauf der Frist, die er selber in der Abmahnung gesetzt hat, oder nach positiver Kenntnis der Verletzung zu lange wartet, hat er durch sein eigenes Verhalten gezeigt, daß es ihm nicht so dringlich ist. Der Zeitraum kann dabei allerdings nicht exakt spezifiziert werden; Erfahrungen zeigen, daß eine Wartezeit von vier Wochen in aller Regel noch nicht schädlich ist. Wenn besondere Faktoren eintreten, die ein weiteres Abwarten sinnvoll erscheinen lassen, kann auch eine erheblich längere Wartezeit unschädlich sein. Jedoch kann keine Dringlichkeitsvermutung bestehen, wenn eine zeitnahe Wiederholung der Verletzung nicht möglich ist, so z.B. bei Werbemaßnahmen zum Jahrtausendwechsel.

Bedingt durch die Besonderheit der Vorläufigkeit kann die einstweilige Verfügung aber die Hauptsache nicht vorwegnehmen. Im Fall der Streitigkeit über eine Domain beispielsweise kann zwar die Nutzung der Domain per einstweiliger Verfügung untersagt werden; der Anspruch der Übertragung der Domain jedoch bleibt dem Hauptsacheverfahren vorbehalten.

Nicht übersehen werden darf jedoch, daß häufig der Erlaß einer einstweiligen Verfügung bereits eine Vorentscheidung darstellt, die faktisch der Entscheidung der Hauptsache entspricht. Die Vorläufigkeit der einstweiligen Verfügung hat nur Auswirkungen auf die tatsächlichen Feststellungen, nicht aber auf die Beurteilung der zugrunde liegenden Rechtsfrage. Da der Abgemahnte vor dem Erlaß einer einstweiligen Verfügung in aller Regel nicht gehört wird, ist er in einer schlechten Ausgangsposition.

Wenn die einstweilige Verfügung zugestellt wurde, ist sie wirksam. Da die Zustellung in vielen Fällen für den Betroffenen überraschend kommt, stellt sich die Frage, wie gegen die Verfügung rechtlich vorgegangen werden kann. Dabei gilt als Grundsatz, daß die einstweilige Verfügung mit der Zustellung rechtmäßig vollzogen ist und befolgt werden muß, will man nicht die Festsetzung eines Ordnungsgeldes riskieren.

Wurde die einstweilige Verfügung ohne Anhörung des Betroffenen erlassen, kann dieser Widerspruch einlegen, allerdings ohne aufschiebende Wirkung. Auf Antrag kann der Vollzug der Verfügung vom Gericht bis zur Entscheidung über den Widerspruch ausgesetzt werden; dies geschieht aber nicht automatisch. Da über den Widerspruch dasselbe Gericht entscheidet wie schon zuvor über den Antrag auf Erlaß einer einstweiligen Verfügung, ist die Erfolgsaussicht des Widerspruchs direkt davon abhängig, inwieweit der Tatsachenvortrag des Antragstellers in Frage gestellt werden kann. Ohne diesen Tatsachenvortrag zu erschüttern, erscheint ein Widerspruch nicht sehr sinnvoll, es sei denn, er wird aus grundsätzlichen Erwägungen eingelegt, um z.B. in einem späteren Berufungsverfahren ein höheres Gericht anzurufen, oder aufgrund vorher nicht erfolgter Abmahnung die Kostenlast der einstweiligen Verfügung als unangebracht hoch in Zweifel zu ziehen. Teilweise wird der Antrag auf Aussetzung auch nur gestellt, um bereits hergestellte Werbemittel noch aufbrauchen zu können, aber dies ist aus verständlichen Gründen ein riskantes Unterfangen.

Da das Verfahren der einstweiligen Verfügung den Antragsteller begünstigt, kann der Antragsgegner diesen zur Eröffnung eines Hauptverfahrens zwingen, in dem das Gericht über die offenen Fragen entscheiden muß. Dies ist aber sicherlich auch nur dann sinnvoll, wenn entsprechende Argumente gegen den Tatsachenvortrag vorgebracht werden können. Wenn sich die Voraussetzungen für die einstweiligen Verfügung in der Zwischenzeit so geändert haben, daß die Verfügung ihren Sinn verloren hat, kann die Aufhebung beim Gericht beantragt werden.

Selbst dann, wenn keine Widerspruchsmittel nach Erlaß der einstweiligen Verfügung in Anspruch genommen werden sollen, ist die Angelegenheit damit noch nicht erledigt. Häufig wird in diesem Instrument des vorläufigen Rechtsschutzes die abschließende Klärung von Rechtsfragen erreicht; während die Tatsachen vor dem Erlaß der einstweiligen Verfügung nur summarisch bewertet werden, ist dennoch die rechtliche Bewertung endgültig. Da es zumeist genau darum ging, wird der Antragsteller einen formalen Schluß des Verfahrens erwirken wollen: Wenn der Antragsgegner sich nach Erhalt der einstweiligen Verfügung nicht rührt, droht ihm ein Schlußschreiben des Antragstellers, das wiederum Kosten verursacht.

Dies ist nicht als böse Absicht zu verstehen, sondern dient dem berechtigten Schutz des Antragstellers. Der Erlaß einer einstweiligen Verfügung unterbricht nicht die Verjährung nach § 21 UWG – wartet der Antragsteller nach dem Erlaß der einstweiligen Verfügung mehr als sechs Monate, kann der Antragsgegner die Verfügung allein mit der Einrede der Verjährung zu Fall bringen. Schon aus diesem Grund muß sich der Antragsteller rechtzeitig Gewißheit verschaffen, ob er die Hauptsacheklage einreichen muß, um seine Ansprüche zu wahren, oder nicht. Er wird sich daher mit der Forderung nach einem Abschlußschreiben an den Empfänger der einstweiligen Verfügung richten und ihn auffordern, schriftlich auf alle Rechtsmittel gegen die Verfügung zu verzichten, um die Auseinandersetzung so endgültig zu beenden.

Das Abschlußschreiben verursacht nicht unerhebliche Zusatzkosten bei erhöhtem Streitwert, die vermieden werden können, wenn sich der Antragsgegner der einstweiligen Verfügung unterwerfen will. Er kann sich, normalerweise binnen vier Wochen nach Erhalt der einstweiligen Verfügung – sofern nicht eine frühere Verjährung droht –, an den Antragsteller wenden und seinerseits ein Abschlußschreiben etwa des von Kuse benannten Inhalts fertigen:[290]

*Hiermit erkenne ich die einstweilige Verfügung vom [Datum] in Sachen [Antragsteller ./. Antragsgegner (Sie)] [Aktenzeichen] als endgültige Regelung an und verzichte auf die Einlegung des Widerspruchs (§ 924 ZPO), auf das Recht der Fristsetzung zur Erzwingung der Hauptsacheklage (§ 926 ZPO) und auf die Rechte aus § 927 ZPO für solche Einwendungen, die schon im Zeitpunkt der Zustellung der Beschlußverfügung entstanden waren.*

## 4.1.5  Abwehr einer unberechtigten Abmahnung

In jedem Fall wird die berechtigte Abmahnung zu einer recht kostenintensiven Angelegenheit, da Vertragsstrafen von wenigen hundert Mark natürlich nicht dazu geeignet erscheinen, die Wiederholung zu verhindern; hier sind Beträge von 5.000 DM aufwärts üblich. Diese Kosten entstehen nur im Fall des Verstoßes gegen die abgegebene Unterlassungserklärung; ständig entstehen jedoch die Anwaltskosten als Ersatz der Aufwendungen des Abmahnenden durch den Abgemahnten, die sich auf der Basis des Streitwerts errechnen. Dieser Streitwert beläuft sich bei einfachen Sachverhalten in der Praxis häufig auf 10.000 bis 50.000 DM, bei Markenrechtsstreitigkeiten, die im Internet derzeit sehr häufig anzufinden sind (s.o.), jedoch kaum unter 100.000 DM.

Während die Abmahner (und natürlich ihre Anwälte) ein großes Interesse an hohen Streitwerten haben, verschlechtern viele Abgemahnte ihre Ausgangssituation bei solchen Streitigkeiten in ihrem verständlichen Interesse an Kostenminimierung noch weiter. Sicherlich gibt es im Internet zahlreiche Informationsangebote zu Rechtsfragen, speziell des Online-Rechts und der Abmahnungen. Diese können aber lediglich einen ersten Überblick verschaffen und nicht das Gespräch mit einem fachkundigen Anwalt ersetzen, auch wenn dieses Kosten verursacht. Erfahrungsgemäß gibt es die beiden Kategorien der Einzelabmahnung und der breit gestreuten Serienabmahnung. Die Qualität der Abmahnung steigt dabei mit der Nähe zum Einzelfall, so daß bei serienmäßig verschickten Standardschreiben doch überproportional häufig gute Verteidigungs- und Kostensenkungsmöglichkeiten bestehen. Ins-

---

[290] Online im Internet: http://transpatent.com/leif/abmahn-faq-8.html#8.Gegen (sic!), Abs. 26

besondere die vom Abmahner in solchen Fällen verlangten strafbewehrten Unterlassungserklärungen sind häufig von dem Gedanken geprägt, möglichst viel für den Verletzten herauszuholen – und häufig genug insgesamt noch nicht einmal berechtigt. Es ist daher dringend davon abzuraten, die Einschätzung allein vornehmen zu wollen, ob die Abmahnung nun überhaupt berechtigt ist oder nicht. Die im Akzeptanzfall anfallenden Kostenerstattungen für den Anwalt des Abmahners werden in den meisten Fällen deutlich über der Erstberatungsgebühr für den eigenen Anwalt liegen.

Liegt jedoch als Ergebnis einer entsprechenden Eingangsprüfung eine unbegründete Abmahnung vor, ist der Abgemahnte keineswegs verpflichtet, darauf zu reagieren. Weder hat er eine Aufklärungs- oder Reaktionspflicht, noch muß er die Kosten des Abmahnenden übernehmen oder gar Schadenersatz leisten; ein Prozeßkostenrisiko entsteht nicht. Liegt gar ein Verschulden des Abmahners vor, können die Kosten für die Rechtsberatung, die der Abgemahnte zur Einschätzung der Situation aufwenden mußte, dem Abmahner in Rechnung gestellt werden.

Allerdings geht der untätige Abgemahnte das Risiko ein, dann doch plötzlich von dem Erlaß einer einstweiligen Verfügung überrascht zu werden, weil die Abmahnung nicht ganz offensichtlich unbegründet war und das Gericht allein nach dem Vortrag des Klägers entscheidet – hier bleibt ihm nur der Widerspruch, um nach der Beschlußfassung entsprechende Einreden geltend zu machen. Um dieses Risiko zu vermeiden, sollte zumindest von der Möglichkeit einer Schutzschrift Gebrauch gemacht werden, die bei jedem vernünftigerweise für die einstweilige Verfügung in Betracht kommenden Gericht hinterlegt wird. Die Schutzschrift enthält alle Einreden gegen den erwarteten Verfügungsantrag und den Antrag auf Zurückweisung des gegnerischen Antrags sowie hilfsweise den Antrag, nicht ohne mündliche Verhandlung über den entsprechenden Verfügungsantrag zu entscheiden. Die Kosten dieser Schutzschrift belaufen sich auf die eigenen Anwaltskosten; sie hat der Unterlegene zu tragen.

Wer jedoch einen sicheren Rechtsschutz sucht, sollte den Weg der negativen Feststellungsklage wählen. Damit nimmt man selber das Heft in die Hand und kann den weiteren Verlauf der Dinge erheblich mitbestimmen, wenn die Entscheidung zugunsten einer Abwehr des Anspruches gefallen ist und eine gute Aussicht auf Rechtsverteidigung besteht. Kuse benennt die vier greifbaren Vorteile, die sich für den Kläger aus der negativen Feststellungsklage ergeben:[291]

*1. Insbesondere bei Verstößen im Internet kann die negative Feststellungsklage vor einem Gericht eigener Wahl erhoben werden.[292] Zu beachten sind nur die Spezialzuständigkeiten. Wer die Rechtsprechung verfolgt, wird feststellen,*

---

[291] Online im Internet: http://transpatent.com/leif/abmahn-faq-6.html#7.Was (sic!)

[292] Grund dafür ist die Tatsache, daß bei Wettbewerbsverstößen der Gerichtsstand des Begehungsortes nach § 32 ZPO gilt. Zuständig ist demnach das Gericht, in dessen Bezirk die Handlung begangen wurde bzw. als Erfolgsort der Verstoß im Internet sichtbar wurde. Bei mehreren Erfolgsorten wie beim Internet besteht die Zuständigkeit an jedem Ort alternativ. (Fußnote im Original, d.Verf.)

*daß die Gerichte unterschiedlich erlaßfreudig sind und durchaus unterschiedliche Auffassungen haben.*

*2. Sie bestimmen erst mal den Streitwert.*

*3. Sie bzw. Ihr Anwalt geben den Gang der Dinge vor und setzen schon einmal die ersten Schwerpunkte. Angriff ist bekanntlich die beste Verteidigung und auch bei Richtern ist der Wert des ersten Eindrucks nicht wegzuleugnen. Und schließlich dokumentieren Sie dem Gericht Ihre Entschlossenheit, was den Wert der Darlegungen erhöht und die Berufung befürchten läßt.*

*4. Es besteht also durchaus die Möglichkeit, die Standard-Abmahner an ein anderes ggf. gemeinsames Gericht zu ziehen mit der Folge, daß diese ihren Heimvorteil verlieren würden.*

## 4.2  Markenrechtsstreitigkeiten im Internet

Markenrechtliche Streitigkeiten, die auf einer Nutzung fremder Marken und Kennzeichen im Internet beruhen, sind keineswegs ein rein deutsches Problem und erstrecken sich häufig über kontinentale Grenzen hinweg.[293] Bekannt wurde hier vor allem die Auseinandersetzung zwischen dem US-amerikanischen Spielzeugvertrieb eToys (www.etoys.com) und der Schweizer Künstlergruppe Etoy (www.etoy.com) von November 1999 bis Februar 2000, die zur zeitweisen Abschaltung der Domain der Künstlergruppe durch Network Solutions führte. Die Schweizer Künstlergruppe konnte sich durchsetzen; nicht immer aber gehen in diesem Bereich die Rechtslage und das Rechtsempfinden Hand in Hand.

Ein großes Problem für kleine und mittlere Betriebe sowie Selbständige und Freiberufler kann damit eine Abmahnung werden, die aufgrund eines Hyperlinks oder einer Angabe auf der selbst erstellten Website zu einer markenrechtlichen Abmahnung führt – liegen doch schon die Anwaltskosten für eine Abmahnung beim Streitwert von 100.000 DM bei rund 1.900 DM. Dazu kommen die Kosten für die eigene Rechtsberatung des Abgemahnten; dies führt in vielen Fällen zur Abgabe der geforderten Unterlassungserklärung allein schon, um noch höhere Kosten zu vermeiden – und dies häufig ohne jegliche Prüfung der Zusammenhänge.

Betrachtet man jedoch die aktuelle Abmahnpraxis bei Internet-Markenrechtsstreitigkeiten in Deutschland, fallen verschiedene Kategorien von Auswüchsen auf, die nachfolgend an jeweils einem Beispiel näher vorgestellt werden. Diese Problembereiche haben erhebliche Auswirkungen auf die Art und Weise, wie man mit einer Abmahnung verfahren sollte, die man auf einer solchen Grundlage bekommen hat.

---

[293] Weitere Nachweise zur eToy-Auseinandersetzung sowie zahlreichen weiteren marken- und kennzeichenrechtlichen Streitigkeiten auf Internet-Basis finden sich bei ®tmark: Corporate aggression and the internet. Online im Internet: http://rtmark.com/netabuse.html

## 4.2.1 Streitwert

Die deutlichste Beeinflussung eines Abgemahnten nimmt die Kostennote des gegnerischen Anwalts vor. Diese bemißt sich nach dem Streitwert. Der Streitwert wird nach zahlreichen Kriterien wie der Gefährlichkeit des Abgemahnten, der Bedeutung der Verletzung, der Nachahmungsgefahr etc. vom Abmahnenden bemessen – somit auf Basis einer Reihe von Kriterien, die im Einzelfall nur begrenzt nachprüfbar sind. An sich ist der Streitwert abhängig vom Zeitpunkt der Verletzung, allerdings wenden selbst die Gerichte ihr wegen der Auffangnorm des § 3 ZPO bestehendes Ermessen sehr unterschiedlich an; eine Streitwertherabsetzung ist im Verfahren ebenso möglich wie eine Streitwertheraufsetzung.

Das Problem entsteht jedoch nicht erst bei der Verhandlung vor Gericht, sondern schon ganz am Anfang: Da der Streitwert allein vom Abmahnenden festgesetzt wird, kommen insbesondere bei wettbewerbsrechtlichen Streitigkeiten Streitwerte von mindestens 100.000 DM, häufig auch weit höher, vor. Da die rechtliche Grundlage der Abmahnung nur im Gerichtsverfahren geklärt werden kann, ist es von der finanziellen Leistungsfähigkeit des Abgemahnten abhängig, ob er allein aus Kostengründen bereits der Abmahnung nachgibt oder die Klärung der Hauptsache finanzieren kann. Dies führt zu tragischen Entwicklungen vor dem Hintergrund des Internet – einerseits können Verletzungen ohne großen Aufwand über eine Suchmaschine gefunden werden, andererseits besteht bei zahlreichen angeblichen Verletzern aus verständlichen Gründen nicht das geringste Schuldbewußtsein: Da der Streitwert ausschließlich dem klägerischen Interesse, also dem Wert der Marke oder des Unternehmens, entspringt, kann er auch gegenüber einem Fanclub, der eine Marke ohne Böswilligkeit verletzt hat, schnell eine halbe Million DM betragen. Angesichts der erheblichen Kostennote des Anwalts ist dann in vielen Fällen für die Abgemahnten eine Abwehr aus Kostengründen unmöglich. Hier steht der Schutz der Unternehmensinteressen in keiner Relation zum Schaden, der durch die Abmahnung entstanden ist – und auch nicht zur Einnahme des abmahnenden Anwalts.

Werden die o.g. Faktoren zudem ergänzt von einer „Handelsmentalität" des abmahnenden Anwalts, kann eigentlich nur noch von Selbstbedienung, nicht mehr aber von einem Instrument vorläufigen Rechtsschutzes gesprochen werden. Auf der Basis von § 3 Abs. 5 BRAGO kann ein Anwalt in außergerichtlichen Angelegenheiten Pauschal- und Zeitvergütungen vereinbaren, die niedriger als die gesetzlich festgesetzten Gebühren sind. Solche Vereinbarungen müssen jedoch grundsätzlich gewisse formale Kriterien erfüllen; sie müssen z.B. Schriftform haben und zeitlich vor der Mandatserteilung vereinbart sein. Es erscheint jedoch höchst unseriös, wenn ein abmahnender Anwalt beginnt, wie auf einem Marktplatz um seine Kostennote zu handeln, wenn der Abgemahnte die Unterlassungserklärung ohne Anerkennung einer Rechtspflicht, gleichwohl rechtsverbindlich, unter Verwahrung gegen die Kosten abgibt – der Begriff des „Jahrmarkts der Gebühren" ist unter Juristen nicht unbekannt.

Die Fälle bedenklicher Abmahnverfahren haben sich, angefangen mit den zahlreichen Abmahnungen rund um „D-Info" von Topware (vgl. Kap. 1.3), gehäuft; im folgenden werden verschiedene Beispiele zur Verdeutlichung der aktuellen Abmahnproblematik dargestellt, die insgesamt in der Zwischenzeit den Begriff der „Internet-Abmahnindustrie" geprägt haben.[294]

## 4.2.2  „Webspace"

Der nachfolgend dargestellte Fall „Webspace" beinhaltet gleich mehrfach Aspekte, die auf die Einrichtung einer „Dummy-Marke" als Grundlage für Serienabmahnungen zum Zwecke des Geldverdienens hindeuten und damit ein Risiko insbesondere für kleine und mittlere Unternehmen bedeuten. Der Ablauf scheint einer klaren Typologie zu entsprechen; die kleineren und häufig damit sowohl kapitalschwächeren als auch juristisch selber wenig bewanderten Unternehmen werden mit Abmahnungen überzogen, denen sie aus bereits geschilderten Gründen recht schnell nachgeben; so sollen Tatbestände geschaffen werden, die einer Absicherung der „Dummy-Marke" dienen.

Als „Dummy-Marke" ist dabei eine Marke zu verstehen, die durch Ausnutzung der noch vorhandenen Unkenntnis beim Patent- und Markenamt angemeldet werden kann, obwohl sie sich in Internetkreisen bereits als klar beschreibend durchgesetzt hat; so hat es z.B. nicht an Versuchen gefehlt, den Begriff „Internet" als Marke schützen zu lassen. Tatsächlich wurde er auch zweimal eingetragen: Einmal für „bespielte Audiokassetten, bespielte Videokassetten, Druckerzeugnisse, Musikproduktion, Filmproduktion" sowie ein zweites Mal für „Veranstaltung und Vermittlung von Reisen".[295]

In diesem Fall wurde am 7. Juni 1999 der Begriff „Webspace" durch das DPMA unter der Nummer 398 06 414 für

*„Beratung, Konzeption und Gestaltung von Internetpräsentationen sowie Bereitstellung der für die Internetpräsentation benötigten Hard- bzw. Software sowie die Durchführung der technischen Umsetzung"*

in das Markenregister eingetragen. Auf Antrag des Markeninhabers vom 19. Juli 1999 wurde das Dienstleistungsverzeichnis bezüglich des Begriffes „Software" beschränkt und erhielt folgende Fassung:

*„Beratung, Konzeption und Gestaltung von Internetpräsentationen sowie Bereitstellung der für die Internetpräsentation benötigten Hardware sowie die Durchführung der technischen Umsetzung".[296]*

---

[294] Vgl. die Dokumentation bei Freedom for Links. Online im Internet:
http://www.freedomforlinks.de/Pages/absahn.html

[295] Damaschke, *Von Schiebern, Schmarotzern und Spekulanten*, Spiegel online 28.09.1999. Online im Internet: http://www.spiegel.de/netzwelt/politik/0,1518,44133,00.html

[296] Beschluß des DPMA vom 18.02.2000 zur Löschung der Wortmarke „Webspace". Online im Internet: http://www.transpatent.com/ra_krieger/webspace4.html

Die Veröffentlichung im Markenblatt erfolgte am 8. Juli 1999.[297] Die Marke sowie ihr Inhaber traten in der Öffentlichkeit ausschließlich durch die nachfolgenden Abmahnungen in Erscheinung; der Markeninhaber benutzte noch im Dezember 1999 für seine eigene Homepage den URL „http://home.t-online.de/home/kthielker/webspace.htm".[298]

Bekanntlich wird der Begriff „Webspace" mindestens seit 1994 glatt beschreibend von Hosting-Providern für die Bereitstellung von Speicherplatz auf einem ständig dem Internet angeschlossenen Rechner benutzt. Der Begriff war in Fachzeitschriften bereits üblich, wurde in Lehrbüchern eindeutig erläutert sowie in der Rechtsprechung verwendet.[299] Will man allerdings mit Abmahnungen als Anwalt Geld verdienen, bietet es sich zweifellos an, sich gerade eines bereits vielfach benutzen Begriffes zu bedienen – schließlich steigt damit die Zahl der potentiell Abmahnbaren sprunghaft an.

Der frisch gebackene Markeninhaber wartete gerade den Zeitraum bis zur Veröffentlichung ab, um dann einen der in Abmahnverfahren einschlägig bekannten Anwälte zu bedienen; er beauftragte den Münchner Anwalt Günther Frhr. v. Gravenreuth mit der Wahrnehmung seiner diesbezüglichen Interessen. Die erste bekannt gewordene Abmahnung erfolgte unter dem Datum vom 15. Juli 1999, somit genau eine Woche nach Veröffentlichung der Eintragung.[300] In kurzer Folge überzog v. Gravenreuth eine Vielzahl von Providern mit Abmahnungen mit Streitwert von 50.000 DM und daraus resultierender Kostennote von rund 1.300 DM[301], die sich ihrerseits im Netz organisierten und zur Spendensammlung aufriefen, um gegen die offensichtlich unberechtigten Abmahnungen durch eine Löschungsklage beim DPMA vorzugehen.[302]

Die Löschung einer einmal eingetragenen Marke kann nur durch das Löschungsverfahren beim DPMA erfolgen, nicht jedoch in einer Hauptsacheverhandlung auf Basis einer Abmahnung. So zeigte das LG Bochum[303] bereits die richtige Richtung, als es dem Widerspruch eines Providers stattgab und in der Begründung ausführte, daß der Begriff lediglich beschreibend sei und zudem bei Verwendung auf Webseiten, anders als bei der Beantragung als Domain, keinerlei Blockadefunktion besitze.[304]

---

[297] Vgl. Freedom for Links, *„Webspace": Chronologie des Löschungsverfahrens*. Online im Internet: http://www.freedomforlinks.de/Pages/loesch.html

[298] LG München I, Urteil vom 08.12.1999, Az. 9 HKO 14840/99, „Webspace".

[299] Krieger: *Antrag auf Löschung der Marke Nr. 398 06 414.8/42 „Webspace"*. Online im Internet: http://www.transpatent.com/ra_krieger/webspace1.html

[300] Online im Internet: http://www.freedomforlinks.de/Pages/abgemahnt.html

[301] Heise Newsticker, Abmahnungen gegen „Webspace"-Anbieter, 16.07.1999. Online im Internet: http://www.heise.de/newsticker/result.xhtml?url=/newsticker/data/fm-16.07.99-001/default.shtml&words=Webspace

[302] Online im Internet: http://www.netscouts.de/host/info/abmahn.php3

[303] LG Bochum, Urteil vom 14.10.1999, Az. 14 O 120/99, „Webspace"

[304] Heise Newsticker: *„Webspace"-Abmahnung abgewehrt*, 18.10.1999. Online im Internet: http://www.heise.de/newsticker/result.xhtml?url=/newsticker/data/nl-18.10.99-000/default.shtml&words=Webspace

Die Seriosität, mit der anwaltlich der „hochrangige Schutzbedarf der eingetragenen Marke" durchgesetzt wurde, läßt sich süffisant an der Website des abmahnenden Anwalts darstellen – anstatt damit zu argumentieren, daß der Begriff deswegen
schon schützenswert sei, weil er in deutschsprachigen Lexika nicht vorkomme,
hätte ein Blick auf die eigene Webpage genügt. Noch bis zum 28. Juli 1999, also
13 Tage nach der ersten durch v. Gravenreuth verschickten Abmahnung, befand
sich auf der anwaltlichen Homepage folgende Eintragung:[305]

*LG München I, „Nacktfoto III" [new] (Az. 21 O 22055/98)*
*Der Antragsgegner ist ein Deutscher. Er hat bei einem Provider in Österreich*
*(Vgl. LG München I, „Nacktfoto II") Webspace in Anspruch genommen und*
*hirauf Nacktfotos der Antragstellerin veröffentlicht [...][306]*

Nach eigenem Vorbringen bezeichnet der Begriff „Webspace" aber gerade nicht den
abzurechnenden Plattenspeicher bei einem Provider, sondern – und dies als Beispiel
für die Verrenkungen, die nötig erscheinen, solche Begriffe überhaupt als Marke
darstellen zu können – eigentlich etwas ganz anderes, wie der Heise Newsticker
berichtete:[307]

*Von Gravenreuth dagegen argumentiert im Auftrag seines Lünener Mandanten,*
*der sich im Februar letzten Jahres die Marke „Webspace" beim Deutschen*
*Patent- und Markenamt hat eintragen lassen, „Web" sei wörtlich mit „Netz" und*
*sinngemäß mit „Internet" zu übersetzen. „Space" stehe für „Raum", und da das*
*Internet nicht greifbar sei, gebe es keinen „Netzraum" beziehungsweise „Inter*
*netraum". Es handele sich mithin nicht um einen beschreibenden, sondern um*
*einen sprachregelwidrigen fremdsprachlichen Begriff, dem folglich Kennzeich*
*nungsfähigkeit zukomme. Darüber hinaus sei in 14 aktuellen Fachlexika der*
*Begriff nicht zu finden.*

Im günstigsten Fall für die Betroffenen können zwei Dinge passieren – einmal wird
die Serienabmahnung von einem Gericht als rechtsmißbräuchlich, da offensichtlich
zum Zwecke des Geldverdienens, beurteilt, und zum zweiten kann der Löschungsantrag gegen die Marke beim DPMA Erfolg haben. Im Fall Webspace trat beides ein.
     Am 8. Dezember 1999 erging vor dem LG München ein Urteil im Hauptsacheverfahren um eine „Webspace"-Abmahnung an einen minderjährigen Schüler, der
durch seinen Vater vertreten wurde und die Abgabe der geforderten strafbewehrten
Unterlassungserklärung abgelehnt hatte:[308]

---

[305] Dokumentiert bei Freedom for Links, online im Internet:
       http://www.freedomforlinks.de/Pages/autsch.html
[306] Schreibweise wie im Original, d.Verf.
[307] Heise Newsticker, *Abmahnungen gegen „Webspace"-Anbieter*, 16.07.1999. Online im
       Internet:   http://www.heise.de/newsticker/result.xhtml?url=/newsticker/data/fm-16.07.99-
       001/default.shtml&words=Webspace
[308] LG München I, Urteil vom 08.12.1999, Az. 9 HKO 14840/99, „Webspace"

> *Die zulässige Klage ist nicht begründet. Jedenfalls nach zivilprozessualen Grundsätzen ist davon auszugehen, daß die hier zu beurteilende Abmahnung vom 02.08.1999 eine Serienabmahnung zum alleinigen Zweck des Geldverdienens ist. Dieser vom Kläger nicht bestrittene Sachvortrag des Beklagten ist auch durch weitere Indizien belegt, so daß die Kammer – zivilprozessual zwingend – von der Richtigkeit des Sachvortrags des Beklagten auszugehen hatte.*
>
> *Für in einem derartigen Fall geltend gemachte Abmahnkosten fehlt es aber an einer entsprechenden gesetzlichen Anspruchsgrundlage, insbesondere kann hier nicht Geschäftsführung ohne Auftrag – §§ 677 ff. BGB – herangezogen werden. Selbst wenn man diese Anspruchsgrundlage auch hier – entsprechend ständiger höchstrichterlicher Rechtsprechung zur Erstattung von Abmahnkosten – anwendete, so scheiterte die Durchsetzung des klägerischen Anspruchs wegen des einschlägigen Gesichtspunktes des individuellen und institutionellen Rechtsmißbrauchs, d.h. die klägerische Durchsetzung ist als unzulässige Rechtsausübung im Sinne von § 242 BGB anzusehen.*

Die weiteren Punkte in der Urteilsbegründung lassen den Schluß zu, daß die Klage auf gerichtliche Durchsetzung der Abmahnkosten auch dann abgewiesen worden wäre, wenn dem Anwalt nicht der Fehler unterlaufen wäre, einen gegnerischen Sachvortrag unwidersprochen zu lassen.

Erst im Februar 2000 führte die am 23. Juli 1999 formell beantragte Löschung der Wortmarke „Webspace" wegen mangelnder Unterscheidungskraft einer sachbezogenen Bezeichnung zum Erfolg[309] und setzte dem Spuk der diesbezüglichen Serienabmahnungen erst mal ein Ende.

## 4.2.3  „FTP-Explorer" vs. „SelfHTML"

Das Internet scheint sich derzeit zu einer Spielwiese für eine „Abmahnindustrie" zu entwickeln, auf der Links abgemahnt werden, die auf Websites verweisen, die potentiell gegen irgendjemandes Recht verstoßen. Im nachfolgend geschilderten Fall ist die Grundlage der regionale Markenschutz für die Marke „Explorer", deren Inhaber die Ratinger Firma Symicron GmbH ist, während für den US-amerikanischen Markt die FTPx Corporation Inhaber der Marke „FTP-Explorer"[310] ist (vgl. Abb. 4-1) ist. Der Begriff „Explorer" wäre in den USA wohl wegen seiner rein beschreibenden Funktion (Erkunder, Erforscher) nicht schutzfähig.

Rechtsvertreter für die Durchsetzung der Interessen des Markeninhabers ist – ohne die Vermutung eines Zusammenhanges zum vorhergehenden Fall – ebenfalls der Münchener Anwalt Frhr. v. Gravenreuth.[311]

---

[309] Beschluß des DPMA vom 18.02.2000 zur Löschung der Wortmarke „Webspace". Online im Internet: http://www.transpatent.com/ra_krieger/webspace4.html

[310] Online im Internet: http://www.ftpx.com/

[311] Weitere Nachweise bei Freedom for Links. Online im Internet: http://www.freedomforlinks.de/Pages/anfaen.html

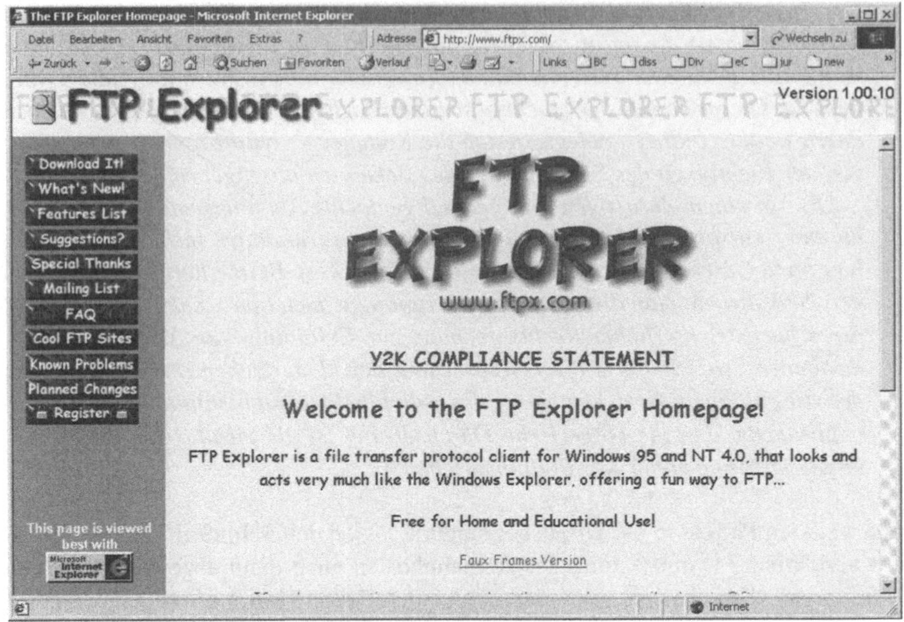

**Abb. 4-1:** Homepage der US-amerikanischen FTPx Corp.

Der Problembereich, der an diesem Beispiel dargestellt werden soll, ist nicht vorrangig die Frage der regional differierenden Ansprüche an eine Marke vor dem Hintergrund der grundsätzlichen Internationalität des Internet, sondern vielmehr, warum zahlreiche Störer vorrangig in Anspruch genommen werden, während der Hauptstörer während des ganzen Ablaufes bekannt war, und daß nach Ansicht des abmahnenden Markeninhabers vor dem Setzen eines Links eine Markenrecherche durchzuführen sei.

Hauptstörer ist im Zusammenhang mit den ausgewählten Abmahnungen in der Sache „Explorer" Stefan Münz, weithin bekannter Autor des deutschsprachigen Standardwerkes für HTML-Anwender „SelfHTML",[312] das auf seiner Website und zudem mit Genehmigung des Autors auf zahlreichen weiteren Servern zum Download angeboten wird.[313]

Vor diesem Hintergrund wurden zahlreiche vermeintliche Verletzer des hiesigen Schutzes mit einer Abmahnung bedacht, weil sie auf ihrer Website einen Link unter Nennung des Produktes „FTP-Explorer" installiert hatten, üblicherweise in einer Form, wie sie Abb. 4-2 darstellt. Das Programm „FTP-Explorer" ist eine Software, die von vielen Homepagebastlern als sehr hilfreiches Werkzeug zur Verwaltung ihrer auf den Webservern abgelegten Webseiten verwendet wird. Da es sich um ein Freeware-Produkt handelt, für das es vom US-amerikanischen Hersteller als Add-

---

[312] Online im Internet: http://www.teamone.de/selfhtml/selfhtml.htm

[313] Online im Internet: http://www.teamone.de/selfaktuell/extras/download.htm

On auch eine deutsche Sprachversion[314] gibt, wurde und wird der Link auf zahlreichen Websites angeboten.

Erster bekannt gewordener Fall ist im Juni 1999 die Abmahnung an Bingo e.V. (Bürgernetz Ingolstadt e.V.)[315], der eine Kopie des Hypertextbuches SelfHTML für seine Besucher zum Download bereithielt. In der Besprechung von FTP-Software durch Stefan Münz enthielt das Hypertextbuch auch einen Link zur FTPx.com. Stefan Münz erteilte umgehend allen, die den Download einer Kopie vom eigenen Server anboten, die Genehmigung, sein Hypertextbuch entsprechend zu ändern,[316]und veröffentlichte eine süffisante Glosse mit dem wohl längsten Link zu FTPx.[317]

Bereits in diesem ersten Fall wird die Störerproblematik deutlich; es wird ein Bürgernetz abgemahnt aufgrund eines Links, den ein Autor gesetzt hat, der genauso hätte erreicht werden können, und zwar ohne die Probleme einer markenrechtlichen Auseinandersetzung zwischen zwei berechtigten Markeninhabern mit verschiedener Schutzregionalität in Kauf nehmen zu müssen. Urheber- und Autorenverweise sind nicht nur den „beteiligten Verkehrskreisen" bekannt, in diesem Fall den Website-Erstellern, sondern aus den Seiten mit dem abgemahnten Link klar ersichtlich.

Hier kann durchaus ein geschäftliches Interesse des abmahnenden Anwalts unterstellt werden,[318] da es sich bei den Kopien nicht um „Mirrors", also permanent aktualisierte Spiegelungen des Werkes handelt. Eine Änderung des Ursprungswerkes, z.B. durch Umbenennung des abgemahnten Links, wirkt sich daher erst dann auf die Kopien auf anderen Servern aus, wenn diese das Werk nach der Änderung erneut auf ihren Server übernehmen und die vorherige Version entfernen. Angesichts der weiten Verbreitung und des hohen Bekanntheitsgrades des Werkes von Münz war von vornherein damit zu rechnen, daß eine Vielzahl anderer Anbieter Anlaß zu dieser Abmahnung geben würden, bevor sich herumspricht, daß zur Vermeidung des mit einer Abmahnung verbundenen Aufwandes der Link oder die Version des Werkes geändert werden sollten.

Der „Bürgernetz Ingolstadt e.V." nahm das Angebot einer Reduzierung der Abmahngebühr bei schneller Zahlungsbereitschaft angesichts der Kosten von knapp 2.000 DM zur Schonung des Vereinsvermögens zügig an.[319]

---

[314] Online im Internet: ftp://ftp.ftpx.com/pub/lang/ger-res.zip

[315] Online im Internet: http://www.bingo-ev.de/verein/dokumente/satzung.shtml

[316] Online im Internet: http://www.teamone.de/selfaktuell/erlaubnis.htm

[317] Münz, *Die Schändung mit der Maus*. Online im Internet:
    http://www.teamone.de/selfaktuell/artikel/maus.htm

[318] Vgl. hierzu Damaschke, *Den Freiherrn nehm ich mir*. Spiegel Online vom 08.07.99.
    Online im Internet: http://www.spiegel.de/netzwelt/ebusiness/nf/0,1518,30666,00.html

[319] Freedom for Links. Online im Internet: http://www.freedomforlinks.de/Pages/anfaen.html

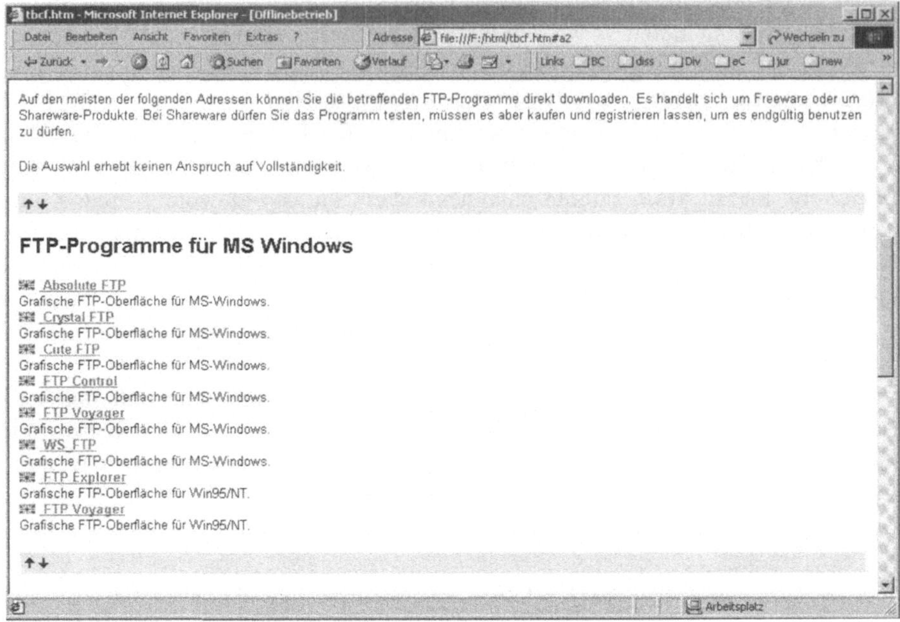


**Abb. 4-2:** Link im Hypertext-Buch SelfHTML von Stefan Münz[320]

Hinter dieser Vorgehensweise läßt sich durchaus eine Strategie vermuten: Zunächst werden kleine Unternehmen, Verbände und Vereine abgemahnt, die aus den bereits genannten Gründen wenig Initiative entwickeln, sich zur Wehr zu setzen. Diese Abmahnungen werden als Beispiele für „die, die es eingesehen haben" in den wenigen Verfahren eingebracht, die zunächst vor dem Gericht stattfinden, bei dem der Anwalt Heimvorteil hat. Mit zunehmender Zahl lassen sich auch andere Gerichte in der gewünschten Richtung beeinflussen – so wird häufig und leider auch erfolgreich Rechtsprechung beeinflußt. Lediglich Transparenz und Öffentlichkeit der Vorgänge würde dem entgegenwirken, aber einerseits wissen die kleinen Unternehmen nur selten über das Umfeld Bescheid, andererseits halten sich die größeren Unternehmen über Abmahnungen gerne bedeckt, um nicht mit einem vermeintlich negativen Image in die Öffentlichkeit zu kommen.

Die Welle der bekannt gewordenen Abmahnungen zieht sich durch ein breites, aber deutliches Feld von Betroffenen: Die junge Frau, die ihre Seidenmalereien anbietet, die Freeware-Seiten wie www.spartips.com oder www.freewizard.de, Hochschulen mit Links zur www.ftpx.com – bis hin zur Zeitschrift „Internet World", die einem Heft eine CD-ROM u.a. mit dem Programm „Offline-Explorer" beilegen wollte.[321] Die für eine Zeitschrift äußerst kritische Drohung, daß sämtliche

---

[320] Online im Internet: http://www.teamone.de/selfhtml/tbcf.htm#a2

[321] Weitere Fälle dokumentiert bei Freedom for Links. Online im Internet:
      http://www.freedomforlinks.de/Pages/abgemahnt.html

Händler abgemahnt würden, wenn die Zeitschrift nicht der Einstweiligen Verfügung folge, zwang die „Internet World" zum Nachgeben.[322] Als eine der Spitzen der Entwicklung kann ein Vergleich angesehen werden, den v. Gravenreuth für seine Mandantin mit einem Provider vor dem Landgericht München I schloß: Der Provider verpflichtete sich, binnen 14 Tagen jeden User mit Namen und Adresse an Symicron zu melden, der den „FTP-Explorer" auf genannten Seiten zum Download anbot.[323]

Fairerweise muß allerdings darauf hingewiesen werden, daß diese Reaktion nicht typisch für Provider ist, wie Strafanzeige und negative Feststellungsklage gegen die FTP-Explorer-Abmahnwelle des Berliner Providers Speedlink zeigen.[324] Vielleicht tragen die daraus folgenden Gerichtsverfahren dazu bei, daß sich auch bei deutschen Gerichten allgemein die Erkenntnis durchsetzt, daß das Setzen eines einfachen Hyperlinks noch keine Markenverletzung darstellt – eine Erkenntnis übrigens, die sich mit § 5 TDG sehr gut vereinbaren läßt, weil die Rechtswidrigkeit eines Links sich aus dem Zusammenhang ergeben muß, in dem er gesetzt wurde; dieser Zusammenhang ist bei den Abmahnungen gegen den Link in SelfHTML sicherlich nicht gegeben.[325]

Die Argumentation des Rechtsanwalts v. Gravenreuth zum Schutz der Marke seiner deutschen Mandantin mutet verwunderlich an:[326] Das Setzen eines Links auf den FTP-Explorer ist nach seiner Ansicht gleichbedeutend mit dem Vertrieb der Software. Grundsätzlich handle jeder, der einen solchen Link setzt, im geschäftlichen Verkehr – entweder wolle er seine eigene Seite aufwerten oder aber die Geschäftsinteressen der FTPx Corp. fördern. Zudem fordert er in Abmahnungen, der Abgemahnte hätte vor dem Setzen des Links eine Markenrecherche durchführen müssen – sollte sich diese Ansicht tatsächlich durchsetzen, hätte sich das Setzen von Hyperlinks für jedermann erledigt und das World Wide Web stünde Deutschen als Publikationsplattform nicht mehr zur Verfügung. Zum einen sind Hyperlinks die „conditio sine qua non", also die Grundlage des Webs, zum anderen können Markenrecherchen mit zuverlässen Ergebnissen nur von spezialisierten Profis durchgeführt werden, keinesfalls aber von jedem, der eine Homepage einrichten will.

Warum aber geht v. Gravenreuth nicht gegen FTPx Corp. vor, die ihr Angebot durch Teilnahme am Internet auch auf den deutschen Markt ausstrahlen lassen? In einem Schreiben an Stefan Münz vom 20. März 2000[327] verneint er die Verantwort-

---

[322] Vgl. Freedom for Links, *Die Druckmittel.* Online im Internet:
http://www.freedomforlinks.de/Pages/druck.html

[323] LG München I, Protokoll der öffentlichen Sitzung der 9. Kammer für Handelssachen vom 25.01.2000, Az. 9 HKO 22119/99.

[324] Heise Newsticker vom 11.05.2000, *Zivilrechtliche Schritte gegen Explorer-Abmahnungen.* Online im Internet: http://www.heise.de/newsticker/data/atr-11.05.00-001/

[325] Mit weiteren Nachweisen Freedom for Links, *Die Rolle der Gerichte.* Online im Internet:
http://www.freedomforlinks.de/Pages/gericht.html

[326] Freedom for Links, *Die Argumentation des „Markenverteidigers".* Online im Internet:
http://www.freedomforlinks.de/Pages/vertei.html

[327] Ebda.

lichkeit der FTPx Corp., da das Angebot in englischer Sprache und offensichtlich
nicht an den deutschen Markt gerichtet sei. Dabei übersieht er geflissentlich, daß ein
deutschsprachiges Zusatzmodul auf der Download-Seite angeboten wird und damit
der deutschsprachige Markt klar adressiert wird. Auch auf den Hinweis „Free for
Home and Educational Use", der sich bereits auf der Homepage von www.ftpx.com
befindet, geht er nicht ein. Allerdings droht v. Gravenreuth in selbigem Schreiben
zudem noch mit einem Strafantrag, da Stefan Münz Kenntnis von der Problematik
gehabt habe und ihm daher vorsätzliches Handeln zu unterstellen sei.

Die Problematik beschreibt Stefan Münz an einem griffigen Beispiel:[328]

*Von Links zu Markenzeichen*

*Das weltweite Netz querverbundener Informationsseiten webt sich natürlich
nicht von alleine. Die Links müssen erst einmal gesetzt werden. Dies ist Aufgabe
der Webseiten-Autoren, der Homepage-Ersteller, von Menschen also. Wo Menschen sind, da herrscht jedoch nicht allein die helle Freude. Auch solch schäbige
Gefühle wie Neid, Mißgunst, Habsucht und Gewinnstreben sind immer mit von
der Partie. Was also liegt näher, als zu vermuten, daß doch einige dieser Links
gar keine Querverweise sind, sondern verkappte Einbrüche in die Rechte anderer, einzig gesetzt, um den Linksetzer zu bereichern?*

*Wie das gehen soll? – Nun ja, nehmen wir einmal an, unser armer Nachbar
Schmidt habe endlich eine zündende Idee zur Vereinfachung von Online-
Buchungssystemen gehabt, auf die zuvor noch niemand gekommen ist. Diese
Idee sei so genial, daß ihm die Umsetzung in bare Münze wirklich gegönnt sei.
Da aber – Nomen est Omen – kein Produkt sich ohne einen guten Namen ver-
kauft, muß natürlich einer her. Unser armer Nachbar Schmidt entscheidet sich
für den Namen ‚Paris‘. Doch die Welt ist schlecht und ein listiger Neider könnte
auf die Idee kommen, ein anderes Online-Produkt ebenfalls Paris zu nennen. Wie
soll der Kunde unterscheiden können, welches das echte Paris ist. Zum Glück für
Herrn Schmidt gibt es in Deutschland ein Markenrechtgesetz. Dieses Gesetz
schützt Markenzeichen vor Plagiaten. Nachbar Schmidt meldet also beruhigt
‚Paris‘ als Markenzeichen in der Klasse 9 an und freut sich bereits auf seine
ersten Einnahmen. Klasse 9 umfaßt u.a. auch Software-Produkte.*

*Doch halt, was ist das? Im Internet bewirbt ein Studienreisenveranstalter ein
‚Hotel Paris‘. Die Worte ‚Hotel Paris‘ dienen obendrein auch noch als ausführ-
barer Link zu dem Hotel namens Paris. Nein wirklich, das geht zu weit. Hier liegt
eindeutig eine Verwechslungsgefahr zum Produkt von Herrn Schmidt vor. Die
Worte ‚Hotel Paris‘ kommen im HTML-Quelltext einer Seite vor und sind damit
Software. Der Link muß also weg. Lasset das Recht walten. Und damit der böse
Studienreisenveranstalter auch wirklich versteht, wie ernst die Angelegenheit ist,
wird nicht lange gefackelt. Keine Warnung, kein Hinweis auf die Markenrechts-*

---

[328] Münz, *Recht und Links – alles egal ...?* Online im Internet:
http://www.teamone.de/selfaktuell/talk/rechtundlinks_frevel.htm

*verletzung, kein Vorschlag zur gütlichen Einigung, nur ein anwaltliches Schreiben kann hier den nötigen Nachdruck verschaffen. So ein Anwalt ist natürlich nicht billig. Dafür, daß der tätig wird und eine juristisch formelle Unterlassungsaufforderung (Abmahnung) schreibt, sind grundsätzlich erst einmal rund 1895 DM fällig, zahlbar natürlich vom Abgemahnten. Ein stolzer Preis für einen Link? Nun, denkt sich Herr Schmidt, das hätte dieser Studienreisenveranstalter sich ja nun wirklich eher überlegen können, bevor er den Link setzte.*

*Absurd? So etwas geschieht doch nicht in Wirklichkeit? – Leider doch. Und zwar nicht vereinzelt, sondern massenhaft und planmäßig. Die leichte Auffindbarkeit von Daten im Internet ist der ideale Nährboden dazu.*

## 4.2.4 Gegenreaktionen im Internet

Bereits in dem geschilderten Urteil des LG München I bezüglich der Serienabmahnung „Webspace" wird deutlich, wie wichtig vor dem Hintergrund der leichten Recherchierbarkeit durch Suchmaschinen und der damit verbundenen potentiell sehr hohen Zahl von Serienabmahnungen die Transparenz hinsichtlich der anderen Abgemahnten für einen Betroffenen ist. In der Urteilsbegründung führt das Gericht unter 2 d) an:[329]

*Schließlich fällt in dem Zusammenhang mit dem Studium des inzwischen vorgelegten Urteils des Landgerichts Bochum vom 14.10.1999 (Anl. B 33) auf, daß der Kläger sogar gegen solche „Störer" gerichtlich vorgeht, bei denen jedenfalls nach Ansicht des Gerichts gar keine Nutzung des markenrechtlich geschützten Begriffs „WEBSPACE" vorliegt, weder als Domain-Name noch in sonstiger Form, vielmehr nur als eine Art allgemeine Inhaltsangabe in einer Kopfzeile der Homepage (des dortigen Antragsgegners – S. 4 des zitierten Urteils). Mit anderen Worten: selbst dort, wo jeder vernünftige und halbwegs an einem fairen Verfahren Interessierte Bemühungen, durch Einsatz von Gerichten Entscheidungen zu erzwingen, unterläßt, klagte der Kläger und dokumentiert hierdurch sein Kosteninteresse nach Auffassung der Kammer in besonders deutlicher Form.*

In zahlreichen Online- und Print-Publikationen wird inzwischen über die Serienabmahnungen berichtet. Besonders unangenehm sind für die Betroffenen jene Abmahnungen, die mit einschüchternd hohen Streitwerten (und dementsprechend hoher Kostennote für den eingesetzten Anwalt) in Serie ergehen und vorrangig nicht ein berechtigtes Interesse des Markeninhabers schützen sollen, sondern einfach als „Serienabmahnung zum Zwecke des Geldverdienens" rechtsmißbräuchlich verschickt werden.

Um dies jedoch feststellen lassen zu können, muß zunächst klar sein, daß es sich um eine Serienabmahnung handelt, und dies läßt es für Betroffene geraten erscheinen, die Tatsache des Erhalts einer Abmahnung transparent zu machen, z.B. durch Eintragung in die Abmahndatenbank bei Freedom for Links oder Diskussion auf

---

[329] LG München I, Urteil vom 08.12.1999, Az. 9 HKO 14840/99, „Webspace"

den einschlägigen Mailinglisten bzw. im „Leserforum Abmahnungen" der Zeit-schrift „Internet World"[330]. Erst aus dem Überblick erwächst die Abwehrmöglich-keit für solche Auswüchse.

Natürlich ist nicht jede Abmahnung, die in Internetsachen ergeht, auch unbe-rechtigt; dazu überlegen leider viel zu wenige Unternehmen und Personen, ob das, was sie mit den Rechten anderer machen (z.B. Bilder und Texte von fremden Sites kopieren, um die eigene Site aufzuwerten), ihnen noch gefallen würde, wenn andere das mit ihrer Site machen würden.

Nicht der Schutz der Rechte soll hier in Frage gestellt werden, auch nicht die Eilbedürftigkeit, diesen Schutz wahrzunehmen – allerdings sind die Mißbrauchs-möglichkeiten so vielfältig, daß es geraten erscheint, ein anderes Verfahren vorzu-schlagen, wie das u.g. „notice and take down".

## 4.2.5  „Big Brother läßt Dich nicht allein"

Zu heftigen Reaktionen (vgl. Abb. 4-3) unter den Fans der RTL2-Soap „Big Brother" haben Abmahnungen geführt, die nach Aussage des Verantwortlichen der offiziel-len Big-Brother-Homepage, Thomas Aigner von der Firma AME,[331] jedoch ledig-lich gegen Sites mit „unerlaubten" pornografischen Links oder kommerziellem Interesse vorgehen.[332]

Die besondere Problematik dieser nach gängiger Rechtsprechung und Praxis wohl untadeligen Abmahnungen soll an einem Beispiel aufgezeigt werden, das den Regelungsbedarf von zumindest internetbezogenen Abmahnungen verdeutlicht, wie er in 4.3 als „notice and take down" vorgeschlagen wird.

Eine junge Frau, 23 Jahre alt, Heizungsbauerin und kaufmännische Angestellte, wohnhaft nördlich Saarbrücken, mit einem monatlichen Nettoeinkommen von etwas über 2.000 DM, seit 1998 das Internet nutzend, möchte erstmals eine eigene Homepage einrichten, diese zum Thema Big Brother, hier insbesondere Zlatko Trpkovski, einem der aus der Soap hervorgegangenen „Stars".[333] Wie so viele Inter-netnutzer ohne eigene Design- und Programmierkenntnisse läßt sie sich kurz von ihrem Freund einweisen, erstellt die Website und bestückt sie mit Big-Brother-Logo sowie Foto von Zlatko, per „drag & drop" von der originalen Soap-Site kopiert. Anschließend beantragt sie beim Provider Puretec die noch freie Domain www.zladkos-welt.de (tatsächlich mit „d") und schreibt auf ihre Homepage, daß man die Domain auch kaufen könne.

---

[330] Online im Internet: http://www.internetworld.de/iw/forum/

[331] Heise Newsticker am 28.04.2000, *Big Brother gegen little Fan-Sites*. Online im Internet: http://www.heise.de/newsticker/result.xhtml?url=/newsticker/data/atr-28.04.00-002/ default.shtml&words=Endemol

[332] Vgl. Spiegel online am 27.04.2000, *Big Brother is watching you*. Online im Internet: http://www.spiegel.de/netzwelt/netzkultur/0,1518,74376,00.html

[333] Eine entsprechende Dokumentation befindet sich bei Freedom for Links. Online im Inter-net: http://www.freedomforlinks.de

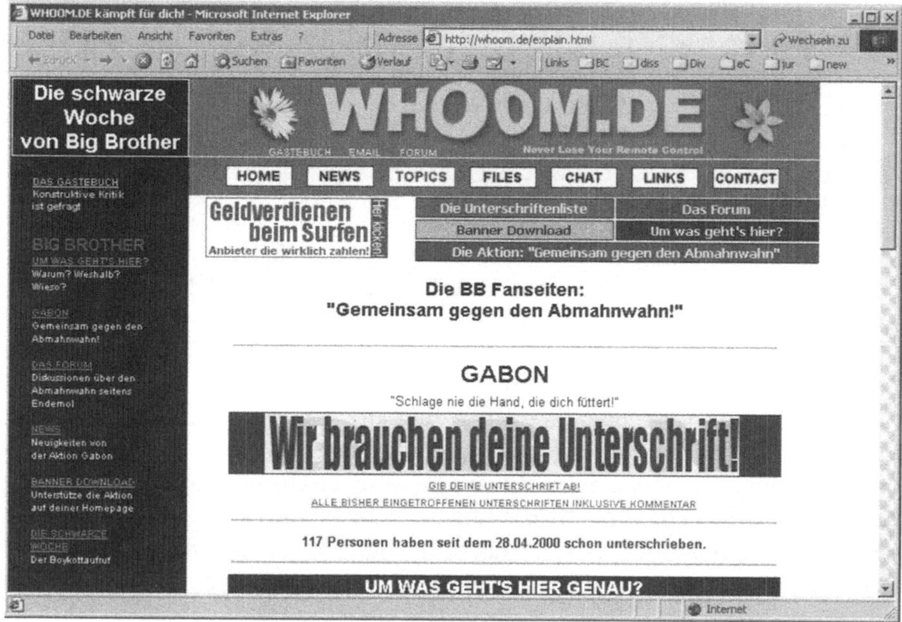


**Abb. 4-3:** Fan-Site zur Big-Brother-Abmahnaktion[334]

Rechtlich liegen hier sicherlich bereits auf den ersten Blick Verletzungen von Urheberrecht, Persönlichkeitsrecht und Kennzeichenrecht vor, und die Website ist auch kommerziell, weil die Domain sicherlich nicht ohne Gewinnerzielungsabsicht angeboten wird; dieses Verkaufsangebot läßt sich wohl problemlos unter dem Oberbegriff „Domaingrabbing" subsumieren und wird zudem auch nicht durch den in einem Buchstaben bestehenden Unterschied gemindert.

Und dennoch – das sind Fehler, die vielen Nutzern aus rechtlicher Unbedarftheit passieren. Sämtliche HTML-Urgesteine werden bestätigen können, daß der beste Weg, die Gestaltung einer eigenen Homepage zu lernen, im Kopieren und Anpassen des Quelltextes einer anderen Homepage lag, die die eigenen Erwartungen erfüllte. Damit soll Urheberrechtsverletzungen sicherlich nicht das Wort geredet werden, aber zwischen dem Grundsatz „Unwissenheit schützt vor Strafe nicht" und der Anforderung an ein „hätte wissen müssen" gibt es die Notwendigkeit für einen zu regelnden Freiraum.

Die beantragte Domain wurde von Puretec am 12.04.2000 freigeschaltet; am 19.04.2000 schickte der Rechtsvertreter von Endemol, dem Produzenten der Soap, gleich drei Abmahnungen im selben Umschlag:

1. wegen unberechtigter Nutzung des Big-Brother-Logos, mit einem Streitwert von 300.000 DM und einer Kostennote des Anwalts i.H.v. 3.810,60 DM,

---

[334] Am 02.05.2000 online im Internet: http://whoom.de/explain.html

2. wegen unberechtigter Nutzung der Domain www.zladkos-welt.de, da die Abmahnende Inhaberin der Vermarktungsrechte des Herrn Trpkovski, genannt Zlatko sei. Dies betreffe insbesondere auch die Rechte des Herrn Trpkovski an der Nutzung seines Namens, insbesondere als Domain-Bezeichnung; desweiteren sei die Abmahnende Inhaberin der Rechte am Titel „Zlatkos Welt", ausgestrahlt bei RTL2. Der Streitwert hier betrug 200.000 DM, die Kostennote 3.253,80 DM, sowie

3. wegen unberechtigter Nutzung eines Bildnis von Zlatko T., mit einem Streitwert von 200.000 DM und einer Kostennote i.H.v. 3.253,80 DM.[335]

Die Abtretung der Rechte wurde durch eine Eidesstattliche Versicherung des Herrn Trpkovski vom 18.04.2000 glaubhaft gemacht.

Die in Ansatz gebrachten Streitwerte sind ein wenig hoch, aber durchaus im Rahmen des Üblichen – die Abmahnungen an sich sind nach gängiger Rechtsprechung nicht zu kritisieren. Wohl zu kritisieren erscheint aber das dahinterstehende Prinzip, daß durch die Bemessung des Streitwertes allein aus dem klägerischen Interesse eine Kostenlast auf Basis der „Geschäftsführung ohne Auftrag" für den Abgemahnten entsteht, die eine Abwehr durch den Abgemahnten fast unmöglich macht.

Die Kostennoten der drei Abmahnungen, auf deren Ersatz die Abmahnende Anspruch erhebt, beläuft sich auf 10.318,20 DM. Legt man das Dimbeck´sche Berechnungsapplet[336] zugrunde, beläuft sich das Prozeßrisiko allein für die Benutzung des Fotos auf 24.602,20 DM – um vielleicht prüfen zu lassen, ob es sich angesichts des Medienrummels um Zlatko bei ihm um eine „Person der Zeitgeschichte" gem. § 23 Kunst-Urhebergesetz handelt, oder lediglich um ein Produkt der auf niederste Instinkte mit hoher Professionalität abzielenden Marketingmaschinerie Endemols. Das Kostenrisiko nach der gleichen Berechnungsformel für alle drei Abmahnungen beläuft sich auf 48.008,80 DM.[337]

Hierin liegt das eigentliche Problem zahlreicher aktueller Abmahnungen – vor dem Hintergrund eines für den Abmahnenden nicht meßbaren wirtschaftlichen Schadens werden Streitwerte angesetzt, die rein im klägerischen Interesse mit einem gewissen Zufallsfaktor auf dem Wert der Marke oder des Unternehmens beruhen und damit gleichzeitig eine anwaltliche Kostennote nach sich ziehen, die dem Abgemahnten gegenüber zunächst nur eines ist: einschüchternd.

Das Problem ist also der Streitwert, und es taucht nicht erst bei der Bemessung der Strafhöhe im Wiederholungsfall in der geforderten strafbewehrten Unterlassungserklärung auf. Wer gegen die selbst abgegebene Unterlassungserklärung verstößt, muß sich die Folgen ohnehin voll anrechnen lassen.

---

[335] Alle genannten Beträge verstehen sich inklusive der gesetzlichen Mehrwertsteuer.
[336] Online im Internet:
http://www.anwaltsinfo.de/Gerichts-_u_Anwaltskosten/body_gerichts-_u_anwaltskosten.html
[337] Beide Kostenrisiken wurden jeweils mit Anwaltskosten für beide Parteien, mit Beweisaufnahme, jedoch ohne Kosten für Zeugen und Sachverständige berechnet.

Wie eingangs in diesem Kapitel dargestellt, beinhaltet die Abmahnung keinerlei Rechtsprüfung; die Entscheidung liegt im Hauptsacheverfahren beim Gericht. Die junge Dame in diesem Fall wird die rechtliche Entscheidung aber wohl kaum suchen können, was angesichts der Divergenz von Kostenrisiko und Einkommen durchaus nachvollziehbar ist.

Ein zweites Problem ist die Abmahnwelle gegen tatsächlich rein private und ohne kommerziellen Ansatz betriebene Websites, die offensichtlich bevorsteht. Während in dem geschilderten Beispiel sicherlich eine Gewinnerzielungsabsicht unterstellt werden kann, wäre an diesem Punkt aber zu fragen, ob es tatsächlich um ein Handeln im geschäftlichen Verkehr geht; schließlich ist die junge Dame geschäftsfähig und könnte auch ihren Privatwagen anbieten – sicherlich auch mit Gewinnerzielungsabsicht, aber kaum als Handeln im geschäftlichen Verkehr zu bezeichnen. Mit dieser Frage wird sich die Rechtsprechung sicherlich noch sehr intensiv auseinandersetzen müssen, nachdem das OLG München in seiner CDBench-Entscheidung das Handeln im geschäftlichen Verkehr schon allein aufgrund der Reichweite einer Website im Internet festgestellt und nicht zuvor gefragt hat, ob überhaupt wirtschaftliches Handeln der beklagten Universität vorlag.[338] Angesichts der wirtschaftlichen Situation vieler Anwälte muß davon ausgegangen werden, daß Abmahnungen einen wichtigen Einnahmeanteil bilden, die vor dem Hintergrund dieser Entscheidung zunächst auf breiter Front auch gegen rein private Websites eingesetzt werden können. Angesichts des einschüchternden Streitwertes werden zahlreiche Abmahnungen ohne gerichtliche Überprüfung zum Erfolg führen; eine dem Urteil des OLG München zuwiderlaufende Entscheidung wird daher vermutlich einige Zeit auf sich warten lassen.

Der dritte Problemkreis liegt in der Ungleichheit der Beurteilung, wer für die Pflege einer Marke oder eines Kennzeichens die Kosten zu tragen hat. Bei erstinstanzlichen Streitigkeiten vor einem Patentgericht werden beispielsweise keinerlei Kosten erstattet, auch wenn der Markeninhaber in einer Klage obsiegt. Der Gedanke hinter diesem Verfahren ist simpel: Wer eine Marke hat, hat auch den Aufwand für die Pflege und Reinhaltung der Marke zu tragen – ein Gedanke, der sicherlich zu einem Aufschrei unter den Markeninhabern führt und aus der Anfangszeit des gewerblichen Rechtsschutzes stammt.

## 4.3 Notice and take down

Bettinger und Freytag haben bereits 1998 in einer rechtsvergleichenden Analyse einen innovativen Ansatz aus dem US-amerikanischen Digital Millennium Copyright Act[339] von 1998 (DMCA) zur Diskussion gestellt, der an dieser Stelle auf Anregung von Freedom for Links mit weitergehender Zielsetzung wieder aufgegriffen

---

[338] OLG München, Urteil vom 03.02.2000, Az. 6 U 5475/99, „CDBench"

[339] Online im Internet: http://www.loc.gov/copyright/legislation/hr2281.pdf

werden soll – das im Ursprung für urheberrechtliche Streitigkeiten vorgesehene Instrument erscheint bei näherer Betrachtung als besonders geeignet, als erster Schritt in Auseinandersetzungen in allen Rechtsstreitigkeiten rund um das Internet genutzt zu werden:[340]

*Entfernung der Links unmittelbar nach Kenntniserlangung*

*Ohne Parallele im deutschen Recht und höchst innovativ erscheint die dritte Einschränkung des Haftungsprivilegs, die gewissermaßen das Herzstück der gesamten Haftungsregelung bildet. Gemäß § 512 (d) (3) DMCA kann der Verweisende nur dann in den Genuß des Haftungsprivilegs kommen, wenn er sofort nachdem er von der Urheberrechtsverletzung in Kenntnis gesetzt („notification") wurde, den Link entfernt. Diese Obliegenheit trifft ihn aber nur, wenn diese „notification" den formalen und inhaltlichen Anforderungen der Sec. 512 (c) (3) genügt[341]. Sinn und Zweck dieses „notice and take down"- Verfahrens ist es, einerseits dem verletzten Urheber ein schnell greifendes Instrumentarium zur Verfügung zu stellen, um die Nutzung des urheberrechtsverletzenden Materials in den globalen Netzen zu verhindern; andererseits zu vermeiden, daß die Anbieter von sog. Information Location Tools durch nicht oder nur lückenhaft belegte oder sogar wissentlich falsche Behauptung begangener Urheberrechtsverletzungen zur Entfernung der entsprechenden Links oder Verweisungen veranlaßt werden, und dadurch sowohl Urheber als auch Provider und Nutzer Schaden leiden. [...]*

*Durchaus Modellcharakter für das kommende europäische und damit im Rahmen der Umsetzung auch mittelfristig das deutsche Recht wird man dabei der Regelungskonzeption des „notice and take down"-Verfahrens, ergänzt durch eine Haftung für „misrepresentations"[342] und eine (bedingte) Haftungsfreistellung des Providers gegenüber seinen Kunden im Falle einer Sperrung oder Löschung von mittels einer „notification" beanstandeten Materials,[343] zusprechen können. Die nicht nur für die Hyperlinkproblematik, sondern in besonderem Maße auch für die Haftung des Host-Service-Providers sinnvolle Regelungskonzeption schafft durch das Inaussichtstellen möglicher Haftungsfreistellung Anreiz dazu, daß der Verweisende den Link unmittelbar nach Kenntniserlangung entfernt, und ermöglicht so ein gerade im Netz erforderliches schnelles und damit effektives Vorgehen gegen Rechtsverletzungen. Sie*

---

[340] Bettinger/Freytag, *Privatrechtliche Verantwortung für Links*. Computer und Recht 9/98, S. 545–556. Online im Internet:
http://www.uni-muenster.de/Jura.itm/hoeren/matintrecht/Linkverantw.htm

[341] Vgl. DMCA Sec. 512 (d) (3): „upon notification of claimed infringement as described in subsection (c) (3)". (Fußnote im Original, d.Verf.)

[342] Vgl. Sec. 512 (e) DMCA. (Fußnote im Original, d.Verf.)

[343] Vgl. Sec. 512 (f) DMCA. Dies betrifft vor allem den Host-Service-Provider. Entsprechende Leistungsverweigerungsrechte und Haftungsfreizeichnungen sind nach deutschem Recht in AGB möglich. Die Verwendung entsprechender AGB-Klauseln ist Anbietern auch dringend zu empfehlen. (Fußnote im Original, d.Verf.)

*stellt andererseits sicher, daß die für einen effektiven Einsatz der Netzwerke notwendigen Verweisungstechniken nicht durch überstrenge Prüfpflichten behindert werden. Dies ist der richtige Weg hin zu einem kooperativen Vorgehen gegen rechtswidrige Inhalte im Netz.*

Das Instrument der Abmahnung dient dem schnellen und effektiven Schutz der Rechtsgüter des Abmahnenden. Die Einführung eines Instrumentes NATD („notice and take down") darf die Rechtsposition des Verletzers nicht stärken und die Effizienz des vorläufigen Rechtsschutzes für den Verletzten nicht mindern. Wie sieht die Erfüllung dieser Vorgaben jedoch aus, wenn NATD ausschließlich für Internetstreitigkeiten eingeführt und über die US-amerikanische Beschränkung auf Urheberrechtsverletzungen hinaus insbesondere auf marken-, kennzeichen- und namensrechtliche Streitigkeiten ausgedehnt wird?

Betrachtet man als Beispiel eine potentielle Markenrechtsverletzung, ist zu beachten, daß es Aufgabe des Markeninhabers ist, eine Verletzung oder Verwässerung seiner Marke zu verhindern. Geschieht dies auf einer Website, ist diese Website im Grunde erst dann als tatsächliche Gefährdung einzustufen, wenn sie von jedermann auch gefunden werden kann, also in Verzeichnisdienste und Suchmaschinen aufgenommen wurde. Gerade vor diesem Hintergrund kann dem Markeninhaber allerdings kein Schaden entstehen, da ihm durchaus zuzumuten ist, die verletzende Verwendung seiner Marke durch regelmäßige Überprüfung per Abfrage in den Suchmaschinen und Verzeichnisdiensten zu überprüfen, die den Zeitbedarf zwischen Verletzung und Feststellung derselben drastisch verkürzen.

Damit entfällt auch das häufig geäußerte Argument, NATD würde Verletzungshandlungen erst recht Vorschub leisten, da der erste Versuch für den Verletzer kostenfrei bliebe.

Dies ist zwar richtig – aber zum einen ist die Verletzung sehr schnell feststellbar, da auch die Erfassung neuer Sites durch die Suchmaschinen in ständig kürzer werdenden Zeiträumen erfolgt, und zum anderen schließt die Anwendung von NATD nicht die Aufforderung zur Abgabe einer strafbewehrten Unterlassungserklärung für den Wiederholungsfall aus.

Es ist daher davon auszugehen, daß die Verletzung so erheblich effizienter schon dadurch beseitigt werden kann, daß dem Verletzer völlig klar ist, daß eine Nichtreaktion ihm das volle Kostenrisiko für die weiteren Folgen auflastet. Bedingt durch das breite Interesse an der Berichterstattung in den Medien über die Serienabmahnungen kann zudem davon ausgegangen werden, daß der allgemeine Informationsstand der beteiligten Verkehrskreise bei Einführung von NATD innerhalb kurzer Zeit auf einem vergleichsweise höheren Niveau liegen wird, als es bislang bei Abmahnungen und gewerblichem Rechtsschutz der Fall ist.

Ein solches Hinweisschreiben erfordert durch den Verletzten keinerlei anwaltliche Unterstützung; zieht er anwaltlichen Rat dennoch hinzu, erfolgt das in diesem ersten Schritt zu eigener Kostenlast.

NATD entspricht damit dem Grundgedanken, daß der Website-Betreiber nach Kenntnis sofort reagieren muß, und nimmt den möglichen Fehlanwendungen zum

Zwecke des Geldverdienens, die heute im bestehenden Abmahnverfahren gegeben sind, den Wind aus den Segeln.

Wenn parallel dazu noch geregelt werden könnte, daß bei ungerechtfertigten Abmahnungen auch bei späterer Feststellung die Abwehrkosten des unberechtigt Abgemahnten dem Abmahnenden anzulasten sind, könnte von einem Verfahren gesprochen werden, das in seiner praktischen Ausprägung dem durchschnittlichen Rechtsempfinden der beteiligten Verkehrskreise sehr nahe kommt.

# 5  Inhalte von Webseiten

Die Vornahme von Geschäften über nationale Grenzen hinweg gab es bereits vor dem Erfolg des Internet. Neu ist lediglich die Dimension, da die Kontaktaufnahme mit potentiellen Geschäftspartnern weltweit sehr viel einfacher geworden ist.[344] Dies bedeutet aber auch, daß dieses überregionale Auftreten einer erheblich größeren gesellschaftlichen Kontrolle unterliegt; so haben z.B. mehr Wettbewerber die Möglichkeit, das Handeln des Anbieters auf wettbewerbsrechtliche und schutzrechtliche Verstöße hin zu überprüfen und zu ahnden. Zudem entsteht ggf. eine Konfrontation mit wettbewerbsrechtlichen Gepflogenheiten anderer Regionen, die strenger gehandhabt werden, als der Anbieter es aus seiner lokalen Heimatregion gewohnt ist; hier reiben sich häufig die Nichtörtlichkeit des Cyberspace und örtliche regionale Standards.[345]

Viele Online-Angebote enthalten Informationen, die nach deutschem Recht wettbewerbswidrig sind.[346] Ein Verstoß gegen das Wettbewerbsrecht liegt möglicherweise auch dann vor, wenn ein Verbraucher dadurch getäuscht wird, daß die Werbung einen redaktionellen Anschein hat.[347] Dies kann der Fall sein, wenn man aus dem redaktionellen Teil der Online-Präsentation in einen Werbeteil verweist, ohne daß die Benutzer darauf aufmerksam gemacht worden sind. Daher muß geklärt werden, ob eine Online-Präsentation, zu der verzweigt wird, als Werbung oder als redaktionell geprägtes Angebot zu betrachten ist.

Ein möglicher genereller Konfliktfall wird durch den zeitlichen Versatz der Proxyserver als Spiegelserver verursacht, die von Anwendern abgefragte Webseiten im eigenen Speicher in Kopie bereithalten, um bei einer erneuten Abfrage schneller antworten zu können. Eine irrtümlich oder unkorrekt erstellte und veröffentlichte Website kann weltweit in einer Vielzahl von Proxyservern vorgehalten werden, obwohl das Original umgehend wieder vom eigenen Server des Unternehmens gelöscht wurde. Aufgrund dieser Tatsache ist es einem Abmahnenden möglich, mit einem nach dem Zeitpunkt der Löschung datierten Ausdruck als Beweis auf Unter-

---

[344] Vgl. Strömer, *Vertragsrecht*, 1997, S. 3.

[345] Zu den Reibungsproblemen zwischen Staaten der USA und deren Folgen für die Strafverfolgung siehe Mayer, *Recht im Cyberspace*, 1997, S. III 4 c.

[346] Vgl. Schneider, *Recht im Cyberspace*, 1996/97.

[347] Vgl. Gummig, *Rechtsfragen bei Werbung im Internet*, 1996.

lassung zu klagen. Der Unterlassungsanspruch setzt kein Verschulden voraus, wohl aber die Besorgnis der Wiederholung. Bei einer Aufgabe des angeblichen Verstoßes mit Glaubhaftmachung der Irrtümlichkeit und der unverzüglichen Berichtigung sind jedoch gute Chancen gegeben, der Annahme einer Wiederholungsgefahr zu begegnen.

## 5.1  Werbung im World Wide Web

Meinungsäußerungen sind nach Art. 5 GG verfassungsrechtlich geschützt und

> *finden ihre Schranken in den Vorschriften der allgemeinen Gesetze, den gesetzlichen Bestimmungen zum Schutze der Jugend und in dem Recht der persönlichen Ehre;*

dies gilt auch für kommerzielle Werbung[348] und dürfte zudem auch die elektronische Meinungsäußerung abdecken.[349]

> *Das Bundesverfassungsgericht hat allerdings eingeschränkt,*

> *daß das Grundrecht der Meinungsfreiheit auch für eine Wirtschaftswerbung jedenfalls dann als Prüfungsmaßstab in Betracht kommt, wenn eine Ankündigung einen neutralen meinungsbildenden Inhalt hat oder Angaben enthält, die der Meinungsbildung dienen.[350]*

Der grundrechtliche Schutz von Werbung in Presseorganen gilt bereits als Ausfluß der Pressefreiheit allgemein als anerkannt. Zudem wird der grundrechtliche Schutz der Werbung auch aus Art. 12 GG (Berufsfreiheit) und Art. 14 GG (Eigentumsgarantie) hergeleitet.

Zusätzlich zu berücksichtigen sind Konflikte, die sich aus unterschiedlichen Wertvorstellungen ergeben. Ein Beispiel hierfür sind die im Internet zu findenden Texte und Stellungnahmen zur „Auschwitzlüge" (das Leugnen des deutschen Völkermordes an den Juden). Äußerungen, die in Deutschland von Strafe bedroht sind, werden in den USA vom Recht zur freien Meinungsäußerung geschützt.[351]

Im Bereich der Werbemittel herrscht vielfach noch Unsicherheit; die Nutzer reagieren nur zögernd auf die von den Werbeagenturen und Online-Marketing-Fachleuten propagierten Methoden. Die auf vielen Webseiten vehement betriebene Banner-Werbung wurde unlängst an der Universität für Druck und Medien in Stuttgart im Umfeld von „Stern Online" mit dem Verfahren der Blickaufzeichnung untersucht – danach wird ein Banner durchschnittlich 1,1 Sekunden vom Internet-Nutzer betrachtet; die Erinnerungsleistung ist entsprechend gering.[352]

---

[348] Vgl. Schotthöfer, *Wettbewerbsrecht,* 1997, S. 2.

[349] Vgl. Mayer, *Recht im Cyberspace,* S. III 4.

[350] BVerfGE 71, 162

[351] Vgl. mit weiteren Nachweisen Mayer, *Recht im Cyberspace,* S. III 4 c.

[352] Vgl. Internet World, *Blickaufzeichnung,* 1998.

Die auch außerhalb des Internet zu beobachtende zunehmende Fragmentierung ehemals gezielt ansprechbarer Zielgruppen hat zunächst zu einem erheblichen Einsatz der Werbewirtschaft im Web geführt. Derzeit beginnt sich die Erkenntnis durchzusetzen, daß das Web aufgrund mangelnder Nutzerakzeptanz nicht auf breiter Front für unmittelbare Werbung und Verkaufsaktivitäten außerhalb der Stammprodukte wie Bücher, Software und Information nutzbar ist; es beginnt offensichtlich eine Verlagerung der Aktivitäten auch der Werbewirtschaft zur mittelbaren Marktbeeinflussung durch ein „Service-Web", in dem die Serviceleistungen Vorrang vor der reinen Werbung haben. Dies allerdings ist ein Einsatzbereich, den Kenner des Internet seit 1995 propagieren. Der Informationscharakter des Web für die Nutzer widerspricht dem Wesen typischer Waschmittelwerbung; auch im Bereich der Waren und Dienstleistungen sind offensichtlich von den Nutzern vorwiegend Informationen gefragt.

Durch zunehmende Teilnahme der deutschen Unternehmen an der Marktkommunikation via Internet wird das Angebot zunehmend vielfältiger; dieser Trend wird durch die Vollendung des europäischen Binnenmarktes verstärkt.

## 5.1.1 Vergleichende Werbung

Im Rahmen der europäischen Harmonisierung wurden die wesentlichen Vorschriften für Form und Inhalt der Werbung angepaßt.[353] Damit ist es möglich, die Vorteile verschiedener vergleichbarer Erzeugnisse objektiv herauszustellen; dies soll einen Wettbewerb zwischen den Anbietern von Waren und Dienstleistungen im Interesse der Verbraucher fördern.

Unterschiedliche Rechtsauffassungen in den Staaten der Europäischen Union fördern zwangsläufig Wettbewerbsverzerrungen, da die Werbung grundsätzlich, nicht nur im Internet, über die einzelnen Staatsgebiete hinausreicht und auch in anderen Hoheitsgebieten empfangen wird. Damit bestünde das Risiko, daß sich Unternehmen einer Werbeform gegenüber sehen, der sie mit den in ihrem eigenen Land zulässigen Methoden nicht entgegentreten können.

Wichtig zum Verständnis des Genehmigungsrahmens für vergleichende Werbung ist die Schwerpunktsetzung auf dem Grundrecht des Verbrauchers auf Unterrichtung. Vergleichende Werbung muß, um diesen Anspruch zu erfüllen, wesentliche, relevante, nachprüfbare und typische Eigenschaften von Produkten oder Dienstleistungen vergleichen; sie darf dabei nicht irreführend sein.

Nicht erlaubte vergleichende Werbung weicht von eben diesem Gesichtspunkt der objektiven Unterrichtung des Verbrauchers ab; eine Verzerrung des Wettbewerbs, eine Schädigung der Mitbewerber oder eine negative Beeinflussung des Verbrauchers ist nicht zulässig; zudem ist es nicht erlaubt, Produkte oder Dienst-

---

[353] EG, Richtlinie 97/55/EG des Europäischen Parlamentes und des Rates vom 6. Oktober 1997 zur Änderung der Richtlinie 84/450/EWG über irreführende Werbung zwecks Einbeziehung der vergleichenden Werbung. Amtsblatt Nr. L 290 vom 23.10.1997, S. 0018-0023. Online im Internet: http://europa.eu.int/eur-lex/lif/dat/de_397L0055.html

leistungen als Nachahmung oder Imitation von Produkten bzw. Dienstleistungen mit geschütztem Handelsnamen oder geschützter Marke darzustellen.

Vergleichende Werbung bedeutet in diesem Sinne grundsätzlich nur den Vergleich zwischen Waren und Dienstleistungen, die den gleichen Bedarf oder die gleiche Zweckbestimmung erfüllen sollen; dann allerdings ist auch ein Vergleich, der sich lediglich auf den Preis der entsprechenden Waren bzw. Dienstleistungen bezieht, nicht zu beanstanden.

Um einen sachlichen Vergleich zwischen Produkten oder Dienstleistungen zur Information der Verbraucher durchführen zu können, wird es häufig notwendig sein, Bezug auf die Marken, Handelsnamen oder andere Unterscheidungskennzeichen eines Mitbewerbers zu nehmen; dies stellt keine unrechtmäßige Benutzung fremder Marken oder Kennzeichen dar.

Zulässige Vergleiche in der Werbung erfüllen folgende Kriterien:[354]

- Der Vergleich ist nicht irreführend,

- erstreckt sich auf Waren oder Dienstleistungen für den gleichen Bedarf oder die gleiche Zweckbestimmung und

- vergleicht objektiv eine oder mehrere wesentliche, relevante, nachprüfbare oder typische Eigenschaften (zu denen auch der Preis gehören kann),

- führt auf dem Markt nicht zu Verwechslungen zwischen dem Werbenden und einem Mitbewerber oder zwischen deren Marken oder Kennzeichen,

- und es findet keine Herabsetzung oder Verunglimpfung von Mitbewerbern, deren Produkten oder Dienstleistungen sowie deren Marken oder Kennzeichen statt,

- der Ruf einer Marke oder eines Kennzeichens eines Mitbewerbers wird nicht in unlauterer Weise ausgenutzt,

- und kein Produkt und keine Dienstleistung wird als Imitation oder Nachahmung einer Ware mit geschütztem Kennzeichen oder geschützter Marke dargestellt.

Sofern sich der Vergleich auf ein Sonderangebot bezieht, muß klar und deutlich der Termin herausgestellt werden, bis wann das Sonderangebot gilt; hat es noch nicht begonnen, muß zudem der Starttermin deutlich gemacht werden.

Die Schwerpunktsetzung auf die sachliche Unterrichtung der Verbraucher erfordert natürlich Kriterien der Nachprüfbarkeit. Der Werbende muß kurzfristig Beweise für die Richtigkeit seiner Aussagen vorlegen können. Dabei ist das Wort „Beweise" zu betonen; Umfrageergebnisse oder allgemeine Ansichten sind als

---

[354]EG, Artikel 8 der *Richtlinie 97/55/EG des Europäischen Parlamentes und des Rates vom 6. Oktober 1997 zur Änderung der Richtlinie 84/450/EWG über irreführende Werbung zwecks Einbeziehung der vergleichenden Werbung.* Amtsblatt Nr. L 290 vom 23.10.1997, S. 0018 – 0023. Online im Internet: http://europa.eu.int/eur-lex/lif/dat/de_397L0055.html

Beleg für die Korrektheit der vergleichenden Werbung sicherlich nicht ausreichend. Schon aufgrund der Neuheit dieses Instrumentes wird in der Anfangszeit die Meßlatte für die Beweisbarkeit der verglichenen Kriterien wie auch der Identität hinsichtlich der Bedarfs- bzw. Zweckbestimmung hoch angelegt sein.

Dieser Harmonisierung durch die Richtlinie 97/55/EG hat der BGH in seinem Urteil vom 5. Februar 1998 Rechnung getragen; in den Leitsätzen heißt es dazu:[355]

*a)  Die Werbeaussage „Jedes Racket erhalten Sie einmalig zum besonders attraktiven Testpreis von ..." enthält das Angebot von Sonderpreisen i.S. von § 1 Abs. 2 RabattG.*

*b)  Im Rahmen der Generalklausel des § 1 UWG kann der Inhalt einer EG-Richtlinie auch dann im Wege der richtlinienkonformen Auslegung berücksichtigt werden, wenn die Umsetzungsfrist noch nicht abgelaufen ist.*

*c)  Vergleichende Werbung ist jede Werbung, die unmittelbar oder mittelbar (zumindest) einen Mitbewerber oder die Erzeugnisse oder Dienstleistungen, die von einem Mitbewerber angeboten werden, erkennbar macht.*

*d)  Vergleichende Werbung ist grundsätzlich zulässig, sofern die in Art. 3a Abs. 1 lit. a – h der Richtlinie 97/55/EG genannten Voraussetzungen erfüllt sind (Aufgabe der bisherigen Rechtsprechung, nach der vergleichende Werbung grundsätzlich wettbewerbswidrig ist).*

*e)  Die Werbeaussage „Billige Composite Rackets (Graphite-Fiberglas) muten wir Ihnen nicht zu" stellt eine unzulässige vergleichende Werbung dar, weil sie die Waren der betroffenen Mitbewerber herabsetzt.*

Natürlich ist die pauschale Herabsetzung der Dienstleistung eines Anbieters durch einen Wettbewerber damit ausgeschlossen. Zu diesem Ergebnis kommt auch das OLG Köln in einem Verfahren über ein Werbefoto, das zwei Männer zeigt – ein magentafarben gekleideter schaut traurig nach unten, ein ganz in schwarz gekleideter schaut dagegen selbstbewußt in die Kamera.[356]

## 5.1.2  Sittenwidrige und irreführende Werbung

Für die Werbung im Internet und in Online-Diensten gilt grundsätzlich das deutsche Werberecht, und nicht etwa in den Netzwerken entstandene Verhaltensmuster wie die „Netiquette" oder sonstige Regeln.[357] Bei der Beurteilung von Werbung kommt es allein auf die in der Bundesrepublik entwickelten Maßstäbe für „gute Sitten" an. Werbung, die gegen die guten Sitten verstößt, ist gem. § 1 UWG verboten. Gegen diese „guten Sitten" verstößt Werbung bereits, wenn sie nicht als solche für den Verbraucher klar erkennbar ist. Dabei ist zu unterscheiden zwischen dem Produkt und der Werbung dafür. Ist ein Produkt sittenwidrig (beispielsweise Pornographie), so

---

[355] BGH, Urteil vom 5. Februar 1998, Az. I ZR 211/95.
[356] OLG Köln, Beschluß vom 13.04.1999, Az. 6 W 24/99, „Vergleichende Werbung".
[357] So auch: Schotthöfer, *Wettbewerbsrecht*, 1997, S. 3.

ist es auch die Werbung dafür. Ist ein Produkt selber nicht sittenwidrig (beispielsweise Damenunterwäsche), so kann allzu freizügige Werbung für dieses Produkt dennoch sittenwidrig sein. Da es bei der Beurteilung der Sittenwidrigkeit nur auf die nationale, in diesem Fall also deutsche Sicht ankommt, kann eine Werbung hier sittenwidrig sein, die in einem anderen Staat durchaus akzeptabel wäre. Wenn eine Online-Werbung in Deutschland ausgestrahlt wird, gelten die deutschen Vorschriften. Eine Werbung kann also verboten werden, auch wenn der Inhalt (z.B. vergleichende Werbung) in dem Land, von dem sie ausgeht, erlaubt ist.

Alle werblichen Aussagen müssen zutreffend sein. Dieser Grundsatz gilt auch im Internet und in Online-Diensten. Einer der ersten bekannt gewordenen Fälle hierzu wurde vor dem OLG Frankfurt entschieden (Az. 6 U 49/95 vom 1. April 1996); in einem Online-Sexdialog-System hatte der Betreiber eigene Mitarbeiter unter Pseudonym als angebliche externe Teilnehmer den Dialog mit Nutzern führen lassen: Der Nutzer eines derartigen Systems gehe davon aus, daß auch die anderen Teilnehmer

*ein auf persönlicher Neigung beruhendes Interesse an derartigen Dialogen haben.*[358]

Die durch den Einsatz eigener Mitarbeiter hervorgerufene Fehlvorstellung sei irreführend.

### 5.1.3  Werbung per E-Mail

Höchstrichterliche Entscheidungen zur Zulässigkeit der Werbung liegen, soweit ersichtlich, noch nicht vor. Allerdings haben die Gerichte Grundsätze für die bisherigen Methoden der Werbung per Telefon, Telex und Telefax entwickelt, anhand derer sich die vermutliche gerichtliche Bewertung der neuen Werbemöglichkeiten ableiten läßt. Die höchstrichterliche Rechtsprechung ist eindeutig und hat sich bislang mit jeder durch fortschreitende Technologisierung sich verbreitenden Möglichkeit fortgesetzt. Sogenannte „kalte" Anrufe zu Werbezwecken verstoßen gegen die guten Sitten und damit gegen § 1 UWG;[359] die Grundsätze dieser Auffassung wurden bereits zur unaufgeforderten Zusendung von Werbeinformationen per Telex,[360] per Btx[361] und per Telefax[362] entwickelt.

Wesentlich bei diesen Entscheidungen waren das unaufgeforderte Eindringen in die Privatsphäre sowie die Blockierung der Telefonleitung für andere Anrufe. Beim Mailing im Btx war naturgemäß nicht das Eindringen in die Privatsphäre vordringlich, da diese Mails, sofern sie wie vorgeschrieben mit einem „W" als Werbung kenntlich gemacht waren, vom Empfänger gar nicht aus der Mailbox abgerufen

---

[358] Schotthöfer, *Wettbewerbsrecht,* 1997, S. 6.
[359] BGH NJW 1991, 2087
[360] BFH NJW 73, 42
[361] BGH GRUR 1988, 614
[362] BGH NJW 1996, 660

wurden. Allerdings war der dem Empfänger zur Verfügung stehende Speicherplatz zumindest zum Teil für andere, erwünschte Sendungen blockiert. Die Speicherbelastung im Einzelfall spielte dabei keine Rolle – immer war es erklärtes Ziel, voraussehbare Mißstände durch Nachahmung gar nicht erst entstehen zu lassen.

Diese Grundsätze werden vom obersten deutschen Gericht und allen Instanzgerichten, soweit ersichtlich, ohne Abweichungen einhellig geteilt. Daraus ist unschwer abzuleiten, daß auch unaufgefordert zugesandte Werbe-E-Mails als Verstoß gegen die guten Sitten und damit gegen § 1 UWG angesehen werden müssen.[363] Eine ähnliche Einstellung US-amerikanischer Gerichte kann zumindest vermutet werden: Das Bundesgericht von Pennsylvania entschied im Oktober 1996, daß Online-Dienste (in diesem Fall AOL) die Weiterleitung von unaufgeforderten Werbe-E-Mails verweigern können.[364]Das Landgericht Traunstein hat im Oktober 1997 einen E-Mail-Werber nach bestehendem Recht wegen unlauteren Wettbewerbs und unter Androhung eines Ordnungsgeldes von 500.000 DM gestoppt. Konkrete Gründe wurden vor allem in der Ablehnung eines Antrages des Beklagten auf Prozeßkostenhilfe für ein Revisionsverfahren dargelegt. Danach ist E-Mail-Werbung nicht mit Briefkastenwerbung zu vergleichen, da sie eine erheblichere und gezieltere Belästigung am Arbeitsplatz darstelle. Zudem blockiere sie Speicherplatz und verursache Kosten.[365]

Aber auch diese Einstellung wird die Nutzer von Internet und Online-Diensten nicht vor einer Flut unerwünschter E-Mails schützen können. Die deutschen Regelungen für diese Art der Werbung sind im europäischen Vergleich die strengsten; in anderen Ländern gibt es zum Teil überhaupt keine Regelungen. Derzeit ist keine Handhabe gegen Werbe-E-Mails ersichtlich, die außerhalb Deutschlands abgesendet wurden.

Schon im näheren Ausland wie der Europäischen Union existiert keine einheitliche Richtlinie, die grenzüberschreitende Werbung regeln würde. Zudem ist durchaus fraglich, ob nicht einem Absender aus einem anderen EU-Mitgliedsland die Rechte aus Art. 30 EWGV (Freier Warenverkehr) zustehen. Dies würde bedeuten, daß deutsche Werbungtreibende E-Mail gegenüber deutschen Empfängern nicht benutzen dürfen, Werbungtreibende aus anderen EU-Staaten dies jedoch dürfen. Bislang hat wohl lediglich das LG Berlin der Werbung per Fax aus einem anderen Mitgliedstaat der Europäischen Union den Schutz des Art. 30 EWGV verweigert.[366]

Am 24. März 2000 wurde vom Europäischen Parlament die E-Commerce-Richtlinie verabschiedet,[367] von der eine Regelung des E-Mail-Spamming erwartet

---

[363]Entsprechend LG Traunstein, Beschluß vom 18.12.1997, Az. 2 HKO 3755/97, „E-Mail-Werbung“, und Landgericht Ellwangen, Urteil vom 27.08.1999, Az. 2 KfH 0 5/99, „Nettopreise und Werbemails“.

[364]Vgl. Duhm, *Internet Marketing-Praktiken im Kreuzfeuer*, 1996.

[365]Vgl. o.V., *Die juristischen Zeichen für Spammer stehen auf Sturm*. Computerwoche 15/98.

[366]LG Berlin vom 28.11.1996, Az. 16 0 246/96

[367]*Richtlinie 14263/99/EC des Europäisches Parlamentes und des Rates über bestimmte Aspekte der Dienste der Informationsgesellschaft, insbesondere des elektronischen Geschäftsverkehrs, im Binnenmarkt („Richtlinie über den elektronischen Geschäftsverkehr“).* Online im Internet: http://www.ispo.cec.be/ecommerce/legal/documents/directive_cp.doc

wurde; diese Erwartungen wurden nicht erfüllt. Zwar gibt es die Vorgabe einer Kennzeichnungspflicht, aber weder wird die Art der Kennzeichnung so vorgeschrieben, daß es den Nutzern möglich wäre, mit nur einem Filter Werbung grundsätzlich auszufiltern, noch wird das Problem gesehen, daß die größten Kosten nicht beim Download des einzelnen Anwenders entstehen, sondern durch die genutzten Leitungskapazitäten der Übertragung bis zu dem Server, auf dem der einzelne Nutzer sein Postfach hat.

Auch ist anderen Mitgliedstaaten der EU die Möglichkeit zu einer strengeren Regelung genommen:[368]

*Die Mitgliedstaaten dürfen den freien Verkehr von Diensten der Informationsgesellschaft aus einem anderen Mitgliedstaat nicht aus Gründen einschränken, die den durch diese Richtlinie koordinierten Bereich betreffen.*

Interessant erscheint vor diesem Hintergrund die Unmöglichkeit, etwas dagegen zu unternehmen, daß ein Mitgliedstaat in seinem nationalen Bereich die Umsetzung der Kennzeichnung von Werbemails nicht vornimmt. Nach dem Grundsatz „keine Behinderung in einem koordinierten Bereich" wird es innerhalb der Europäischen Union keine Möglichkeit geben, sich gegen Spam aus einem anderen Mitgliedsland zur Wehr zu setzen. Unter dem Strich hat damit das Land mit den niedrigsten, gerade noch richtlinienkonformen Vorschriften die größten Standortvorteile.

Letztlich ist zudem nicht abzusehen, wie die „Robinson-Listen", in die sich Spam-Verweiger eintragen lassen können, in der Praxis zu realisieren sind, zumal sie schon im Bereich der Print-Werbung nicht funktionieren.

Es läßt sich der Eindruck nicht vermeiden, daß der Grundsatz für freie Werbung hier für ein Medium von Entscheidern umgesetzt wurden, die das Medium nicht aus eigener Anschauung kennen – und selber weder je versucht haben, einen Spam-Filter in ihrer E-Mail-Software einzurichten noch überhaupt eigene E-Mail-Konten (selbst) benutzen. Aber das Problem ist nicht neu, und auch nicht EU-typisch.

Die Firma Volvo bot schon 1994 ihren Homepage-Besuchern die Möglichkeit, E-Mails an Volvo zu schicken. Übersehen wurde dabei jedoch, daß nach amerikanischem Recht ein Hersteller auf Mängelrügen reagieren und Abhilfe anbieten muß, sonst besteht eine Rückkaufverpflichtung des Herstellers. Volvo gab daher diesen E-Mail-Service für seine Kunden sehr schnell wieder auf.[369]

Werbung per E-Mail kann aber nicht nur zur Marktkommunikation eingesetzt werden, sondern auch die betriebliche Effizienz dadurch belasten, daß man selbst Empfänger solcher Mails wird. In aller Regel wird das Löschen der Mails erheblich kostengünstiger und effektiver sein, als den langen und komplizierten Rechtsweg zu beschreiten, fast regelmäßig über nationale Grenzen hinweg für jeden Einzelfall ein gerichtliches Verfahren anzustrengen.

Vor einer gängigen Verfahrensweise der Mail-Werber soll an dieser Stelle aber ausdrücklich gewarnt werden. Robotprogramme scannen Webseiten und News-

---

[368] Ebda, Art. 3 Abs. 2.
[369] Vgl. Gummig, *Rechtsfragen bei Werbung im Internet*, 1996.

groups ab, um E-Mail-Adressen zu erfassen. Mit diesem Scanning ist aber keinerlei Verifizierung möglich, ob die Mail-Adresse auch zu einem natürlichen Empfänger führt.

In Anbetracht der geschäftlichen Möglichkeiten eines Adressenhandels stellen verifizierte Anschriften jedoch wertvolles Wissen dar, da sie immer einen höheren Erlös bringen. Es hat sich zur Verifizierung das Verfahren eingebürgert, an alle verfügbaren Adressen eine kurze und zumeist recht freundlich gehaltene E-Mail zu senden, in der angeboten wird, unter einer vorgegebenen Antwortadresse mitzuteilen, daß man künftig keine Mails mehr erhalten möchte.

Wer dieses freundlich klingende Angebot annimmt, bestätigt die Echtheit seiner Adresse und macht sie damit zu einem erheblich wertvolleren Handelsgut – er darf künftig nur mit um so mehr Werbe-Mails rechnen.

Eine deutliche Auswirkung in Europa wird die Rechtslage zu Werbe-Mails in den USA haben. Pete Wilson, Gouverneur von Kalifornien, hat im September 1998 zwei bereits im März in das kalifornische Parlament eingebrachte Gesetze gegen unaufgefordert zugeschickte Werbe-E-Mails (Spam, benannt nach dem amerikanischen Dosenfleisch) unterzeichnet, die am 1. Januar 1999 in Kraft traten. Nach dem ersten Anti-Spam-Gesetz (AB 1629)[370] dürfen Internet Service Provider (ISP) Spammern verbieten, Werbe-Sendungen über ihre Server zu verschicken. Die ISP können Schadenersatz von den Spammern für die Verluste verlangen, die ihnen durch von Spam blockierte oder abgestürzte Netze entstanden sind. Der Verstoß gegen das Gesetz steht unter Geldstrafe: maximal 50 Dollar pro Mail oder bis zu 25.000 Dollar pro Tag – je nachdem, welches die höhere Summe ergibt.

Das zweite kalifornische Anti-Spam-Gesetz (AB 1626)[371] mit der offiziellen Bezeichnung AB 1676 verlangt, daß nicht angeforderte E-Mails in der Betreffzeile durch „ADV" (*advertising* = Werbung) als Werbe-Mails zu kennzeichnen sind. Handelt es sich beispielsweise um Werbung für Erwachsene, etwa für erotische Artikel, muß „ADV: ADLT" (ADLT entspricht *adult* = erwachsen) in der Betreffzeile stehen. Diese Bestimmung ermöglicht es dem Empfänger der E-Mail, sie auf einen Blick als Werbe-Mail zu identifizieren. Das Gesetz schreibt darüber hinaus vor, daß Werbe-Mailer eine gebührenfreie Telefonnummer einrichten oder eine authentische Antwort-Adresse angeben müssen, unter der ein Empfänger darum bitten kann, von der Werbeliste gestrichen zu werden. Zudem verbietet das neue Gesetz, in einer E-Mail-Adresse die Internet-Domain einer anderen Person anzugeben, um den Empfänger über den wahren Absender der Werbe-Mail zu täuschen.

Interessant ist auch das im Gesetz verankerte Strafmaß: Bei einem Verstoß gegen das Gesetz können Strafen von bis zu 500 Dollar pro Mail oder bis zu sechs

---

[370]Gouverneur von Kalifornien: *Bill Nr. AB 1629.* Online im Internet:
 http://www.leginfo.ca.gov/pub/bill/asm/ab_1601-1650/ab_1629_bill_980827_
 enrolled.html
[371]Gouverneur von Kalifornien: Bill Nr. 1626. Online im Internet:
 http://www.leginfo.ca.gov/pub/bill/asm/ab_1651-1700/ab_1676_bill_980828_
 enrolled.html

Monate Gefängnis verhängt werden. Das neue Gesetz richtet sich nicht gegen Werber, die schon in einer geschäftlichen Beziehung zum Empfänger standen, sondern nur gegen unaufgefordert zugesandte Werbe-E-Mail.

Mit diesen beiden Gesetzen kommt Kalifornien dem Kongreß zuvor, der ein in den ganzen USA gültiges Bundesgesetz erarbeitet. Hierin soll das Telekommunikationsgesetz erweitert werden, und E-Mail-Werber sollen mit einer Geldstrafe von bis zu 15.000 Dollar bestraft werden, wenn sie ihre Identität verheimlichen.

## 5.2  Veröffentlichung von Personenlisten

Die im Rahmen einer Website leicht vorzunehmende Veröffentlichung von Personenlisten, beispielsweise in Form von Mitgliedslisten von Vereinen und Verbänden, unterliegt den Bestimmungen des Datenschutzes. Für ein solches Informationsangebot greift das TDG, das jedoch hierfür keine spezifische Regelung vorsieht, da diese Bestimmungen in erster Linie für das Anbieter-Kunden-Verhältnis ausgelegt sind. Das BDSG (Bundesdatenschutzgesetz) ist einschlägig, wenn Dritte betroffen sind, wie es hier unzweifelhaft der Fall ist. Danach ist die Veröffentlichung von „listenmäßig oder sonst zusammengefaßten Daten" (§ 28 II b BDSG) zulässig, sofern die Angaben auf bestimmte Daten beschränkt werden und der Veröffentlichung kein schutzwürdiges Interesse der Mitglieder entgegensteht. Das Gesetz beschränkt die zu veröffentlichenden Daten ausdrücklich auf eine Angabe über die Zugehörigkeit des Betroffenen zu dieser Personengruppe, Berufs-, Branchen- oder Geschäftsbezeichnung, Namen, Titel, akademische Grade, Anschrift und Geburtsjahr. Eine Veröffentlichung von Telefonnummer oder E-Mail-Adresse ist demnach nicht zulässig, wie auch die Gruppenzugehörigkeit an sich bereits ein schutzwürdiges Interesse des Betroffenen verletzen kann – man stelle sich nur die Veröffentlichung der Mitgliederliste der Anonymen Alkoholiker vor. In jedem Fall ist es empfehlenswert, eine vorherige schriftliche Mitgliederbefragung durchzuführen.[372] Auch dies dürfte wohl das Schutzinteresse des Einzelnen nicht ausreichend wahren.

---

[372] Vgl. hierzu auch Strömer/Withöft, *Datenschutzrecht*, 1997, S. 16.

# 6 Verkaufen im World Wide Web

Durch die multimedialen und interaktiven Möglichkeiten einer Website bietet es sich förmlich an, nicht nur Informationen über das Angebot des Unternehmens zu publizieren, sondern auch Produkte direkt zum Kauf anzubieten.

Eine Reihe von Vorschriften sorgt für Klarheit darüber, wer der Geschäftspartner ist. Einige Gesellschaftsformen wie AG, GmbH und GmbH & Co. KG müssen auf ihren Geschäftspapieren Angaben zur Identifizierung aufführen (z.B. Handelsregistereintragung und Geschäftsführer).[373] Für Diensteanbieter gilt die Anbieterkennzeichnung in § 6 TDG, für Inhalteanbieter der § 6 MDStV (sowie die über die reine Anbieterkennzeichnung hinausgehende Impressumspflicht des § 6 Abs. 2 MDStV) und generell der § 15 der GewerbeO.

Diese Regelungen sind nicht mit einer generellen Impressums- oder Genehmigungspflicht für Webseiten zu verwechseln. Die durch das TDG geltende Rechtslage geht von einer grundsätzlichen Genehmigungsfreiheit aus; zur Einführung einer generellen Impressumspflicht auch für private Homepages bedarf es einer neuen gesetzlichen Grundlage. Ob ein solches Ansinnen allerdings mit dem Grundrecht der Meinungsfreiheit nach Art. 5 GG vereinbar wäre, muß bezweifelt werden. Zudem wird aufgrund der technischen Gegebenheiten des Internet, auch vor dem Hintergrund der schnellen Weiterentwicklung entsprechender Technologien, eine Durchsetzung einer solchen Vorschrift schon mangels effektiver Kontrollmöglichkeiten nicht möglich sein.

Jeder, der auf einer frei zugänglichen, d.h. nicht durch Paßwort geschützten und damit nicht nur einer geschlossenen Nutzergruppe zugänglichen Website etwas anbietet, unterhält eine offene Verkaufsstelle im Sinne der Gewerbeordnung. Wie jeder Gastronom oder Kioskbesitzer eine Plakette mit Angaben über Namen und Anschrift des Besitzers deutlich sichtbar anzubringen hat, muß sich auch der elektronische Anbieter auf der Startseite identifizieren. Es erscheint ausreichend, wenn dies am Fuß der Homepage geschieht (wie es auch bei Briefbögen häufig der Fall ist), da der Betrachter jederzeit problemlos zur Startseite zurückkommen kann, auch wenn er den Identifikationshinweis bei Nutzung eines Links zu einer weiteren Seite der Website zunächst nicht gelesen hat. Um sicherzugehen, kann entweder ein Hinweis zur Identifizierung des Anbieters auf jeder Seite der Website

---

[373] § 35 a GmbHG bzw. § 125 a HGB und § 80 AktG.

angebracht[374] oder jeweils ein Link gesetzt werden, der zu einer als Impressum oder Editorial bezeichneten separaten Seite führt.

Der deutsche Gesetzgeber hat verschiedene Regelungen getroffen, um den Verbraucher durch einen Ausgleich zwischen Verkäufer und Käufer zu schützen. International übernimmt diese Aufgabe die Fernhandelsrichtlinie der Europäischen Union[375], die derzeit allerdings noch keine Rechtskraft hat. Sie wird mit Ausnahme einiger Produktgruppen[376] voraussichtlich alle Verkäufe erfassen, bei denen sich Käufer und Verkäufer nicht unmittelbar gegenüberstehen, also auch den Handel im Electronic Commerce. Hiernach kann der Käufer grundsätzlich binnen sieben Tagen ohne Angabe von Gründen vom Vertrag zurücktreten. Darüber hinaus sind von der Fernhandelsrichtlinie in Deutschland keine großen Veränderungen zu erwarten, da die übrigen Bedingungen wie Identifizierungspflicht des Verkäufers oder Beweispflicht des Verkäufers über Inhalt und Abschluß des Kaufvertrages bereits geltendes Recht in Deutschland sind.[247]

Die Möglichkeit, von einem einmal geschlossenen Vertrag mit befreiender Wirkung zurückzutreten, ist allerdings in Deutschland der Ausnahmefall und nur aufgrund spezialgesetzlicher Regelungen (z.B. dem Haustürwiderrufsgesetz) möglich. Ansonsten gilt bisher immer noch der Grundsatz „pacta sunt servanda".

Die übrigen deutschen Verbraucherschutzgesetze sind auf den Internet-Handel, wenn überhaupt, nur sehr beschränkt anwendbar. Das Haustürwiderrufsgesetz (HaustürWG) kann nicht auf Verkäufe per Telefon (hier reicht das bloße Auflegen des Hörers, um den hartnäckigen Verkäufer loszuwerden) angewendet werden, und so erst recht nicht auf Online-Verkäufe, die sich erheblich vom Teleshopping via Fernseher unterscheiden, bei dem der Schutz des HaustürWG wohl die Zeit bis zur Einführung der EU-Fernabsatzrichtlinie mit weitgehendem Schutz des Verbrauchers abdeckt.[377]

Relevant ist hier jedoch das Verbraucherkreditgesetz. Es ist anzuwenden für Verträge über die Lieferung mehrerer zusammengehörend verkaufter Sachen in Teilleistungen, bei denen das Entgelt für die Gesamtheit in Teilleistungen zu entrichten ist (z.B. Buchreihen oder Sammelwerke), für Verträge über die regelmäßige Lieferung gleichartiger Sachen (z.B. Zeitschriftenabonnements) sowie für alle Verträge, die den wiederholten Erwerb oder Bezug von Sachen zum Gegenstand haben (z.B. Buchclubs oder Schallplattenringe).[378]

In diesen Fällen benötigt ein Anbieter, wie auch beim Verkauf von Waren im Wert von mehr als 400,00 DM und bei einer Stundung des Kaufpreises um mehr als

---

[374] Vgl. Strömer, *Vertragsrecht*, 1997, S. 11.

[375] Europäische Union, *Verbraucherschutz bei Vertragsabschlüssen im Fernabsatz*, 1997.

[376] So z.B. Finanzdienstleistungen und Haushaltsgeräte.

[377] Unzutreffend daher Bermanseder: „Im Ergebnis bleibt festzuhalten, daß dem Verbraucher bei Vertragsabschlüssen im Wege des Teleshopping auch in der Zeit bis zur Umsetzung der EU-Fernabsatzrichtlinie ein gesetzlich normiertes Widerrufsrecht zusteht. Dieses ergibt sich aus § 1 Abs. 1 Nr. 2 HaustürWG. Darüber hinaus kann sich der Verbraucher auf die Regelung des § 5 Abs. 1 HaustürWG, die im Zusammenspiel mit der EG-Richtlinie 85/577/EWG zu lesen ist, berufen."

[378] Siehe § 2 VerbrKrG.

drei Monate, gem. § 4 I Satz 1 VerbrKrG eine vom Käufer unterzeichnete schriftliche Erklärung. Hierfür ist eine Originalunterschrift notwendig, die per E-Mail nicht übermittelt werden kann (vgl. S. 155); bei Nichtbeachtung ist der Vertrag nichtig.

Allerdings ist dieser umständliche Ablauf für Massengeschäfte im Versandhandel (zu denen auch der Online-Verkauf über die Website zählen dürfte) nicht notwendig, die entsprechende Ausnahme bietet § 8 VerbrKrG. Zudem entfällt das Widerrufsrecht des Kunden (§ 7 VerbrKrG), wenn der Versandhändler dem Kunden das uneingeschränkte Recht einräumt, die bestellte Sache binnen einer Woche nach Erhalt wieder zurückzugeben (s. § 8 II VerbrKrG).

Interessant gestaltet sich die grundsätzliche Frage vor dem Hintergrund der künftigen Umsetzung der EG-Richtlinie zum Fernabsatz[379], wann Angebote in einer Website als „invitatio ad offerendum" betrachtet und in welchen Fällen als bindend anzusehen sind. Grundsätzlich ist die Verkaufsofferte im Internet wohl als „invitatio" anzusehen und im Sinne des bisherigen Vertragsrechts auslegbar. Anders stellt sich die Situation bei einer sehr konkret gestalteten Verkaufsofferte dar, bei der vom Anbieter z.B. direkt zur Eingabe der Kreditkartennummer aufgefordert wird. Dann allerdings kommt ein Vertrag zustande, unabhängig davon, ob der Lieferant überhaupt lieferfähig ist.

Für die Fernabsatzrichtlinie liegt aktuell ein Änderungsentwurf der Europäischen Kommission vor[380], für die deutsche Umsetzung der Entwurf eines Gesetzes über Fernabsatzverträge.[381]

# 6.1 Preise im World Wide Web

§ 1 der Verordnung zur Regelung der Preisangaben (PAngVO) untersagt die Werbung mit Preisangaben, die keine Endpreise sind, gegenüber Letztverbrauchern. Endpreise müssen alle Preisbestandteile enthalten, insbesondere die gesetzlich vorgeschriebene Mehrwert- oder Umsatzsteuer. Sonstige Preisbestandteile können z.B. Transport- und Bereitstellungskosten, aber auch die Kosten für zwingend erforderliche Leistungen Dritter sein.

Endpreise sind gegenüber allen Letztverbrauchern anzugeben, die die angebotene Ware oder Dienstleistung nicht in ihrer selbständigen beruflichen oder gewerb-

---

[379]EU, *Richtlinie 97/7/EG über den Verbraucherschutz bei Vertragsabschlüssen im Fernabsatz*
[380]Europäische Kommission, *Geänderter Vorschlag für eine Richtlinie des Europäischen Parlamentes und Rates über bestimmte rechtliche Aspekte des elektronischen Geschäftsverkehrs im Binnenmarkt.* KOM(1999) 427 endg., 98/0325 (COD). Online im Internet: http://europa.eu.int/comm/dg15/en/media/eleccomm/com427de.pdf
[381]Deutscher Bundestag, *Beschlussempfehlung und Bericht des Rechtsausschusses (6. Ausschuss) zu dem Gesetzentwurf der Bundesregierung – Entwurf eines Gesetzes über Fernabsatzverträge und andere Fragen des Verbraucherrechts sowie zur Umstellung auf den Euro.* Online im Internet: http://dip.bundestag.de/btd/14/031/1403195.pdf

lichen oder in ihrer behördlichen oder dienstlichen Tätigkeit verwenden (§ 7 PAngVO). Gewerbliche Anbieter dürfen nur dann mit Nettopreisen gegenüber Letztverbrauchern werben, wenn sie sicherstellen, daß als Letztverbraucher ausschließlich die soeben genannten Personen Zutritt zu ihren Angeboten haben, und wenn sie durch geeignete Maßnahmen dafür Sorge tragen, daß diese Personen nur die in ihrer jeweiligen Tätigkeit verwendbaren Waren kaufen. Daher erhält man Kataloge von Anbietern für ausschließlich gewerbliche oder freiberufliche Letztverbraucher in der Regel nur, wenn man den Anbietern gegenüber nachweist, daß man zu dieser Gruppe gehört. Insbesondere EDV-Versandhändler verlangen häufig vorab eine Kopie der Gewerbeanmeldung.

Wird gegen die Pflicht zur Angabe von Endpreisen verstoßen, so liegt automatisch ein Verstoß gegen § 3 UWG vor. Denn die PAngVO hat den Zweck, einen fairen Wettbewerb zu gewährleisten. Fair ist ein Wettbewerb aber nur so lange, wie die Angebote für die Letztverbraucher vergleichbar sind, was nicht mehr der Fall ist, wenn einige Anbieter mit Brutto-, andere dagegen nur mit Nettopreisen werben.[382] Wer dagegen verstößt, verletzt das Verbot, irreführende Angaben über die Preisbemessung zu machen. Diese Verbindung mit § 3 UWG ist erforderlich, da § 1 PreisAngVO keinen Sanktionstatbestand enthält. Ein Verbot ohne Sanktionsmöglichkeit ist aber sinnlos.

Daß diese Grundsätze auch auf die Werbung im Internet anzuwenden sind, hat neben anderen das LG Köln (Aktenzeichen 31 O 517/97) entschieden. Da grundsätzlich alle Webseiten für jedermann, also auch für private Letztverbraucher zugänglich sind, soweit sie nicht durch ein Paßwort oder ähnliches geschützt sind, lassen sich die dargestellten Grundsätze auf fast alle Web-Angebote z.B. von Providern anwenden. Um einen Verstoß zu vermeiden, reicht es auch nicht aus, wenn zu Beginn des Angebots darauf hingewiesen wird, daß es sich ausschließlich an Gewerbliche und Freiberufler richtet. Auch insoweit hat die Rechtsprechung jüngst zu Lasten der Metro AG entschieden, die als Großhandel nur an Gewerbliche und Wiederverkäufer verkaufen darf und dennoch ihre Prospekte (mit Nettopreisen) allgemeinen Zeitungen beigelegt hatte.

Jeder Anbieter von Waren und/oder Dienstleistungen im Internet sollte sowohl Brutto- als auch Nettopreise angeben. Das kann z.B. in einer mehrspaltigen Tabelle geschehen. Den Zugang zu Webseiten, die sich nur an Gewerbliche und Freiberufler richten, sollte man nur über ein Paßwort zugänglich machen. Das Paßwort kann jeder erhalten, der in einer entsprechenden Anmeldung (per E-Mail oder Formular) erklärt, daß er die angebotenen Waren oder Dienstleistungen in seiner selbständigen beruflichen oder gewerblichen oder in seiner behördlichen oder dienstlichen Tätigkeit verwendet. Das allein dürfte zur „Sicherstellung" im obigen Sinne allerdings noch nicht ausreichen. Es wird vielmehr erforderlich sein, daß der Anmelder irgendeinen Nachweis offizieller Natur beibringt, daß das auch stimmt. Als Nachweis kann z.B. die Bestätigung einer gewerblichen oder frei-

---

[382] So auch Landgericht Ellwangen, Urteil vom 27.08.1999, Az. 2 KfH O 5/99, „Nettopreise und Werbemails".

beruflichen Tätigkeit durch das Finanzamt (so erforderlich z.B. bei Metro) oder ein Gewerbeschein gelten.

Wenig praktikabel erscheint vor diesem Hintergrund der Beschluß des LG Köln[383], das sich bereits mehrfach durch diskussionswürdige Entscheidungen rund um Internetfragen ausgezeichnet hat. Demzufolge müssen schon allein grundsätzlich auf allen Webseiten Bruttopreise genannt werden, weil diese von jedem (also auch dem durch § 1 PAngVO geschützten Letztverbraucher) gelesen werden können – selbst wenn der Anbieter Atomkraftwerke oder komplette Industrieanlagen vertreibt, so daß sich das Angebot offensichtlich nur an Gewerbliche richten kann oder der Anbieter ausschließlich im Export tätig ist. Hier ist zu hoffen, daß die höchstrichterliche Rechtsprechung künftig eine praktikable Klärung bringt. Ob ausländische Interessenten, für die eine Entrichtung der Mehrwertsteuer nicht in Betracht kommt, nach Kenntnisnahme der Bruttopreise noch im Kleingedruckten die genauen Bestimmungen nachlesen, erscheint unwahrscheinlich, und ein 16prozentiger genereller Preisnachteil allein aufgrund der Tatsache, daß die Webseite auch von Letztverbrauchern ohne Vorsteuerabzugsberechtigung gelesen werden kann, erscheint nicht akzeptabel.

Zusätzlich ist zu berücksichtigen, daß eine mehrwertsteuerfreie Lieferung innerhalb der Europäischen Union nur bei Vorliegen einer Umsatzsteuer-Identifikationsnummer des Käufers vorgenommen werden darf; auch dies wird bei der Preisbenennung auf den Angebotsseiten für weitere Komplexität sorgen.

## 6.2  Schutzpflichten des Anbieters

Der Anbieter hat vertragliche Nebenpflichten im Verhältnis zum Teilnehmer; vorrangig dürfte dies bei einer Website die Schutzpflicht zur Absicherung des Teilnehmers sein. Diese Pflicht ist um so größer, je „sensibler" die vom Anbieter erbrachte Leistung ist. Je mehr persönliche Daten eines Teilnehmers auf Anforderung des Anbieters diesem über das Internet übertragen werden, desto höher sind die Anforderungen an Datenschutz und Systemsicherheit zu stellen. Insbesondere bei Banken, Versicherungen und medizinischen Einrichtungen können wohl die nach jeweils aktuellem technischen Stand sichersten Systeme verlangt werden (beispielsweise Firewalls, Paßwortschutz, sukzessive Umsetzung fortschreitender Signaturregelungen, Zahlungssysteme etc.).[384]

Allerdings sind die Schutzpflichten nicht allesamt vertraglicher Art. Es wird unterstellt werden können, daß der Anbieter durch seine Website ein gewisses Gefahrenpotential (z.B. hinsichtlich schutzwürdiger personenbezogener Daten) schafft, insbesondere wenn eine Verbindung vom Webserver zur unternehmensinternen DV-Anlage nicht physikalisch ausgeschlossen ist. Im Rahmen seiner allgemeinen Verkehrssicherungspflicht muß er Maßnahmen zum Schutze anderer vor

---

[383]LG Köln, Beschluß vom 24.06.1997, Az. 31 O 517/97, „Preisangabeverordnung".
[384]Vgl. hierzu i.e. Witte, A./Karger, M., *Recht im Internet*, 1996, 5.4.3.

Gefahren treffen, die bei bestimmungsmäßiger oder zumindest nicht ganz fern-
liegender bestimmungswidriger Benutzung des Dienstes drohen (man denke nur an
den Zugriff durch Hacker auf eine Datenbank mit abgelehnten Kreditanträgen).
Verletzt der Anbieter seine Pflicht schuldhaft, haftet er dem Geschädigten nach
§§ 823, 249 BGB auch außerhalb einer vertraglichen Bindung auf Schadenersatz.

## 6.3   Elektronische Kaufverträge

Die Kommunikation zwischen den Vertragsparteien im Internet erfolgt durch
Umsetzung in elektronische Impulse und deren Übertragung. In den meisten Fällen
internetbasierter Kommunikation wird E-Mail als weiterer Internet-Dienst genutzt.
Das Phänomen, daß die Identität einer Person im Cyberspace vom Kommunika-
tionspartner, anders als in der realen Welt, nicht ohne weiteres nachprüfbar ist, wirft
auch datenschutzrechtliche Fragen auf. Die Annahme der Identität beruht auf der
Identitätsbehauptung des Absenders; problemlos kann sich ein Mann als eine Frau,
ein Minderjähriger als ein Volljähriger ausgeben. Das bedeutet in der Konsequenz,
daß die real übliche Verknüpfung von Recht und Rechtsfähigkeit an die Personen-
qualität ohne klare Identifikationselemente (z.B. durch digitale Signatur nach dem
SigG) in der Kommunikation im Cyberspace nicht möglich ist. Dies betrifft neben
der zeitgleichen Kommunikation per Chat auch die zeitversetzte Kommunikation per
E-Mail.[385]
Zur Frage des Briefgeheimnisses bei E-Mail schreibt Wenning:[386]

> *§ 85 TKG verpflichtet nur diejenigen, die geschäftsmäßig Telekommunikations-
> dienstleistungen erbringen. Dazu bedarf es nach § 3 Nr. 5 TKG eines „nachhal-
> tigen Angebots von Telekommunikation". Da jedoch auch Clients und nicht nur
> Server „sniffen"[387] können, weil der Ethernet-Verkehr in jede Richtung läuft,
> und ein „Nur-Sniffer" keine Telekommunikation anbietet, bestehen in Deutsch-
> land Lücken. Das Briefgeheimnis wiederum setzt einen Brief oder ein sonstiges
> verschlossenes Schriftstück voraus. Hier fehlt der Verweis auf § 11 III StGB, der
> Daten der Schrift gleichstellen würde. Auch fehlt es der E-Mail an einem
> Umschlag, der typischerweise gegen Kenntnisnahme des Inhalts durch Dritte
> schützt. § 202 StGB ist daher auf die elektronische Post einfach nicht anwendbar.
> Man könnte an die Datenausspähung nach § 202 a StGB denken. Hier fehlt es*

---

[385] Weitere Ausführungen hierzu s. Mayer, *Recht im Cyberspace*, 1997, Seite III 1 c. Mayer
verweist zudem auf eine enge Verknüpfung dieser Problematik mit den Problemstellungen
des Namensrechtes im Cyberspace.

[386] Wenning, Rigo: *Akteure im Internet: Rechtliche Problemfelder* (Teil 1). JurPC Web-Dok 46/
1998, Abs. 21, 22. Online im Internet:
http://www.jura.uni-sb.de/jurpc/aufsatz/19980046.htm

[387] „Sniffer" sind Programme, mit denen die Datenpäckchen in einer Leitung abgehört werden
können, um z.B. nach bestimmten Binärstrukturen durchsucht zu werden, aus denen sich
Paßworte entnehmen lassen.

*aber regelmäßig an der vorausgesetzten Zugangssicherung. Die Lösung bei einer bilateralen vertraulichen Kommunikation liegt in der Verschlüsselung der Nachricht. Dabei entsteht ein doppelter Effekt in rechtlicher und tatsächlicher Hinsicht. Einmal wird die Nachricht gegen Kenntnisnahme gesichert. Außerdem fällt die verschlüsselte Nachricht in den Schutzbereich des § 202 a StGB, weil sie eine Zugangssicherung hat. Die Zugangssicherung muß natürlich nicht ein absolutes Maß erreichen, um eine Nachricht in den Schutzbereich des § 202 a StGB zu bringen. Insofern bringt schon eine unsichere Verschlüsselung, wie sie beispielsweise bei Netscape verwendet wird, diesen Effekt.*

*Umgekehrt kann man positiv formulieren, daß bestimmte Geheimnisträger sich beim Austausch der Information besonders schützen müssen. Dies betrifft vor allem die Kommunikation von Inhalten, die von § 203 StGB erfaßt werden, und damit auch die dort verpflichteten Personen. Dies wurde vom Berliner Datenschutzbeauftragten Garstka auf der Tübinger Konferenz vertreten.*

Soweit ersichtlich, existiert noch keine deutsche Gerichtsentscheidung zu Vertragsabschlüssen per E-Mail. Da jedoch, strenggenommen, auch Telefon und Fax zu den Kommunikationsmitteln für die elektronische Willenserklärung gehören, lassen sich hinsichtlich der rechtlichen Einordnung von E-Mail bei diesen Übertragungsmitteln Anleihen machen.[388] Grundsätzlich liegt eine elektronische Willenserklärung wohl vor, wenn sich Erklärender und Empfänger gleichermaßen eines elektronischen Mediums bedienen, in diesem Fall der Electronic Mail.[389]

Zur Wirksamkeit von Rechtsgeschäften per E-Mail ist auf bestehende Gesetze sowie die dazu ergangenen Gerichtsurteile zurückzugreifen. Typische Rechtsfragen wie Formbedürftigkeit, Zugang etc. werden durch die bestehenden Regelwerke wie BGB und ZPO abgedeckt. Daneben gibt es die einleitend vorgestellten Gesetze, die sich speziell mit Online-Medien beschäftigen. Für Anbieter von Electronic Commerce[390] kommt insbesondere das Teledienstegesetz zur Anwendung, das mit dem Multimediagesetz am 1. August 1997 in Kraft getreten ist.

Der Vertragsschluß per E-Mail bereitet keine besonderen rechtlichen Probleme, da vom BGB nur in seltenen Fällen eine besondere Form[391] verlangt wird, um einen Vertrag wirksam werden zu lassen. Erforderlich sind lediglich übereinstimmende Willenserklärungen der Vertragsparteien, „Angebot" und „Annahme" genannt.

In allen Fällen, in denen ein Gesetz die Schriftform vorschreibt, ist die eigenhändige Namensunterschrift unter eine Urkunde notwendig (§ 126 I BGB), ersatzweise ein notariell beglaubigtes Handzeichen; andernfalls führt dies nach deutschem Recht grundsätzlich zur Nichtigkeit des Rechtsgeschäftes (§ 125 BGB)[392]. So kann

---

[388] So auch: Strömer, *Vertragsrecht*, 1997, S. 1.

[389] Ebenso: Mayer, *Recht im Cyberspace*, 1997, S. III 2 a.

[390] Im Sinne umfassender elektronischer Geschäftsabwicklung.

[391] Ausnahmen bestehen z.B. bei der Bürgschaft von Nichtkaufleuten, die der Schriftform bedarf, oder der notariellen Beurkundung von Verträgen im Grundstückskauf. Andere Beispiele sind der GmbH-Vertrag oder die Abtretung von Anteilen an einer GmbH.

[392] Vgl. hierzu auch, insbesondere zur Nichtwirkung dieser Regelung in internationalen Rechtsgeschäften: Witte, A./Karger, M., *Recht im Internet*, 1996, 2.2.1.

z.B. ein Anwalt die Gerichtskorrespondenz per Telefax übermitteln (sofern eine eindeutige Absenderkennung vorliegt und es sich erkennbar nicht um einen Entwurf handelt), nicht jedoch die den Anwalt legitimierende Vollmacht des Mandanten (Schriftformerfordernis des § 80 ZPO). Auch die noch in der Diskussion befindliche „digitale Signatur"[393] hat daran bislang nichts geändert.

Das zum 1. August 1997 in Kraft getretene Signaturgesetz weist vertrauenswürdigen Dritten (allgemein als „Trusted Third Parties" bezeichnet) eine wichtige Rolle zu, die durch drei Maßnahmen Rechtssicherheit im Umgang mit E-Mails erreichen sollen:[394]

1. Die Authentizität des Absenders als natürliche Person wird, auch bei Nutzung eines Pseudonyms, anhand der dort durch den Unterzeichner hinterlegten Daten verifiziert und dem Empfänger als verifiziert bestätigt.
2. Die Nachricht wird mit einem Zeitstempel versehen, der hilfsweise als Beleg im Rahmen der Zugangsproblematik verwendet werden kann.
3. Die Authentizität der Nachricht (Unverändertheit) wird durch eine Prüfsumme bestätigt, durch die jegliche Veränderung der Nachricht auf dem Transportweg sofort festgestellt werden kann.

Zum praktischen Wert des deutschen Signaturgesetzes ist freilich festzustellen, daß ein Gesetz lediglich zur Beschreibung eines Sicherheitsstandards überflüssig ist; den eigentlich relevanten Bereich der Rechtsfolgeregelungen (wer haftet wann unter welchen Voraussetzungen) spricht das SigG nicht an.[395]Inzwischen liegt ein Diskussionsentwurf für eine Novellierung des Signaturgesetzes vor.[396]

Bei der Regulierungsbehörde für Telekommunikation und Post (RegTP) in Mainz wurden am 23.09.1998 die Signaturschlüssel für die „Zuständige Behörde" nach dem Signaturgesetz generiert, die damit Betriebsbereitschaft erlangte und somit Signaturschlüssel-Zertifikate für genehmigte Zertifizierungsstellen erzeugen kann.[397]

In Deutschland gilt die Formfreiheit für Rechtsgeschäfte. Aus diesem Grund sind prinzipiell alle über das Web abgewickelten Rechtsgeschäfte wirksam, für die kein Schriftformerfordernis gilt. Im internationalen Rechtsverkehr ist die Rechts-

---

[393]Das mit dem Multimediagesetz in Kraft getretene Signaturgesetz stellt z.Z. lediglich eine Vorstufe zu einer endgültigen Lösung dar.

[394]Vgl. mit weiteren Erläuterungen: Deutscher Bundestag, *Sicherheit der Informationstechnik und Kryptierung*, 14.03.1996.

[395]Geis, Ivo: Kurzkommentar zum EU-Richtlinienvorschlag für elektronische Signaturen. MMR 6/1998, S. VIII. Online im Internet:
http://www.beck.de/mmr/Archiv/mmr9806/Aktuell/seite3.htm

[396]Überarbeiteter Entwurf zur Novellierung des Signaturgesetzes mit Stand April 2000, online im Internet: http://www.bmwi.de/download/diskussionsentwurf.doc; die weitere aktuelle Entwicklung der Diskussionsentwürfe ist jeweils online nachzuverfolgen unter
http://www.iukdg.de/

[397]Regulierungsbehörde für Telekommunikation und Post (RegTP): *Signaturschlüssel der „Zuständigen Behörde" gemäß Signaturgesetz erstellt*. Pressemitteilung, Bonn, den 24.09.1998.

folge beim Fehlen der nach deutschem Recht vorgeschriebenen Schriftform jedoch keineswegs zwangsläufig, was bei grenzüberschreitenden Rechtsgeschäften, wie sie im Internet häufig vorliegen, eine entscheidende Rolle spielen kann.[398]

Der Schutz von Willensfreiheit und Willensauthentizität ist integrales Grundrecht der Art. 1 und 2 Abs. 1 GG; die Anerkennung einer elektronischen Unterschrift greift hier ein und benötigt daher eine gesetzliche Grundlage, die sich im Spannungsfeld zwischen dem faktischen Zwang zur Benutzung einerseits und dem staatsschutzrechtlichen Interesse andererseits bewegt – schließlich erleichtert eine sichere kryptographische Verschlüsselung die Arbeit der Strafverfolgungsbehörden nicht gerade.[399]

Problematisch ist jedoch bei Online-Rechtsgeschäften, die Geschäftsfähigkeit des Erklärenden zu prüfen. Im Internet gibt es keine Möglichkeit, das Alter und die Identität einwandfrei zu prüfen. Es wird daher empfohlen, diesbezüglich einen Warnhinweis anzubringen.[400] Zudem kann bei elektronischen Schriftstücken (im Gegensatz zur klassischen Schriftkultur) aufgrund der beliebigen Gestaltungsmöglichkeiten die Zustimmungsfiktion nicht mehr unterstellt werden, die bisher als Rechtsfolgewille des Verfassers einem Schriftstück innewohnte.[401]

Ob die digitale Signatur, wie sie im SiG vorgegeben wird, bei diesen Problemen Abhilfe schaffen kann, ist aus heutiger Sicht zumindest fraglich. Zwar wird diese Lösung von weltweiten Konsortien aller namhaften Hersteller befürwortet und führt aktuell zur Gründung diverser Trust-Center auch in Deutschland. In Anbetracht der Tatsache, daß mit der Dienstleistung der Vergabe digitaler Signaturen gute Geschäfte möglich sind, könnte ein potentielles Eigeninteresse vor dem besseren Wissen um die Sicherheit stehen. Schließlich haben Kriminelle, die eine fremde Chipkarte in ihren Besitz bringen und deren Zugangscode knacken, eine Blankounterschrift in der Hand.[402]

Grundsätzlich gelten die Vorschriften zum Vermummungsverbot von Unternehmen im Internet auch für E-Mails, die auch als Geschäftsbriefe im elektronischen Geschäftsverkehr eingesetzt werden können.

Am 13. Mai 1998 hat die EU-Kommission den Richtlinienvorschlag für gemeinsame Rahmenbedingungen für elektronische Signaturen verabschiedet[403] (der inzwischen in einer überarbeiteten Form vorliegt[404]), aus dem sich als allgemeiner

---

[398] Vgl. Witte, A./Karger, M. *Recht im Internet*, 1996, 2.2.2.

[399] Zutreffend Witte, A./Karger, M., *Recht im Internet*, 1996, 1.3.5.

[400] Vgl. Gummig, *Rechtsfragen bei Werbung im Internet*, 1996.

[401] Vgl. Witte, A./Karger, M., *Recht im Internet*, 1996, 1.3.6.

[402] Vgl. hier auch Hoffmann, *Mit der digitalen Signatur läßt sich viel Geld machen*, 1998.

[403] EU-Kommission: *Richtlinie des Europäischen Parlaments und des Rates über gemeinsame Rahmenbedingungen für elektronische Signaturen.* KOM(98)297final. Online im Internet: http://europa.eu.int /comm/dg15/en/media/infso/com297de.pdf

[404] EU-Kommission: Geänderter Vorschlag für eine Richtlinie des Europäischen Parlamentes und des Rates über gemeinsame Rahmenbedingungen für elektronische Signaturen. COM(1999)195 endg. vom 29.04.1999. Online im Internet: http://www.dud.de/dud/files/sigrl195.zip

Diskussionsgrundlage eine mögliche Weiterentwicklung der elektronischen Signaturen ablesen läßt. Das deutsche Signaturgesetz regelt keinerlei Rechtsfolgen; diese aber sind zwingend zu regeln, sollte die elektronische Unterschrift auch vor Gerichten eine gleiche Wertigkeit wie die manuelle Unterschrift haben.

Mit dieser Richtlinie wurde das europäische Gesetzgebungsverfahren eingeleitet, an dessen Ende eine Europäische Richtlinie stehen soll, die bis zum 1. Januar 2001 in nationales Recht der Mitgliedstaaten umzusetzen ist.[405]

Die von der Richtlinie bezeichnete „elektronische Signatur" schließt die im SigG bezeichnete „digitale Signatur" ein, geht jedoch darüber hinaus, indem sie nicht nur Signaturen auf Basis kryptographischer Systeme mit öffentlich bekanntem Schlüssel umfaßt, sondern auch andere (zukünftig zu entwickelnde) Authentifizierungsverfahren einschließt.

Als Gegenstück zu dem geforderten freien Marktzugang für die Zertifizierungsinstanzen, die nicht von einer staatlichen Genehmigung abhängig sein sollen, werden Rechtsfolgeregeln aufgestellt, insbesondere eine Vermutungsregel, eine Schriftformregel sowie eine Beweismittelregel.[406]

Nach der Vermutungsregel kann mit Recht vermutet werden, daß die Daten nicht verändert worden sind, die elektronische Signatur genau zu der Person gehört, die die Nachricht signiert hat, und auch, daß die signierende Person den Willen hatte, diese Nachricht zu signieren (Art. 3 Ziff. 1 des Richtlinienvorschlages).

Die Schriftformregel stellt die signierten Daten der Unterschrift gleich; eine elektronische Signatur wird also in jedem Lebensbereich, auch vor Gericht, identisch mit der manuellen physischen Unterschrift behandelt (Art. 3 Ziff. 2 des Richtlinienvorschlages).

Daraus folgt, daß signierte Dateien auch als Beweismittel verwendet werden können, und zwar ohne eine wie z.B. in Frankreich, Belgien oder Griechenland präferierte wertmäßige Grenze, bei deren Überschreiten nur das Schriftdokument als Beweismittel zugelassen werden soll, sondern grundsätzlich unabhängig vom Inhalt oder Wert der so signierten Erklärung (Art. 3 Ziff. 3 des Richtlinienvorschlages).

Die Haftung der Zertifizierungsstellen soll sich dabei auf den wirtschaftlichen Schaden beschränken; ein Haftungsausschluß durch den Zertifizierer ist dann möglich, wenn er nachweisen kann, daß er alle Anforderungen der Richtlinie (hinsichtlich Fehlgebrauch des Zertifikats, Vermeidung von Irrtümern, Sicherung der Identität des Zertifizierten etc.) erfüllt hat.

Im Rahmen einer Drittstaatenregelung sollen die Zertifikate von außerhalb der EU agierenden Zertifizierungsstellen denen innerhalb der EU gleichgestellt werden, sofern eine Haftung auch innerhalb der EU sichergestellt werden kann.

---

[405] Roßnagel, Alexander: *EU-Richtlinienvorschlag für elektronische Signaturen.* MMR 6/1998, Seite V. Online im Internet:
http://www.beck.de/mmr/Archiv/mmr9806/Aktuell/seite1.htm

[406] Geis, Ivo: Kurzkommentar zum EU-Richtlinienvorschlag für elektronische Signaturen. MMR 6/1998, S. VII. Online im Internet:
http://www.beck.de/mmr/Archiv/mmr9806/Aktuell/seite3.htm

Die nachfolgenden Abschnitte dieses Buches beziehen sich nicht auf die möglicherweise zukünftigen Regelungen, die durchaus noch einige Änderungen erfahren können, sondern auf die Problematik, wie sie sich deutschen Unternehmen zur Zeit stellt.

## 6.3.1  Wirksamkeit

Das aktuell größte Problem im Bereich der Willenserklärung per E-Mail ist der notwendige nachweisliche Zugang der Willenserklärungen; er richtet sich nach dem BGB, mit dessen Regeln sich die Zugangsfragen von E-Mail derzeit nicht hinreichend beantworten lassen. Während es sich bei telefonischen Vereinbarungen um Absprachen unter Anwesenden handelt[407], ist beim E-Mail von einer zeitverzögerten Kenntnisnahme auszugehen. Während Anwesende eine sofortige Entscheidungsmöglichkeit haben (sowohl bei einem persönlichen Gespräch, bei dem sie sich gegenüber sitzen, als auch bei einem Telefonat, das trotz der räumlichen Distanz einem persönlichen Gespräch ähnlicher ist als einem Brief, analog dazu wohl auch bei den neuen Technologien wie Video-Conferencing oder Internet-Telefonie[408]), kann bei Zugang unter Abwesenden nicht zwingend davon ausgegangen werden, daß der Empfänger die Mitteilung auch zum Zeitpunkt des Zugangs liest. Die Frist zur Annahme bei einem Telefax ist geringer als bei einem Brief per Briefpost (einige Tage), da das Fax den Schriftverkehr schließlich beschleunigen soll. Wer mit modernen Kommunikationssystemen arbeitet, mit denen er nicht vertraut ist, trägt das Risiko, daß ihm Willenserklärungen nicht rechtzeitig zur Kenntnis gelangen. Eine Erklärung geht in dem Augenblick zu, in dem sie theoretisch hätte abgerufen werden können.[409] Analog könnte hier auf die Zugangsvoraussetzungen einer E-Mail geschlossen werden, jedoch liegt der Fall bei näherer Betrachtung komplizierter.

Analog zu den bisherigen Regelungen zum postalischen Brief wie auch zum Telefax wäre die Möglichkeit des Zugriffs mit dem Empfang der Daten zu bejahen. Mit einer E-Mail wird eine Willenserklärung in einem System auf Abruf gespeichert. Damit wäre der Zugang ab dem Zeitpunkt anzunehmen, zu dem der Empfänger üblicherweise Daten abruft, wobei von einem Abruf mindestens einmal werktäglich ausgegangen werden kann. Problematisch ist hierbei jedoch die Wertung des Übertragungsrisikos vom Server (elektronischer Briefkasten) zum lokalen Rechner des Empfängers, der aufgrund der Mittelbarkeit einer Willenserklärung zur Darstellung per Monitor oder Drucker notwendig ist. Bei einer analogen Anwendung der durch die Rechtsprechung ausgeprägten Regeln wäre ein Zugang auch dann zu bejahen, wenn aufgrund einer postalischen Leitungsstörung die Nachricht auf dem

---

[407] § 147 I, S. 2 BGB.

[408] Vgl. Strömer, *Vertragsrecht*, 1997, S. 7. Sofern in den Dialog allerdings eine Computeranlage als Dialogpartner involviert ist, wird man eine Erklärung unter Abwesenden annehmen müssen.

[409] OLG Köln, Urteil vom 01.12.1989, Az. 6 U 10/89.

Server zwar bereitsteht, jedoch vom Nutzer nicht abgerufen werden kann (z.B. E-Mail bei T-Online). Die Analogie zu Telefax oder Brief ist nicht praktikabel, da der Herrschaftsbereich des Empfängers nicht kongruent zu seiner Möglichkeit der Kenntnisnahme ist.[410]

Eine klare Regelung des Zugangszeitpunktes ist allein schon aufgrund von § 130 I, Satz 2 BGB notwendig, nach dem der Widerruf des Erklärenden unter Abwesenden noch bis zum Zugang möglich ist. Der Nachweis des Zugangszeitpunktes ist, sofern nicht ein neutraler Dritter (wie z.B. ein Trust-Center) die Authentizität von Absender und Nachricht mit eigener Protokollierung bestätigen kann, mit den bisherigen technischen Gegebenheiten nur durch die empfangene E-Mail selbst oder durch die Logfiles des Servers, auf dem sich der elektronische Briefkasten befindet, möglich. Die empfangene Mail führt die Informationen über den Zeitpunkt ihres Zugangs im Header (den Kopfdaten) der Datei mit sich; allerdings ist nicht zu erwarten, daß eine den Empfang einer E-Mail abstreitende Partei eben diese Mail zum Beweis des Gegenteils vorlegen wird. Die Logfiles des Servers müssen schon aus datenschutzrechtlichen Gründen nach möglichst kurzer Zeit gelöscht oder anonymisiert werden (vgl. Kap. 7.4), so daß hier auch kein Beweismittel zu generieren ist.

Geht man davon aus, daß der Zugang mit Eingang der Mail im Postfach des Empfängers erfolgt, liegt bei dieser Erklärung unter Abwesenden dennoch Zeitgleichheit von Zugang und Abgabe vor. Nach geltendem Recht liegt in Nichtabnahme und Rücksendung kein rechtlich wirksamer Widerruf, so daß praktisch keinerlei Widerrufsmöglichkeit besteht. Abhilfe wird erst die EG-Richtlinie zum Fernabsatz bringen, die aber noch nicht umgesetzt ist. Hierzu existiert derzeit ein Referentenentwurf zum Fernabsatzgesetz (FernAG).[411] Neben der Einführung eines verbindlichen Widerrufsrechts verlangt der Entwurf, dass der Verbraucher vor dem Abschluß eines Vertrages über Identität des Lieferanten, Preis, wesentliche Eigenschaften des Produktes oder der Dienstleistung, entstehende Lieferkosten und Zahlungsmodalitäten ausreichend unterrichtet ist.

Die Frage des Zugangs einer elektronischen Willenserklärung per E-Mail muß daher als offene Rechtsfrage angesehen werden.

Grundsätzlich erscheint es nicht zwingend, daß eine E-Mail als Basis eines Vertragsabschlusses von einem Menschen abgesendet worden sein muß – im Ergebnis kommt ein Vertrag auch dann zustande, wenn ein Computer durch ein entsprechend gestaltetes Softwaresystem die Zustimmung für den Menschen erklärt hat. Dies bedeutet vorrangig für den Anbieter, daß er seine Angebote mit dem Hinweis „unverbindlich" oder „solange der Vorrat reicähigkeit1ht" versehen sollte – ansonsten wird auch dann ein Vertrag geschlossen, wenn der Anbieter nicht lieferfähig ist.

---

[410] Vgl. hierzu Mayer, *Recht im Cyberspace*, 1997, S. III 2 a mit weiteren Erläuterungen.
[411] Referentenentwurf zum Fernabsatzgesetz (FernAG) mit Stand vom 31. Mai 1999, online im Internet: http://www.bmj.bund.de/download/fernag.pdf

## 6.3.2 Beweisbarkeit

Auch ein mündlich geschlossener Vertrag kann wirksam sein, aber genau wie dort gibt es, sofern sich nicht beide Seiten an die Erklärung halten, das Problem der Beweisbarkeit. Der einfachste Nachweis vor deutschen Gerichten ist die Urkunde als physisch unmittelbar wahrnehmbare, vom Aussteller unterschriebene Erklärung nach § 416 ZPO. Diese Unmittelbarkeit ist bei elektronischen Daten nicht gegeben, die erst mittelbar durch Drucker oder Bildschirm sichtbar werden. Da eine E-Mail jedoch bestenfalls die Kopie einer Unterschrift enthalten kann, kommt der Urkundsbeweis für elektronische Erklärungen nicht in Betracht. Vor dem Hintergrund der zunehmenden Bedeutung elektronischer Kommunikation in der Geschäftsabwicklung erscheint es jedoch dauerhaft nicht möglich, elektronischen Dokumenten jegliche Urkundeneigenschaft abzusprechen, da elektronische Willenserklärungen und der Abschluß elektronischer Verträge jenseits des Schriftformerfordernisses benachteiligt würden. Zukünftig erscheint eine Ausdehnung des Urkundsbegriffes beispielsweise auf die Verkörperung elektronischer Willenserklärungen auf besonders schwer manipulierbaren Speichermedien (z.B. CD-WORM) oder auf von vertrauenswürdigen Dritten (Trusted Third Parties) testierte und registrierte elektronische Nachrichten (s. S. 155) sinnvoll, zumal die zivilprozessuale Beweisproblematik zumeist in Fragen zu Vertragsabschluß und Vertragsinhalt besteht, unabhängig vom materiellrechtlichen Erfordernis der Schriftform.

Dies ändert sich auch nicht, wenn die Vertragspartner einvernehmliche Erklärungen abgeben, wie sie durch Übersetzungen von vorwiegend aus den USA stammenden Klauseln oft verwendet werden. Auch dadurch läßt sich aus einer E-Mail keine Urkunde machen. Eine solche Vereinbarung wirkt derzeit nur, wenn ein Schiedsgericht anstelle eines Gerichtes über die Streitigkeiten entscheiden soll (§§ 1025 ff. ZPO), bei dem die Parteien über Verfahren und Beweismittel selbst bestimmen können. Wichtig ist in diesem Fall, daß die Schiedsgerichtsvereinbarung in einem gesonderten Schriftstück enthalten ist – das seinerseits wieder die Originalunterschriften tragen muß und nicht zusammen mit dem Vertrag festgehalten wird.

Vor Gerichten kann die E-Mail jedoch zumindest als Augenscheinsobjekt vorgebracht werden. Der Beweiswert ist niedriger als bei einem Urkundsbeweis, kann aber eventuell das Gericht durch das Zusammenspiel mit anderen Beweismitteln (wie z.B. Zeugenaussagen) von der Echtheit der E-Mail überzeugen. Eine zusätzliche Möglichkeit für den Online-Anbieter besteht sicherlich darin, jede empfangene Mail umgehend zu bestätigen. Einerseits gibt dies dem Kunden die Möglichkeit, auf eventuelle Fehler aufmerksam zu werden, andererseits sinkt die Wahrscheinlichkeit, daß der Kunde das Geschäft später bestreitet.

Eine Änderung der Beweislage bei E-Mails wird wohl erst durch die Umsetzung der EU-Richtlinie zur elektronischen Signatur erfolgen (s.o.).

Mit einer zertifizierten E-Mail kann der Empfänger nachweisen, daß eine bestimmte E-Mail von einem genau bestimmbaren Absender stammt und auf dem Weg vom Absender zum Empfänger nicht verändert wurde. Darüber hinaus läßt sich ein Zeitstempel erzeugen, der nachweist, daß die entsprechende E-Mail zu einem bestimmten Zeitpunkt bei der Zertifizierungsstelle vorgelegen hat. Diese Nachweise erreichen etwa das Niveau des Urkundsbeweises. Schließlich wird bei einer Urkunde nach § 416 ZPO nur bewiesen, daß der Inhalt der Urkunde vom Unterzeichner stammt; der Wahrheitsgehalt des Inhaltes ist damit nicht bewiesen.

Im übrigen ist der Anbieter darauf angewiesen, daß die Bestellung bestätigt oder die Leistung erbracht wurde, um zu belegen, daß überhaupt ein Vertrag zustande gekommen ist.[412]

Ein in der Praxis häufig vorkommendes Beispiel ist die bestellte Lieferung per Post, die nach Ablauf der Lagerfrist wegen Nichtabholung durch den Besteller von der Post zurückgeliefert wird. Um Forderungen an den Besteller geltend machen zu können, muß das Zustandekommen des Kaufvertrages nachgewiesen werden, was bei E-Mail nicht unproblematisch ist. Vorsichtige Verkäufer verlangen daher eine Bestellung per Fax, wobei das Formular in der Regel zum Ausdruck hinterlegt wird. Allerdings ist auch dann, wenn das Fax unterschrieben ist, keine klare Schriftform gegeben; zudem stammt die Absenderkennung vom sendenden Gerät und kann beliebig geändert werden. Nur wenn ein beweisbarer Vertrag gegeben ist, kann Erfüllung verlangt werden, d.h. der volle Betrag. Der Käufer befindet sich nur dann im Annahmeverzug und hat den sich hieraus ergebenden Schaden zu ersetzen. Diese Problematik ist jedoch nicht internetspezifisch, sondern in liefernden Unternehmen allgemein bekannt.

## 6.3.3  Allgemeine Geschäftsbedingungen (AGB)

Online-Geschäfte werden üblicherweise als standardisierte Massengeschäfte nicht einzeln zwischen Anbieter und Nachfrager ausgehandelt, sondern zumeist unter Einbeziehung der Allgemeinen Geschäftsbedingungen (AGB) des Anbieters abgeschlossen.

Mit den AGB legt der Anbieter die wichtigsten Punkte des vertraglichen Rahmens fest, um den Vertragsinhalt möglichst günstig für sich zu gestalten, z.B. Zahlungsziel, Gerichtsstand und Haftungsverteilung. In diesem Rahmen ist grundsätzlich zu prüfen, ob die AGB wirksam in den Vertrag einbezogen wurden und ob die Regelungen als solche überhaupt wirksam sind, wobei grundsätzlich nichts dagegen spricht, bei Online-Verträgen auch die AGB online übertragen zu können.[413]

Für die Einbeziehung der AGB in Websites bzw. in Internet-Verkäufe kann, weil, soweit ersichtlich, noch keine spezifische Gerichtsentscheidung hierzu vorliegt, auf die bereits früher in Zusammenhang mit Btx-Verkäufen[414] ergangenen Entscheidungen zurückgegriffen werden. Dabei wurde von den Gerichten als

---

[412] Vgl. Schneider, *Recht im Cyberspace*, 1996/97.

[413] Vgl. hierzu Amtsgericht Saarbrücken, Urteil vom 6. März 1990, Az. 4 C 731/89, wonach es bei Btx-Verträgen ausreicht, wenn die AGB vom Vertragspartner per Btx übermittelt werden.

[414] Btx = Bildschirmtext, Telekommunikationsdienst, heute Bestandteil von T-Online.

besonders wichtig angesehen, daß Kunden die AGB leicht erfassen und nach Möglichkeit auch ausdrucken konnten[415]. Der § 2 AGBG fordert die Zumutbarkeit der Wahrnehmung durch den Kunden, wobei es nicht zwingend ist, daß die AGB vom Kunden auch gelesen werden. Während in einem normalen Verkaufsgeschäft ausreichend ist, wenn die Bedingungen ausgehängt oder bei Bedarf vorgelegt werden, werden im Online-Verkauf hohe Anforderungen gestellt.[416]

Für die Wahrnehmung der AGB durch den Kunden ist der bloße Hinweis „Es gelten unsere AGB" nicht hinreichend. Werden die AGB abgebildet, ist auf den Umstand Rücksicht zu nehmen, daß das Lesen am Bildschirm deutlich anstrengender ist als das Lesen der üblichen Papierform von AGB.

Die Analogie zu drei Btx-Seiten als Umfang ist dagegen unsicher, da die Grenze der Zumutbarkeit hier durch die diversen technischen Möglichkeiten gezogen wird, nach denen u.U. sehr viel Text auf drei Bildschirmseiten paßt. Es ist daher empfehlenswert, es dem Kunden (und damit im Streitfall auch dem Richter) möglichst einfach zu machen, die AGB zur Kenntnis zu nehmen und auszudrucken. Neben möglichst kurzen AGB[417] sollte auch eine Möglichkeit zum Download geboten werden.[418]

Koehler weist zurecht darauf hin, daß dem Kunden, der sich regelmäßig freiwillig des Internet zum Vertragsschluß bedient, auch zugemutet werden kann, von den verfügbaren technischen Möglichkeiten Gebrauch zu machen.[419] Dem Kunden können die gleichen übersichtlich gestalteten, mühelos lesbaren und vom Umfang her angemessenen AGB zugemutet werden wie bei schriftlichen Verträgen auch.

Die in Abbildung 6-1 notwendige aktive Einbindung per Mausklick durch den Kunden kann mit einer Plausibilitätskontrolle so eingebunden werden, daß bei Betätigen des Buttons „Bestellung absenden" ohne vorheriges Anklicken der Zustimmung zu den AGB ein Alert-Fenster geöffnet wird (z.B.: „Eine Bestellung ohne Einbindung unserer AGB ist leider nicht möglich. Bitte bestätigen Sie die Einbeziehung unserer AGB.")

---

[415] Vgl. hierzu die Entscheidung des LG Aachen (NJW91, 2159), in der es u.a. heißt: „Die vom Kläger angebotene Möglichkeit, die AGB über Btx abzurufen, genügt den Anforderungen des § 2 Abs. 1 AGBG nicht. [...] Die AGB müssen für den Durchschnittskunden mühelos lesbar sein und einen im Verhältnis zur Bedeutung des Geschäfts vertretbaren Umfang aufweisen. Diese Voraussetzungen sind bei Vertragsschluß mittels Btx nur dann erfüllt, wenn die AGB lediglich aus wenigen, kurzen Sätzen bestehen." Zitiert nach: Reiners, *Der „virtuelle" Kaufvertrag*, 1998, S. 41.

[416] So auch: Strömer, *Vertragsrecht*, 1997, S. 8.

[417] Siehe hierzu Landgericht Aachen, Urteil vom 24. Januar 1991, Az. 6 S 192/90 (Vorinstanz AG Geilenkirchen: 5 a C 206/90). Hiernach ist eine zumutbare Kenntnisnahme per Btx nur dann möglich, wenn die AGB aus wenigen kurzen Sätzen bestehen.

[418] Vgl. Strömer, *Vertragsrecht*, 1997, S. 8.

[419] Koehler, Philipp: *Allgemeine Geschäftsbedingungen im Internet*. MMR 6/1998, S. 292, Abs. II Ziff 2. Online im Internet:
http://www.beck.de/mmr/Archiv/mmr9806/Beitraege/seite0289.htm

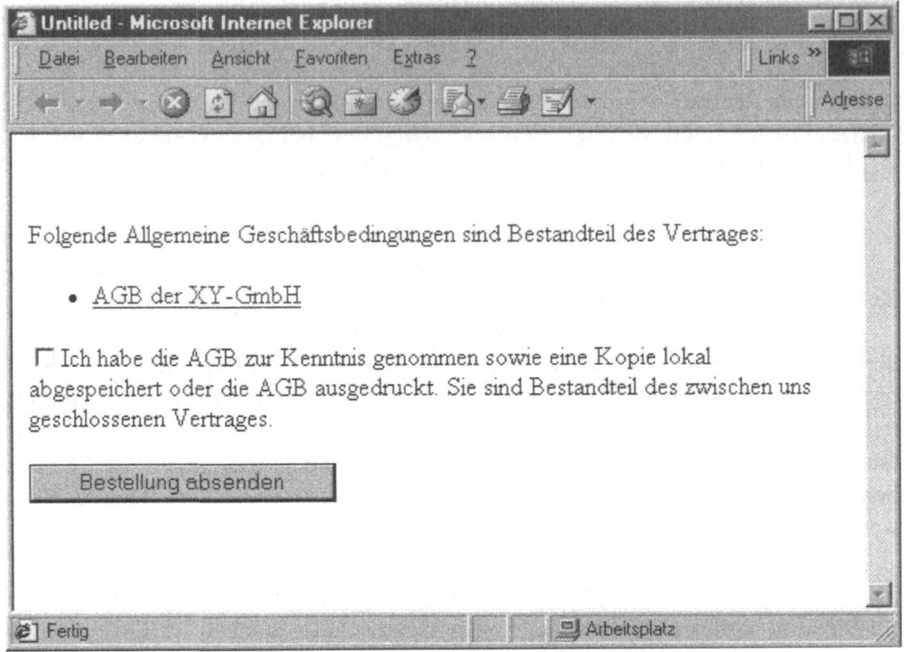

**Abb. 6-1:** Mögliche Einbindung der AGB auf einer Webseite

Es erscheint ratsam, daß der Kunde zuerst die AGB bestätigt, bevor er eine Bestellung vornehmen kann, wie es auch das City-Web der WAZ-Zeitungsgruppe bei der Teilnehmeranmeldung unter http://www.cww.de praktiziert.[420] Probleme gibt es, wenn die AGB nur beiläufig oder unter erheblichem Zeitaufwand abrufbar sind bzw. nur in englischer Sprache vorliegen.[421]

Der Anbieter ist nicht nur für die Einbeziehung der AGB, sondern auch für den Inhalt seiner AGB beweisrechtlich verantwortlich. Zumindest sollte daher jeweils ein Exemplar der AGB mit Angabe der Zeitspanne der Verwendung zu den Akten genommen werden. Daneben ist auch ein als Screenshot bezeichneter Ausdruck der Bildschirmdarstellung nebst Zeit- bzw. Datumsangabe möglicherweise hilfreich.

Die sichere Variante, in der ein Kunde per E-Mail bestellt und der Verkäufer die Annahme inklusive AGB per Telefax oder Briefpost bestätigt, ist nur in Teilbereichen des elektronischen Handels praktikabel, da sie die Vorteile und Schnelligkeit des Internet nur in geringem Maße nutzt.[422] Die Anbieter werden schließlich immer ein Interesse daran haben, sich im Streitfall an deutschem Zivilrecht zu orientieren sowie einen deutschen Gerichtsstand zu vereinbaren.

---

[420] Vgl. hierzu auch Schneider, *Recht im Cyberspace*, 1996/97.
[421] Vgl. Helfrich, *Welches Recht im Internet?*, 1996.
[422] Vgl. Strömer, *Vertragsrecht*, 1997, S. 9.

Die AGB können grundsätzlich die Vereinbarung ausschließlicher Anwendung deutschen Rechts enthalten; im Streitfalle muß diese Vereinbarung jedoch nachgewiesen werden. Zumindest ein technisches Protokoll sollte als Anscheinsbeweis belegen, daß der Käufer die AGB zur Kenntnis genommen hat. Eine Gerichtsstandsvereinbarung in den AGB ist, unabhängig von der Frage, ob sie mit Nichtkaufleuten zulässig ist, aufgrund ihres Schriftformerfordernisses grundsätzlich unwirksam.[423]

Eine für das deutsche Rechtssystem ungewöhnliche Konstruktion, die für den Verkauf von Versicherungen im Internet erhebliche Vorteile mit sich bringt, findet sich in § 5 VVG (Versicherungsvertragsgesetz). Neben der herkömmlichen Einbeziehung der Allgemeinen Versicherungsbedingungen (AVB) über das AGBG im Antragsmodell kann der Versicherer auch das für den Verkauf im Internet wesentlich geeignetere Widerspruchsmodell anwenden. Beim Widerspruchsmodell führen Antrag des Kunden und Antragsannahme des Versicherers zum Vertragsschluß, ohne daß der Kunde die AVB vorher gesehen hat. Gleichzeitig oder später sendet der Versicherer die AVB an den Kunden, der seinerseits binnen zwei Wochen gegen die AVB beim Versicherer Widerspruch einlegen kann, was zur rückwirkenden Auflösung des Vertrages führt.

Eine Besonderheit dieses Verfahrens kann darin begründet liegen, daß an keiner Stelle dieses Geschäftes ein Schriftformerfordernis besteht. So könnte der Versicherer nach Annahme des Online-Antrages des Kunden seine AVB mit dem Versicherungsschein per E-Mail an den Kunden senden. Soweit bisher ersichtlich, wird dies jedoch bislang noch von keinem der im Internet vertretenen deutschen Versicherer praktiziert.

Eine Einbeziehung der AGB ist somit so lange relativ einfach möglich, wie der Kunde über ein Formular innerhalb der Website bestellt, dessen Gestaltung derart vorgenommen wurde, daß er bei dessen Ausfüllen Kenntnis von den AGB nehmen muß. Bestellt der Kunde jedoch per E-Mail, besteht nur die Möglichkeit des umständlichen Fax- oder Briefverfahrens zur Einbeziehung der AGB oder aber der Verzicht darauf. Das Angebot eines Unternehmens im Internet ist lediglich eine Aufforderung an den Kunden, sein Angebot abzugeben (invitatio ad offerendum), genau wie im Schaufenster eines realen Geschäftes.[424]

---

[423] Ebenso: Reiners, *Der „virtuelle" Kaufvertrag*, 1998, S. 41.
[424] So auch: Koehler, *Verträge im Internet*, 1998.

# 7  Datenschutz im Internet

Die Geschichte des Schutzes persönlicher Daten hat eine lange Tradition; bekannt ist vor allem der Eid des Hippokrates aus dem 4. Jahrhundert v. Chr., der jedoch in der aktuellen Form kaum von Hippokrates von Kos stammen dürfte und in seinem ethischen Inhalt als Ärztegelöbnis noch heute Bestand hat:[425]

*Ich schwöre und rufe Apollon, den Arzt, und Asklepios und Hygieia und Panakeia und alle Götter und Göttinnen zu Zeugen an, daß ich diesen Eid und diesen Vertrag nach meiner Fähigkeit und nach meiner Einsicht erfüllen werde.*

*Ich werde den, der mich diese Kunst gelehrt hat, gleich meinen Eltern achten, ihn an meinem Unterricht teilnehmen lassen, ihm, wenn er in Not gerät, von dem Meinigen abgeben, seine Nachkommen gleich meinen Brüdern halten und sie diese Kunst lehren, wenn sie sie zu lernen verlangen, ohne Entgelt und Vertrag.*

*Und ich werde an Vorschriften, Vorlesungen und aller übrigen Unterweisung meine Söhne und die meines Lehrers und die vertraglich verpflichteten und nach der ärztlichen Sitte vereidigten Schüler teilnehmen lassen, sonst aber niemanden.*

*Ärztliche Verordnungen werde ich treffen zum Nutzen der Kranken nach meiner Fähigkeit und meinem Urteil, hüten aber werde ich mich davor, sie zum Schaden und in unrechter Weise anzuwenden.*

*Auch werde ich niemandem ein tödliches Mittel geben, auch nicht wenn ich darum gebeten werde, und ich werde auch niemanden dabei beraten; auch werde ich keiner Frau ein Abtreibungsmittel geben.*

*Rein und fromm werde ich mein Leben und meine Kunst bewahren.*

*Ich werde nicht schneiden, sogar Steinleidende nicht, sondern werde das den Männern überlassen, die dieses Handwerk ausüben.*

*In alle Häuser, in die ich komme, werde ich zum Nutzen der Kranken hineingehen, frei von jedem bewußten Unrecht und jeder Übeltat, besonders von jedem geschlechtlichen Mißbrauch an Frauen und Männern, Freien und Sklaven.*

*Was ich bei der Behandlung oder auch außerhalb meiner Praxis im Umgang mit Menschen sehe und höre, das man nicht weiterreden darf, werde ich verschweigen und als Geheimnis bewahren.*

---

[425] Mit weiteren Nachweisen zur medizinischen Geschichte online im Internet: http://www.uni-koeln.de/med-fak/fsmed/med-g/hippocra.htm

*Wenn ich diesen Eid erfülle und nicht breche, so sei mir beschieden, in meinem Leben und in meiner Kunst voranzukommen, indem ich Ansehen bei allen Menschen für alle Zeit gewinne; wenn ich ihn aber übertrete und breche, so geschehe mir das Gegenteil.*

Es ist keine Übertreibung, festzustellen, daß es de facto im Internet keinen Datenschutz gibt.

Ungeachtet dessen unterliegen die deutschen Unternehmen jedoch mit zunehmendem Konfliktpotential den deutschen Datenschutzgesetzen. Deren Wirkung beschränkt sich jedoch tatsächlich auf die Unternehmen und läßt sich nicht auf das Internet ausdehnen, da es kein „deutsches Internet" gibt. Die nachfolgenden Darstellungen verdeutlichen, daß der als „Kantherrede zum Kryptoverbot" bekannt gewordene Vortrag des früheren Bundesinnenministers deutlich an einer falschen Einschätzung der realen Problemkonstellation leidet.[426]

Derzeit wird die Teilnehmerzahl an der Internet-Kommunikation weltweit auf mehr als 100 Millionen Nutzer geschätzt. Unterstellt man nur 1 Promille an Nutzern mit krimineller Energie, so sind dies bereits potentielle 100.000 Nutzer, die sich aus kriminellem Interesse um die übermittelten Informationen, deren Inhalte und ggf. auch deren Veränderung bemühen. Es erscheint daher sehr sinnvoll, die wichtigsten Gefährdungsbereiche näher zu betrachten.

Jedes Unternehmen, das auf die Internet-Technologien zurückgreift, ist zumindest Nutzer dieser Dienste und schon bei Einrichtung einer Homepage gleichzeitig auch Anbieter. Nachfolgend werden die wichtigsten Kriterien des Datenschutzes in den einzelnen Diensten des Internet betrachtet, um generelle Hinweise abzuleiten, wie die eigene Kommunikation geschützt werden kann – und sich der Nutzer auch gegen multiple Auswertung seiner Datenspuren absichern kann.

Die Datenspuren, die jeder Nutzer des Internet im Laufe der Zeit hinterläßt, können wie andere Informationen in Datenbanken gesammelt werden und Spezifika der einzelnen Person ableiten helfen. Damit entstehen in den Unternehmen neue personenbezogene Daten, die dem deutschen Datenschutzrecht widersprechen. Von den Unternehmen werden diese Daten häufig als Marketing-Unterstützung bezeichnet; Gegner dieser Entwicklung sprechen vom „gläsernen Surfer" oder „gläsernen Kunden". Dies tangiert, da die betroffenen Personen dies in aller Regel nicht wissen und von den Unternehmen auch nicht über die über sie gesammelten Daten und deren Auswertungsmöglichkeit informiert werden, unmittelbar das Recht auf informationelle Selbstbestimmung, das seit dem Volkszählungsurteil des Bundesgerichtshofes von 1983 Verfassungsrang genießt.

Der Berliner Datenschutzbeauftragte führt dazu in seinem Jahresbericht 1997 an:[427]

---

[426] Kanther, Manfred, *Mit Sicherheit in die Informationsgesellschaft*. Rede anläßlich der Eröffnung des 5. IT-Sicherheitskongresses am 28. April 1997 in Bonn. Online im Internet: http://www.iks-jena.de/mitarb/lutz/security/cryptoban/kanther.rede.html

[427] Bericht des Berliner Datenschutzbeauftragten vom 31. Dezember 1997, Abschnitt 2.1 Tendenzen und Entwicklungen in der Informationstechnik. Online im Internet: http://www.datenschutz-berlin.de/jahresbe/97/teil2.htm

*Aus datenschutzrechtlicher Sicht ist dieses Data-Mining höchst problematisch. Die weitgefaßten Rechtsgrundlagen für die Verarbeitung personenbezogener Daten im Bundesdatenschutzgesetz erlauben die Verarbeitung personenbezogener Daten bereits dann, wenn berechtigte Interessen der Verarbeiter vorliegen und eine Abwägung ergibt, daß die schutzwürdigen Interessen der Betroffenen nicht unangemessen beeinträchtigt werden. Diese Kategorien gehen von einem bestimmten Anwendungszusammenhang oder einer bestimmten Zwecksetzung aus. Mögen die Daten in den Data-Warehouses im einzelnen in bestimmten Anwendungszusammenhängen oder für bestimmte Zwecke erhoben und gespeichert worden sein, bei der Zusammenführung dieser Daten und der Analyse zur Aufdeckung neuer, vorher unbekannter Zusammenhänge lösen sich die Daten jedoch von den ursprünglichen Zwecken und werden zur Gewinnung beliebiger neuer Erkenntnisse über Personen zusammengeführt. Dabei kann nicht mehr automatisch davon ausgegangen werden, daß die schutzwürdigen Interessen der Betroffenen den berechtigten Interessen der Verarbeiter hintanstehen können. Data-Warehouses sind im Zusammenhang mit der Verarbeitung personenbezogener Daten – seien es Personen in ihrer Rolle als Kunden, als Mitarbeiter oder als Bürger – ein besonderes Risiko für die informationelle Selbstbestimmung.*

Im Internet lassen sich nahezu alle Bewegungen des Anwenders protokollieren, von der Verweildauer des Betrachters auf der Website des Anbieters bis hin zu Version und Typ der benutzten Browsersoftware. Das CDT (Center for Democracy and Technology, Washington, D.C.) hat auf seiner Homepage[428] eine Demonstration eingerichtet, die illustriert, welche Datenspur der auf diese Homepage zugreifende Benutzer im Internet hinterläßt. So kann der Administrator des Webservers z.B. festhalten, wer wann welche Daten oder Seiten abgerufen hat und welche Werbebanner angeklickt wurden.

Diese schon mit herkömmlicher Software zu ermittelnden individuellen Daten kommen den Unternehmen entgegen, die durch den Zwang zu einem individuelleren Marketing erheblich mehr verwertbares Datenmaterial über den einzelnen aktuellen oder potentiellen Interessenten benötigen als früher.

Demgegenüber steht hierzulande das verfassungsmäßige Recht des Art. 2 I GG:

*Jeder hat das Recht auf die freie Entfaltung seiner Persönlichkeit, soweit er nicht die Rechte anderer verletzt und nicht gegen die verfassungsmäßige Ordnung oder das Sittengesetz verstößt.*

Was von wem wie lange über eine Person abgespeichert wird, hängt daher in erster Linie von der aktiven Einwilligung der entsprechenden Person ab – was zumindest nicht der aktuellen Realität im Internet entspricht, wo von Unternehmen so viel wie möglich an Daten gesammelt wird, ohne die datenschutzrechtlichen Bestimmungen zu bemühen.

---

[428]Zu erreichen online im Internet unter http://www.cdt.org/privacy/ (Stand 12.03.1998).

Diese Bestimmungen wurden bis Juli 1997 vorwiegend durch das Bundesdatenschutzgesetz (BDSG) geregelt. Aufgrund der durch Internet und Online-Dienste veränderten Anforderungen traten mit IuKDG und MDStV ab dem 1. August 1997 auch neue Regelungen zum Schutz der Nutzer bzw. ihrer Daten in Kraft. Seitdem ist das BDSG nur noch heranzuziehen, wenn diese beiden Gesetze keine speziellen Regelungen für die neuen Kommunikationsmittel enthalten, es hat somit nur noch eine „Lückenbüßer-Funktion".[429] Bereits ein Jahr länger ist das TKG mit dazugehöriger Datenschutzverordnung in Kraft.

Das TKG gilt für Unternehmen, die die Technik für die elektronische Kommunikation bereitstellen, somit vor allem für Provider, wogegen sich der Datenschutz nach dem MDStV an diejenigen richtet, die sich mit Informationen an die Allgemeinheit wenden (z.B. Online-Zeitungen und redaktionelle Inhalte). Das TDG findet auf jene Anbieter Anwendung, die Leistungen für den einzelnen Anwender erbringen, wie z.B. Online-Banking oder Teleshopping.

Durch die Adressierung der verschiedenen Gesetze kann es in der Praxis zu Überschneidungen kommen, wenn ein Unternehmen auf seiner Website neben dem Angebot seiner Produkte auch noch Informationen über seine Branche anbietet. Während das Produktangebot dem TDG unterliegt, ist für den Informationsteil der MDStV anzuwenden.[296] Aufgrund der im wesentlichen analogen Regelungen werden hier ausschließlich die Vorschriften des Teledienstedatenschutzgesetzes (TDDSG) herangezogen.

Durch das Protokollieren der Abrufe von Dateien wird das Online-Verhalten eines Benutzers registriert und gespeichert. Dadurch läßt sich leicht ein Nutzerprofil erstellen. Das Datenschutzgesetz für Teledienste soll verhindern, daß solche Daten von eifrigen Marktforschern gesammelt werden. Das Gesetz untersagt z.B. die Erstellung von Nutzerprofilen.[430]

Jede Vorschrift ist nur so gut wie ihre Kontrolle. Nach § 38 BDSG dürfen die Kontrollbehörden den Betrieb eines Anbieters auch gegen dessen Willen betreten und Einsicht in die gespeicherten Daten nehmen, wenn hinreichende Anhaltspunkte für einen datenschutzrechtlichen Verstoß vorliegen. Dies wurde mit Inkrafttreten des TDDSG entscheidend geändert: § 38 des BDSG findet mit der Maßgabe Anwendung, daß die Überprüfung auch vorgenommen werden darf, wenn Anhaltspunkte für eine Verletzung von Datenschutzvorschriften nicht vorliegen.

Für die Frage der praktischen Umsetzung dieser Vorschrift gibt es allerdings noch keine Hinweise.[431]

Allgemein darf nicht übersehen werden, daß die durchaus umfassenden rechtlichen Regelungen zum Datenschutz in der praktischen Ausprägung des Internet, wie es heute auch von deutschen Unternehmen genutzt wird, weitestgehend ignoriert werden.

Der gesetzliche Schutz greift immer dann, wenn einzelne Informationen mit

---

[429] Vgl. Strömer/Withöft, *Datenschutzrecht,* 1997, S. 2.
[430] Vgl. Schulski-Haddouti, *Datenschutz versus Marktforschung,* 1997.
[431] Vgl. Strömer/Withöft, *Datenschutzrecht,* 1997, S. 10.

einer natürlichen Person auf elektronischem Weg in Verbindung gebracht werden können. Solche personenbezogenen Daten definiert das BDSG in § 3 (1) BDSG:

*Personenbezogene Daten sind Einzelangaben über persönliche oder sachliche Verhältnisse einer bestimmten oder bestimmbaren natürlichen Person (Betroffener).*

Informationen über z.B. GmbHs sind somit nicht erfaßt, da es sich hier nicht um natürliche Personen handelt. Die Einzelangaben betreffen jede einzelne Information über eine bestimmbare Person (beispielsweise Alter, Geschlecht, Name, Kontonummer). Bestimmt oder bestimmbar ist eine Person, wenn sie direkt oder durch Rückschluß eindeutig identifiziert werden kann – und dazu dürften Name, Vorname und Geburtsdatum regelmäßig ausreichen. Daraus ergibt sich, daß die Erhebung von anonymen Daten unbeschränkt zulässig ist (z.B. in Form von „Klickstatistiken" bzw. Pageviews). Der Anbieter darf aufzeichnen, wie lange ein Nutzer eine Seite betrachtet hat und welche Buttons er angeklickt hat – er darf diese Informationen jedoch nicht mit den beispielsweise aus einem Gewinnspiel stammenden Daten zusammenführen, mit denen eine Identifikation des Nutzers möglich wäre.[432]

Das Regelwerk für den Umgang mit Daten, die sich auf eine bestimmte Person beziehen lassen, ist eindeutig: Er ist verboten, sofern nicht eine gesetzliche Erlaubnis oder die Einwilligung des Nutzers vorliegt (s. § 4 I BDSG). Nur unter bestimmten Voraussetzungen ist der Umgang mit Kundendaten erlaubt; so werden natürlich für die Begründung und Abwicklung eines Vertragsverhältnisses i.d.R. einige Daten benötigt. Für die Rechnungsstellung z.B. können daher alle relevanten personenbezogenen Daten des Kunden erhoben, verarbeitet und genutzt werden. Diese Bestandsdaten finden ihre Verarbeitungsgrenze aber in genau dem Vertragsverhältnis, aus dem sie stammen (s. § 28 I 1. BDSG). Will der Anbieter diese Daten nutzen, um seine Kunden über neue Produkte zu informieren oder Marktforschung zu betreiben, ist die ausdrückliche Einwilligung des Nutzers unerläßlich.[433]

Sollen bereits erhobene personenbezogene Daten statistisch ausgewertet werden, schreibt das BDSG deren Anonymisierung vor (s. § 3 VII BDSG), also die Veränderung der Daten derart, daß sie nicht mehr mit bestimmten Personen in Zusammenhang gebracht werden können. Die dort getroffene Definition der Anonymisierung, „das Verändern personenbezogener Daten derart, daß die Einzelangaben über persönliche oder sachliche Verhältnisse nicht mehr oder nur mit einem unverhältnismäßig großen Aufwand an Zeit, Kosten und Arbeitskraft einer bestimmten oder bestimmbaren natürlichen Person zugeordnet werden können", ist sehr wenig konkret und jeweils nur im Einzelfall zu entscheiden.

Eine Information mit persönlichem Inhalt kann nach deutschem Rechtsverständnis geschützt sein, während ein anderer Staat einen eher lockeren Umgang

---

[432] Vgl. Strömer/Withöft, *Datenschutzrecht,* 1997, S. 3.
[433] Ebd., S. 4.

damit gestattet. Nach dem Grundsatz der Territorialität ist das deutsche Recht jedoch im Ausland nicht durchsetzbar.[434]

Auch hier werden die Richtlinien der Europäischen Union mittelfristig zu einer Harmonisierung zumindest im europäischen Bereich führen. Die ISDN-Datenschutzrichtlinie[435] der EU beinhaltet, verpflichtend zur Einführung bestimmter Datensätze sowie von Bestimmungen zum Umgang mit den neuen Servicemöglichkeiten, als interessanten neuen Ansatz erstmals auch Ansätze zum Schutz der Daten nicht nur natürlicher, sondern auch juristischer Personen.[436]

Die besonderen Risiken der wichtigsten Dienste sollen nachfolgend kurz vorgestellt werden.[437]

# 7.1  E-Mail

Die elektronische Post ist der wahrscheinlich am meisten genutzte Dienst des Internet. Eine Textnachricht wird mit einer Empfängeradresse (der E-Mail-Adresse) versehen und an einen oder mehrere Empfänger versendet. Neben den rudimentären Funktionen der vereinfachten Beantwortung oder Weiterleitung empfangener E-Mails ist es bei aktuelleren Mail-Programmen zudem möglich, jede Art von Dateien als Attachment an eine E-Mail anzuhängen und so dem Empfänger zuzustellen.

Die E-Mail wird beim Absenden vom Schreiber einem Mail-Server zugestellt, der sie über andere Server an den Rechner weiterleitet, auf dem der Empfänger sein Postfach hat. Dort verbleibt die Mail, bis der Empfänger sie von dem Server auf seinen lokalen Rechner lädt und liest.

In jedem der an der Kommunikation beteiligten Server, nicht nur in dem eigenen Mail-Server des Unternehmens, wird standardmäßig ein Protokoll angelegt, in dem die identifizierte Absenderadresse, die Empfängeradresse sowie Datum und Uhrzeit der Nachricht erfaßt sind.

Aus diesem Protokoll läßt sich ohne größeren Aufwand durch den Systemadministrator ein Kommunikationsprofil der über den Server vermittelten Mail-Nutzer erstellen, zumal nicht sichergestellt werden kann, daß diese Protokolle nicht über einen längeren Zeitraum hinweg aufbewahrt werden.

---

[434] Vgl. Witte/Karger, *Recht im Internet*, 1996, 1.3.3.

[435] Richtlinie 97/66/EG des Europäischen Parlaments und des Rates vom 15. Dezember 1997 über die Verarbeitung personenbezogener Daten und den Schutz der Privatsphäre im Bereich der Telekommunikation. Online im Internet: http://www2.echo.lu/legal/de/datenschutz/protection.html

[436] Erwägungsgrund 15 und Art. 2 Z a. Hierzu auch: Laga, Gerhard, *Rechtsprobleme im Internet*, S. 123.

[437] Vgl. dazu m.w.N. Arslan, Ahmet/Riekert, Wolf-Fritz, *Sicherheit für Benutzer der Internet-Technologie*. Studie. Forschungsinstitut für anwendungsorientierte Wissensverarbeitung FAW, Ulm. Juli 1997. Erstellt im Auftrag des Landes Baden-Württemberg, vertreten durch die Stabsstelle für Verwaltungsreform im Innenministerium. Online im Internet: http://www.david-datenschutz.de/secinternet.html

Ob im Rahmen der Protokollierung die gesamten E-Mails archiviert und nicht nur ihre Kopfdaten gespeichert werden, ist lediglich eine Frage der Konfiguration durch den Systemadministrator. Unverschlüsselte Mails können so direkt gelesen werden. Auch ist eine Veränderung bzw. Verfälschung der Mail-Inhalte vor der Weiterleitung möglich.

Ein allgemeines Risiko geht von den Attachments aus, also den im Anhang an eine E-Mail empfangenen Dateien. Diese Dateien können potentiell Viren enthalten, die destruktiv im Rechnersystem arbeiten oder als „trojanische Pferde" ihre Aktivitäten unbemerkt vom eigentlichen Empfänger auf dessen Rechner entfalten. Zu solchen Aktivitäten gehört z.B. eine Recherche nach typischen Bitmustern (z.B. Paßworten) auf dem Empfänger-Rechner; die Ergebnisse werden vom Empfänger unbemerkt ins Internet übertragen, sobald der Rechner online ist. Spezifische Software-Lösungen bieten die Möglichkeit, im Rahmen einer Firewall die empfangenen E-Mails quasi in Quarantäne zu installieren und so auf schädliche Nebenwirkungen zu überprüfen; dabei ist allerdings der enorme technische Aufwand ein Problem, wenn nicht nur einzelne E-Mails vom Unternehmen im Rahmen der Kommunikationsstrategie eingesetzt werden. Zudem können Virenscanner immer nur auf bekannte Typen von Viren und trojanischen Pferden reagieren; die Entwickler der schädigenden Programme sind den Entwicklern der schützenden Programme zwingend immer einen Schritt voraus.

Ein häufiger Angriff auf die E-Mail-Systeme von Unternehmen besteht im „Buffer Overflow". Der Angriff ist möglich aufgrund von lange bekannten Fehlern in Betriebssystemen; es werden dabei sehr große Attachments mit irrelevantem Inhalt mitgeschickt, deren Aufgabe es ist, den in jedem Mail-Server nur begrenzt verfügbaren Speicher zum Überlaufen zu bringen. Solche Attacken können das Mail-System von Unternehmen zum Erliegen bringen und den betrieblichen Ablauf erheblich stören.

Insgesamt wird deutlich, daß E-Mail nicht das Medium der ersten Wahl für geschäftskritischen Informationsaustausch ist. Die Art des persönlichen Meinungsaustausches per E-Mail rückt diese Kommunikationsform, ungeachtet ihrer textuellen Art, weit näher zum Telefongespräch als zu Telefax oder Brief. Zudem ist der größte Teil der betrieblichen Kommunikation nicht unmittelbar geschäftskritisch. Ein betrieblicher Einsatz von E-Mail sollte dennoch, schon aus Gründen der Nachvollziehbarkeit von Zusammenhängen durch Dritte über einen längeren Zeitraum hinweg, grundsätzlich nur unter Einsatz von Verschlüsselungstechniken vorgenommen werden.

Letztlich darf nicht übersehen werden, daß es keine sichere Gewährleistung gibt, daß eine E-Mail auch beim Empfänger ankommt – standardmäßig ist keine automatische Empfangsbestätigung vorgesehen. Hat einer der für den Transport zuständigen Server einen Defekt oder wird die Weiterleitung manuell unterdrückt, bleibt die eindeutig nachweisbare Absendung der E-Mail ohne Belang.

Gegen die meisten der genannten Gefahren gibt es relativ sichere und einfach zu implementierende Vorsorgemaßnahmen. Gegen Virenprogramme helfen Virenschutzprogramme, deren Bibliothek regelmäßig in kürzeren Abständen aktualisiert werden muß; die jeweils neuesten Bibliotheken enthalten die Erkennungs- und Beseitigungsfunktionalität für die neuesten bekannt gewordenen Virenprogramme und werden von den Herstellern der Schutzsoftware sehr schnell zur Integration durch die Anwender, in der Regel über das Internet, bereitgestellt.

Das Mitlesen oder Verändern von E-Mail kann durch den Einsatz von Kryptographie verhindert werden; Programme wie PEP (Privacy Enhanced Mail) oder PGP (Pretty Good Privacy) sowie S/MIME (Secure Multipurpose Internet Mail Extension) schaffen hier Abhilfe. S/MIME ist eine Erweiterung des MIME-Standards für den sicheren Versand von E-Mail und ist für die Mitarbeiter von Unternehmen durch die anwenderfreundliche Integration in die gängigen Mail-Clients einfach zu nutzen; es wird kein zusätzliches Know-how benötigt; allerdings ist dazu der öffentliche Schlüssel eines zertifizierten Trust-Centers notwendig.

Die Gefahr der Erstellung von Kommunikationsprofilen läßt sich im Grunde nur durch den Einsatz von Anonymous Remailern umgehen, obwohl es im geschäftlichen Einsatz von E-Mail eher auf Verwunderung stoßen wird, wenn die Absenderadresse die eines Remailers ist. Das Risiko, daß die eigene Mail vom Empfänger als unerwünschte Werbe-Mail direkt gelöscht wird, ist dabei hoch. Der Einsatz von Anonymous Remailern funktioniert durch Anonymisierung der Absenderadresse einer eingehenden E-Mail und Weiterleitung an den eigentlichen Empfänger der Mail. Für die weiterleitenden Server nach der Anonymisierung ist die Erstellung eines Kommunikationsprofiles damit nicht mehr möglich, wohl aber für die Server, die zwischen dem Unternehmen und dem Remailer zum Einsatz kommen. In der Studie der FAW zur Sicherheit für Benutzer der Internet-Technologien wurde folgende Zusammenstellung veröffentlicht (Tabelle 6-1).[438]

**Tabelle 7-1:** Schutzmöglichkeiten vor E-Mail-Risiken (Arslan/Riekert)

| Risiken durch E-Mail | Schutzmöglichkeit |
| --- | --- |
| Erstellen von Kommunikationsprofilen des Absenders | Verwendung von Anonymous Remailer |
| Einsehen von privaten bzw. vertraulichen Nachrichten | Verwendung von Kryptographie |
| Verändern und Verfälschen von Nachrichten | Verwendung von Kryptographie |
| Transfer von Viren und gefährlichen Programmen in das System | Verwendung von Anti-Viren-Programmen und Produkten wie MailGuard |
| Systemüberlastung durch riesige E-Mails | Mail-Server-Konfiguration |
| Belästigung der Nutzer mit Werbe-E-Mails | keine Schutzmöglichkeit |
| Verlust der E-Mail bei der Übertragung | keine Schutzmöglichkeit |

---

[438] Arslan, Ahmet/Riekert, Wolf-Fritz, *Sicherheit für Benutzer der Internet-Technologie*. Studie. Forschungsinstitut für anwendungsorientierte Wissensverarbeitung FAW, Ulm. Juli 1997. Erstellt im Auftrag des Landes Baden-Württemberg, vertreten durch die Stabsstelle für Verwaltungsreform im Innenministerium. Online im Internet:
http://www.david-datenschutz.de/secinternet.html

In der o.g. Studie wurden für den Einsatz von E-Mail im Rahmen der öffentlichen Verwaltung die nachstehenden Richtlinien empfohlen, die sich ohne Einschränkung auch auf den betrieblichen Einsatz von E-Mails übernehmen lassen.[439]

- Innerhalb einer Organisation sollten klare Regeln (E-Mail-Policy) in Bezug auf die Verwendung von E-Mail definiert werden.

- Bei der Übertragung von sensiblen bzw. vertraulichen Informationen im Internet per E-Mail sollten auf jeden Fall Krypto-Verfahren wie PEM bzw. PGP eingesetzt werden. In Intranets ist dies nicht notwendig, wenn die Vertraulichkeit durch andere betriebliche Maßnahmen sichergestellt ist.

- Bei Teilnahme an Diskussionsforen oder Umfragen per E-Mail sollten Anonymous Remailer eingesetzt werden, wenn durch die volle Namensnennung die Privatsphäre gefährdet würde.

- Anti-Viren-Programme müssen nach Identifizierung neuartiger Viren bzw. nach Bedarf aktualisiert werden.

- Produkte (MailGuard) zum Durchsuchen von ein- und abgehenden E-Mails nach Viren sollten eingesetzt werden.

- Bei Verwendung der älteren Version des Microsoft Office-Paketes (bis Version 7) sollte der Mime-Typ „application/msword" bzw. „x-msword" entfernt werden, um ein automatisches Starten der Applikation und somit den automatischen Start von in Attachments vorhandenen Makroprogrammen zu verhindern.

- Der Austausch von Dokumenten in Formaten, die Makroprogramme unterstützen, sollte vermieden werden. Statt dessen können Formate wie RTF oder HTML verwendet werden.

- Falls empfangene Office-Dokumente nicht bearbeitet, sondern nur betrachtet werden sollen, können von den Herstellern der Office-Pakete zumeist angebotene Viewer verwendet werden, die eine Betrachtung des spezifischen Dateiformates erlauben, aber keine Bearbeitung und somit auch die Ausführung von Makros nicht unterstützen[440].

- Um einem Verlust von Daten durch Virenbefall vorzubeugen, muß ein schlüssiges Backup-Konzept entwickelt und umgesetzt werden.

- Nutzer müssen im Hinblick auf Sicherheitsmängel bei Verwendung von E-Mail geschult werden.

---

[439] Arslan, Ahmet/Riekert, Wolf-Fritz, *Sicherheit für Benutzer der Internet-Technologie*. Studie. S. 20/21.

[440] So werden z.B. auf der Microsoft-Homepage Viewer für die Programme Microsoft Excel, Microsoft Word und Microsoft PowerPoint zum Download bereitgehalten. Online im Internet: http://www.microsoft.com/germany

# 7.2  MIME – Multipurpose Internet Mail Extension

Die gängigen Browserprogramme können nur eine sehr eingeschränkte Zahl von Dateiformaten darstellen. Über MIME wird die Zahl der darstellbaren Dateiformate dadurch erweitert, daß die entsprechenden auf dem lokalen Rechner installierten Programme zur Darstellung der jeweiligen zugeordneten Dateiformate herangezogen werden. Wird z.B. eine DOC-Datei zur Anzeige im Internet angeklickt, wird automatisch MS Word, sofern installiert, geladen und zeigt diese Datei auf dem lokalen Rechner an.

**Tabelle 7-1:** Risiken von Standard-MIME-Typen (Arslan/Riekert)[441]

| MIME-Typ | Dateiendung | Sicherheitsrisiko |
|---|---|---|
| application/octet-stream<br>application/octet-string<br>application/x-msdownload | exe, bin, sys<br>exe, bin, sys<br>exe, bin, sys | Ausführung von beliebigem Code auf dem Rechner (Viren, Ausforschung usw.) |
| application/zip<br>application/x-gzip<br>application/x-compress<br>application/x-gtar<br>application/x-tar | zip<br>gz<br>Z<br>gtar<br>tar | Archiv kann Viren oder gefährliche ausführbare Programme enthalten, wobei die Gefahr nicht beim Öffnen des Archivs besteht, sondern beim Start eines darin enthaltenen Programms oder Dokuments. |
| application/x-perl<br>application/x-tcl<br>application/x-sh<br>application/x-csh | pl<br>tcl<br>sh<br>csh | Ausführen von beliebigem Code auf dem Rechner |
| application/msword<br>application/msexcel | doc, dot<br>xls | Dokument kann Makroviren enthalten |
| application/postscript | ps | Dokument kann Code enthalten, der in älteren Postscript-Viewern ausgeführt wird, oder durch entsprechende Steuerkommandos können Paßworte im Drucker aktiviert werden, was die weitere Nutzung behindert |
| application/x-wav | wav | Ungewollte Musikstücke können auf dem Client-Rechner abgespielt werden |

Diese Erweiterungsmöglichkeit ist für den betrieblichen Informationsaustausch (z.B. bei CAD-Dateien) sehr hilfreich, ist aber ohne besondere Beachtung im grundsätzlichen Einsatz auch riskant. Über die MIME-Typ-Einstellungen kann jedem Dateityp ein lokal installiertes Programm zugewiesen werden. Ist diese Zuweisung nicht vorgenommen worden, erkennt der Browser beim Laden der Datei

---

[441] Arslan, Ahmet/Riekert, Wolf-Fritz, *Sicherheit für Benutzer der Internet-Technologie.* Studie. S. 25.

lediglich, daß er selber nicht zur Visualisierung in der Lage ist und fragt den Benutzer, ob die Datei mit einem bestimmten Programm dargestellt oder lokal gespeichert werden soll. Die Studie des FAW[442] stellt die Standard-MIME-Typen ihren Risiken gegenüber (Tabelle 6-2).

Wenngleich diese Abfrage bei häufiger Benutzung auch lästig sein mag, vermeidet die restriktive Ausschließung von MIME doch, daß beim Start von Programmen eventuell in den anzuzeigenden Dateien enthaltene Makroprogramme automatisch auf dem lokalen Rechner ausgeführt werden und so die in letzter Zeit verstärkt auftretenden Makroviren installieren.

Sofern nicht klar geregelt werden kann, welche Dateitypen von welchen Empfängern durch MIME in die automatisierte Übernahme bzw. Anzeige aufgenommen werden (wie es z.B. in der Regel in Intranets der Fall sein wird), ist ein sicherer Umgang lediglich durch restriktive Abschaltung sämtlicher MIME-Funktionalitäten möglich. Die darauf am Bildschirm erscheinende Abfrage, ob ein bestimmtes Programm zur Darstellung genutzt oder die Datei lokal gespeichert werden soll, verliert jedoch ihren Schutzfaktor, wenn der entsprechende Anwender nicht über die Risiken informiert und über den Umgang mit diesen Risiken entsprechend geschult ist.


# 7.3  Standard-Web-Technologien

Die Bewegungen eines Nutzers im Internet sind niemals spurlos. Bereits die Informationsrecherche im World Wide Web, mehr noch die Informationsabwicklung über das Web, hinterläßt Spuren, über die sich die nutzenden Unternehmen bewußt sein sollten.

Viele Webseiten sind nur für bestimmte Nutzergruppen zugänglich und verlangen beim Aufruf durch ein eigenes Browserfenster die Eingabe von Namen und Kennwort des Benutzers. Dieser Datenaustausch zur Authentifizierung erfolgt, wie auch die Übertragung von Daten aus Webformularen, unverschlüsselt und ist somit grundsätzlich lesbar.

Zudem wird ein Problem der realen Welt durch adäquate Vorgehensweisen im Internet fortgesetzt. In vielen Unternehmen besteht kein Problembewußtsein hinsichtlich der Sicherheit von Paßwörtern. Nur unsinnige Bezeichnungen bieten einigermaßen Schutz vor der Nachvollziehbarkeit durch Dritte; in der Praxis werden jedoch häufig die Namen von Verwandten oder Geburtsdaten benutzt. Solche eingrenzbaren Mengen sind durch automatisierte Verfahren so lange abfragbar, bis das

---

[442] Arslan, Ahmet/Riekert, Wolf-Fritz, *Sicherheit für Benutzer der Internet-Technologie.* Studie. Forschungsinstitut für anwendungsorientierte Wissensverarbeitung FAW, Ulm. Juli 1997. Erstellt im Auftrag des Landes Baden-Württemberg, vertreten durch die Stabsstelle für Verwaltungsreform im Innenministerium. Online im Internet: http://www.david-datenschutz.de/secinternet.html

richtige Kennwort gefunden wurde. Daß ein komplexer und unsinniger Begriff häufig auf kleinen gelben Zetteln am Monitor für jedermann sichtbar hängt oder unter dem Telefon bzw. unter der Schreibtischunterlage aufbewahrt wird, mindert den Schutz innerhalb der Betriebe sehr, hat im Web aber keine Auswirkungen auf die Ausforschung der Betriebe.

Das Problem wächst mit dem Maße der Nichtregulierung von Paßwortvergaben in den Unternehmen. Viele Websites bieten beim erstmaligen Zugriff eines Berechtigten diesem die Möglichkeit, sein Paßwort frei zu wählen. Bequemerweise wählen die meisten Berechtigten dasselbe Paßwort, das sie auch auf ihrem lokalen Rechner benutzen – diese Praxis erweitert die Ausforschungsmöglichkeiten durch unberechtigte Dritte erheblich.

Die Zugriffe auf die verschiedenen Webserver durch einen Benutzer werden auf diesen Servern ebenfalls protokolliert; es werden mindestens IP-Adresse, URL der Ursprungsseite, Name und Betriebssystem des lokalen Rechners sowie Art und Version des verwendeten Browserprogramms festgehalten. Diese an sich nicht aussagefähigen Daten könnten zur Erstellung eines Kommunikationsprofils des einzelnen Nutzers dienen. Schon die reine Anzahl der Webserver im Internet läßt es allerdings aus praktischen Erwägungen heraus als sehr unwahrscheinlich erscheinen, auf diesem Weg relevante Informationen generieren zu können. Dieses Problem stellt sich im Prinzip nur dort, wo alle Anfragen des Surfers in ihrer Gesamtheit protokolliert werden können, nämlich an der Schnittstelle zwischen Unternehmensnetz und Internet.

Ein erheblich höheres Maß an Sicherheit kann in der Kommunikation zwischen Server und Client durch den Einsatz von SSL (Secure Socket Layer) erreicht werden. Dieses Protokoll erstellt auf Basis eindeutiger Authentifizierungszertifikate von Trust-Centers eine verschlüsselte Verbindung zwischen beiden Stellen für die Dauer der Verbindung. So ist es auch möglich, vertrauliche Daten in ein Webformular einzugeben, da die über das Internet erfolgende Datenübertragung verschlüsselt erfolgt.

Das Maß der Sicherheit beruht dabei auf der Länge des zur Verschlüsselung angewendeten Kryptographie-Schlüssels. Während einige Anzeichen darauf hindeuten, daß die restriktive Exportbeschränkung der USA auf Programme, die nur einen 40 Bit langen Schlüssel anbieten (der in wenigen Stunden geknackt werden kann), künftig auch erheblich größere Schlüssellängen erlaubt, ist die Entwicklung der Verschlüsselungstechniken außerhalb der USA erheblich fortgeschritten. Diese durch den Marktbedarf geförderte Entwicklung bringt laufend neue leistungsfähige und praktikable Ansätze vorwiegend israelischer, finnischer und russischer Programmierer hervor.

## 7.4  Java

Während die Hypertext Markup Language lediglich formatierte Texte in begrenztem Funktionsumfang ermöglicht, dienen die Skriptsprachen wie JavaScript vorwiegend zur Erweiterung der funktionalen Steuerung des Browsers beim Empfänger. Die damit für Unternehmen verbundenen Probleme lassen sich mit der unbemerkten Verwendung fremder Programme auf dem eigenen Rechner beschreiben. Dies soll kurz am Beispiel von Java dargestellt werden.

Während der JavaScript-Code nahtlos in ein HTML-Dokument eingebaut wird, werden kleinere Java-Programme (Applets) als Objekte in den Dokumenten referenziert und zur Ausführung mit dem jeweiligen Dokument auf den lokalen Rechner geladen.

Die von Sun Microsystems entwickelte Programmiersprache verfügt über ein eigenes Sicherheitskonzept, das als „Sandkastenprinzip" (Abb. 7-1) bezeichnet werden kann. Die Java-Applets laufen in einer eigenen, vom Betriebssystem des Rechners getrennten Umgebung ab, der Java Virtual Machine (JVM). Diese virtuelle Ablaufumgebung stellt sicher, daß die über das Web geladenen Anwendungen keinen unmittelbaren Zugriff auf das Betriebssystem und damit auf die lokalen Rechnerressourcen erhalten – und so nicht mal eben die Festplatte neu formatieren können. Diese Beschränkungen gelten nicht für lokal geladene Anwendungen.

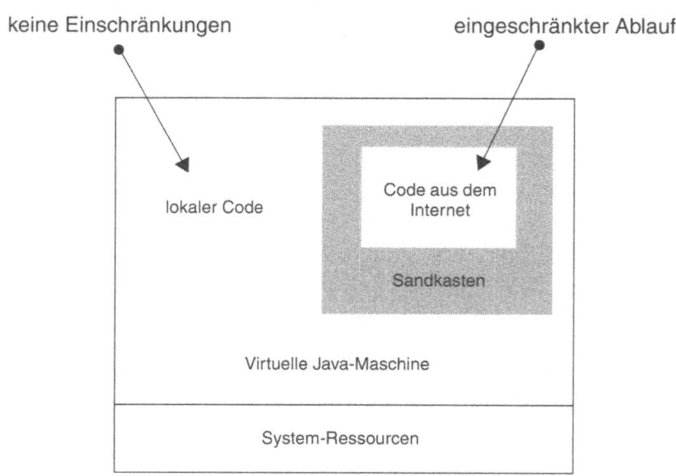


**Abb. 7-1**: Java Sandkastenmodell (nach Arslan/Riekert)[443]

Das vorrangige Problem der Sicherheitszuweisung für aus dem Web geladene Java-Applets besteht in der Möglichkeit zur nutzerspezifischen Anpassung des lokalen Browsers. Die dort vorgesehenen Sicherheitseinstellungen können durch den Nutzer ggf. so modifiziert werden, daß die separierte Ablaufumgebung aufgehoben wird und das geladene Applet im schlimmsten Fall vollen Zugriff auf die Betriebssystemkomponenten erhält.

Entsprechend der Maxime der Schadensvermeidung sollte hier eine unternehmensweite Regelung der Nutzerprofile nach einheitlichem Standard zum Einsatz kommen, der dem einzelnen Nutzer keinen Zugriff auf die Veränderungsmöglich-

---

[443] Arslan, Ahmet/Riekert, Wolf-Fritz, *Sicherheit für Benutzer der Internet-Technologie.* S. 33.

keiten des Browsers bietet. Schon die rechtliche Klärung der Verantwortlichkeit, erst recht aber die Verfolgung des Verantwortlichen wird den dann bereits entstandenen Schaden noch erheblich erhöhen. Dies um so mehr, als keineswegs sicher ist, daß der Urheber des Programms, wenn überhaupt lokalisierbar, in einem Land befindlich ist, dessen nationales Recht den bösartigen Angriff auf ein hiesiges betriebliches Netz überhaupt als strafbar ansieht.

# 8  Marktforschung und Datenerhebung

Viele Technologien sorgen dafür, daß relevante Informationen heute jedem Benutzer zur Verfügung stehen: Briefe, Zeitschriften, Bücher, Telefon, Telefax, Telex, E-Mail, World Wide Web, Info-Post usw. Die physische Vorlage der Informationen überfordert jedoch das Aufnahmevermögen; es ist zunehmend wichtig, aus der Gesamtmenge der Informationen die Teilmenge der für den Menschen erfaß- und auswertbaren Informationen herauszufiltern. Basis der Informationssammlung sind die Datenbanken; neue Technologien wie Data-Mining sorgen durch Anwendung statistischer Verfahren für die Aufdeckung von Zusammenhängen zwischen Informationen, die auf anderen Wegen kaum erkennbar wären.

Die Sammlung von Informationen, zu der schließlich auch das Internet bereitsteht, erscheint den einen als eine Rasterfahndung nach potentiellen Kunden, den anderen als notwendige Informationsrecherche, ihre Kunden optimal bedienen zu können.[444]

## 8.1  Riskante Kekse: Cookies

Exemplarisch werden hier die „Cookies" (engl. für Kekse) vorgestellt, die ein beliebtes, weil einfaches Instrument zur Wiedererkennung eines Nutzers darstellen. Als einfache Textdatei im entsprechenden Ordner auf dem lokalen Rechner des Nutzers abgelegt, birgt ihre Verwendung erhebliche rechtliche Probleme, deren gerichtliche Wertung bislang noch nicht vorgenommen worden ist.

Der Einsatz von Cookies beruht auf der technischen Eigenart, daß jede Verbindung zwischen einem Browser und einem Webserver singulär ist; ein Besuch des Surfers auf derselben Website am folgenden Tag wird als neue Verbindung erstellt, womit eine Nutzung der Interaktion des Vortages nicht möglich ist. Mit dem Cookie-Verfahren kann eine Verbindung zwischen den beiden Besuchen auf der Website hergestellt werden.

---

[444] Vgl. Bericht des Berliner Datenschutzbeauftragten vom 31.12.1997, Abschnitt 2.1 „Tendenzen und Entwicklungen in der Informationsverarbeitung" in der Fassung der letzten Änderung vom 25.03.1998. Online im Internet:
http://www.datenschutz-berlin.de/jahresbe/97/teil2.htm

Zu diesem Zweck wird auf dem lokalen Rechner eine Textdatei („Cookie")
gespeichert, die beim erneuten Verbindungsaufbau zu dem Server, dessen URL sie
enthält, übertragen wird. Zumeist besteht sie aus einer Identifikationsnummer, die
dem Server ermöglicht, den ursprünglichen Stand der Interaktion ohne erneute
Abfrage der nutzerspezifischen Rahmenbedingungen wiederherzustellen. Ein breites Anwendungsfeld bieten die Online-Shopping-Sites, die durch Cookie-Einsatz
beispielsweise vermeiden können, daß der Nutzer bei jedem Zugriff auf den Server
erneut seine persönlichen Schwerpunkte und Interessen eingeben muß.

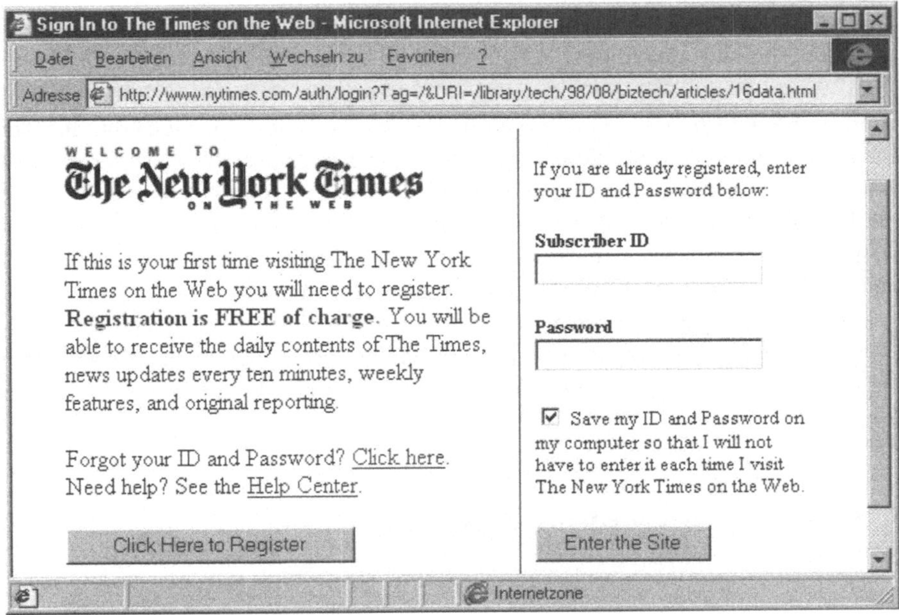


**Abb. 8-1:** Anmeldeformular der New York Times im WWW[445]

Zahlreiche Websites, die personalisierte Serviceangebote einsetzen, sind ohne die
Akzeptanz von Cookies nicht oder zumindest sehr umständlich zu nutzen. Sogar die
New York Times, die auch von europäischen Lesern kostenlos im Web abgerufen
werden kann, setzt Cookies ein. Der Abruf erfordert lediglich beim erstmaligen
Aufruf eine Identifikation des Lesers; nachfolgende Aufrufe greifen auf die entsprechende Cookie-Datei zurück, um eine Wiederholung der umständlichen Prozedur
zu vermeiden. Bemerkenswert an dem Formular ist, daß die Zustimmung des Nutzers zur Abspeicherung der ID- und Paßwortdaten bereits standardmäßig aktiviert
ist – ein Verfahren, das nach dem deutschen Datenschutzrecht so nicht akzeptabel
ist (Abb. 8-1).

---

[445] Online im Internet: http://www.nytimes.com

Dem Wunsch nach Website-übergreifender Auswertung von Cookies, z.B. zur Erstellung eines Interessenprofils als Grundlage gezielter Marketingaktionen, kommt die Eigenart der Cookies entgegen, daß der URL der entsprechenden Website frei eingesetzt werden kann. Hier ist eine der praktischen Anwendungen des Inline-Linking zu beobachten, das zunehmend von Online-Werbeagenturen eingesetzt wird.

Beim Aufruf einer Webseite wird von dem Server der Werbeagentur das entsprechende Banner oder die Grafik geladen. Dazu muß vom Browser eine Verbindung zu dem Server aufgebaut werden, die der Server nutzt, um ein Cookie auf dem lokalen Rechner abzulegen. Nutzen nun verschiedene Anbieter diesen Service derselben Werbeagentur, kann anhand der Abrufe ein relativ eindeutiges Nutzerprofil über diverse Produkt- und Dienstleistungskategorien hinweg erstellt werden.

Ziel dieser Auswertungen ist es, auf Basis der so im Laufe der Zeit gewonnenen Profildaten, dem Nutzer gezielt die seinen Interessen entsprechenden Angebote unterbreiten zu können. Auch können diese Nutzerprofile an Kunden der Werbeagentur verkauft werden bzw. diesen auch zur Beurteilung der Effizienz der einzelnen Werbemaßnahmen dienen.

Eine Abwehr von Cookies ist bei allen aktuellen Browsern möglich. Grundsätzlich läßt sich entweder die Annahme von Cookies durch den Browser komplett abstellen oder ein Warnhinweis einblenden, bei dem der Nutzer im Einzelfall entscheiden kann, ob er den Cookie akzeptiert oder nicht. Interessanterweise ist die Voreinstellung der aktuellen Browser auf die Akzeptanz von Cookies ausgerichtet; zur Abwehr muß der Nutzer also selbst aktiv werden.

Der Einsatz von Cookies zum Zweck der Marktforschung ist für deutsche Unternehmen sehr bedenklich; es werden auf diesem Wege zumeist Informationen generiert, die eine natürliche Person identifizieren können. Soweit bekannt, liegt noch keine gerichtliche Entscheidung vor. Der Grundsatz der deutschen Gesetzgebung in diesem Bereich erfordert aber immer, daß erstens lediglich Daten über Personen erhoben werden, die diesen Personen bekannt sind, und zweitens nur dann, wenn es unbedingt notwendig ist. Diese zwingende Notwendigkeit zur Personalisierung eines kommerziellen Angebotes im Web wird von einem deutschen Gericht kaum als hinreichender Grund akzeptiert werden können.

In den USA scheint der Austausch von Cookie-Informationen zwischen Unternehmen zunehmend alltäglich zu werden.[446] Das Unternehmen Engage Technologies[447] wertet z.B. Informationen von mehr als 30 Millionen Nutzern aus, die auf Seiten von Geocities oder Lycos registriert sind.

Geocities ist dabei in letzter Zeit mit seinen Geschäftspraktiken selbst in den diesbezüglich sehr liberalen USA in Bedrängnis geraten. Das Unternehmen bietet gegen die Angabe persönlicher Daten kostenlosen Speicherplatz an, auf dem Nutzer ihre eigene Homepage einrichten können. Die amerikanische Kartellbehörde FTC (Federal Trade Commission) hat in diesem Zusammenhang erstmals datenschutz-

---

[446] Vgl. Branchendienst Internet Intern m.w.N. Ausgabe 17/98 vom 20.08.1998. Online im Internet: http://www.intern.de/98/17/01.shtml

[447] Online im Internet: http://www.engage.com

rechtliche Auflagen verhängt, da Geocities nachgewiesen wurde, entgegen der eigenen Zusicherung an die Nutzer des Dienstes persönliche Daten wie Ausbildungsgrad, Einkommen, Ehestand, Haushaltsgröße und Hobbies weitergegeben zu haben.[448]

Engage Technologies sammelt über die Cookie-Daten hinaus weitere Daten über die Abfrage mit HTML-Formularen. Die so gesammelten Daten werden in rund 800 Kategorien eingeteilt und ergeben je nach Grad des Umfanges ein klares Nutzerprofil ab. Das Unternehmen AdForce geht dabei noch einen (naheliegenden) Schritt weiter und gleicht die online gesammelten Daten mit Offline-Datenbeständen ab; dazu arbeitet diese Firma eng mit dem Direct Marketing Service Metromail zusammen, der Informationen über rund 95% aller US-amerikanischen Haushalte besitzt.[449]

Besonders gute Möglichkeiten zur gezielten Informationsgewinnung haben naturgemäß die Online-Dienste wie AOL , CompuServe, T-Online usw., allerdings sind hier auch die Möglichkeiten besser, die Art und den Umfang nicht an die Öffentlichkeit gelangen zu lassen. Seit Juni 1998 bekennt sich auch AOL öffentlich zum Datenschutz und zur Wahrung der Privatsphäre seiner Kundschaft[450] – und war kurz vor der lobenden Berichterstattung durch die New York Times Teilhaber bei AdForce geworden.[451]

Die Cookies lassen aber durch ihre lokale Speicherung nicht nur online Abfragen und Profilerstellungen zu, sondern gerade auch offline. Nachdem in den USA erste Kritik gegen die Benutzung von Cookies durch Server der öffentlichen Verwaltung laut wurde,[452] läuft inzwischen ein Verfahren einer Zeitung gegen die Stadtverwaltung auf Herausgabe der Cookies, die auf den lokalen Rechnern der städtischen Bediensteten gespeichert sind. Der Herausgeber der Zeitung ist der Ansicht, daß es sich dabei insoweit um öffentliche Dokumente handelt, als mit ihrer Hilfe nachzuprüfen ist, ob die städtischen Bediensteten in ihrer Arbeitszeit auch tatsächlich arbeiten oder diese Zeit mehr für z.B. die Betrachtung erotischer Webseiten nutzen. Die Stadtverwaltung ist allerdings anderer Ansicht und hält die Cookies, ähnlich Notizzetteln, für nicht aufbewahrungspflichtig.[453]

---

[448] Computerwoche, *Private Daten veruntreut*. O.V. Ausgabe 34 vom 21. August 1998, S. 4.

[449] Vgl. Branchendienst Internet Intern m.w.N. Ausgabe 17/98 vom 20.08.1998. Online im Internet: http://www.intern.de/98/17/01.shtml

[450] Vonder Haar, Steven, *AOL Stops Tracking Surfing Habits*. ZD-net, Interactive Week, 08.06.1998. Online im Internet: http://www.zdnet.com/intweek/daily/980608h.html

[451] Branchendienst Internet Intern: *Cookies*. Ausgabe 17/98 vom 20.08.98. Online im Internet: http://www.intern.de/98/17/01.shtml

[452] Technology News, *Government Sites Set Cookies, Violate Privacy*. Newsdienst November 1997. Online im Internet: http://www.govtech.net/1997/gt/oct/news/technews.shtm

[453] M.w.N. Internet Intern: *Cookie-Klage*. Ausgabe 23/97 vom 13.11.1997. Online im Internet: http://195.63.122.176/97/23/26.shtml

# 8.2  Die Online-Einwilligung

Für die Nutzung und Verarbeitung der Daten ist die Einwilligung des Betroffenen ein entscheidender Punkt. Sie folgt dem allgemeinen Rechtsprinzip in Deutschland, nach dem ein zu Schützender unter bestimmten Bedingungen auf seinen Schutz verzichten kann. Während § 4 I S. 2 BDSG noch regelmäßig die Schriftform für die Einwilligung vorschreibt,[454] ist seit Inkrafttreten des TDDSG diese Einwilligung auch online möglich (s. § 3 VII TDDSG): Die Einwilligung kann elektronisch erklärt werden, wenn der Diensteanbieter sicherstellt, daß

- sie nur durch eine eindeutige und bewußte Handlung des Nutzers erfolgen kann,

- sie nicht unerkennbar verändert werden kann,

- ihr Urheber erkannt werden kann,

- die Einwilligung protokolliert wird und

- der Inhalt der Einwilligung jederzeit vom Nutzer abgerufen werden kann.

Damit sind die gestalterischen und technischen Anforderungen an die Einwilligung per Mausklick definiert. Zur Erfüllung der ersten Voraussetzung dürfte ein Mausklick ausreichen, aber auch notwendig sein. Die häufig genutzte Variante, ein klickbares Feld in einem Formular bereits mit der Zustimmung als Defaulteinstellung zu versehen, reicht demgegenüber nicht aus. Die zumeist angeführte Begründung, der Nutzer könne mit einfachem Mausklick durch Abschalten des Kontrollkästchens die Einwilligung ablehnen, greift nicht.[455] Auch das reine Angebot des Textes der Einwilligungsklausel genügt den Ansprüchen des TDDSG nicht.

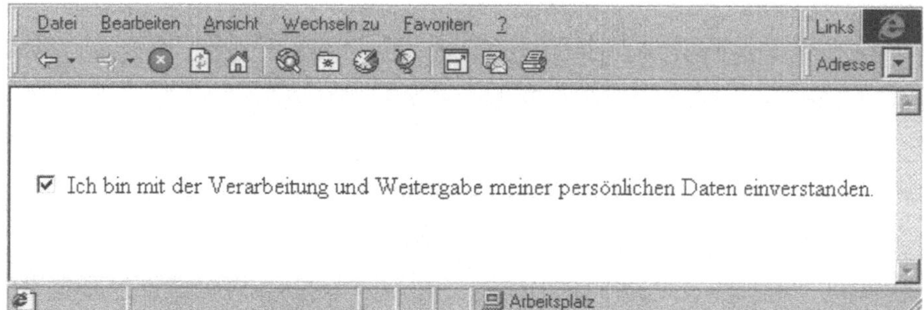


**Abb. 8-2:** Unzulässiges Verfahren nach § 3 VII TDDSG: Zustimmung per Download

---

[454] Mit eigenhändiger Namensunterschrift, ersatzweise notariell beglaubigtem Namenszeichen nach § 126 (1) BGB.

[455] Vgl. Strömer/Withöft, *Datenschutzrecht,* 1997, S. 6.

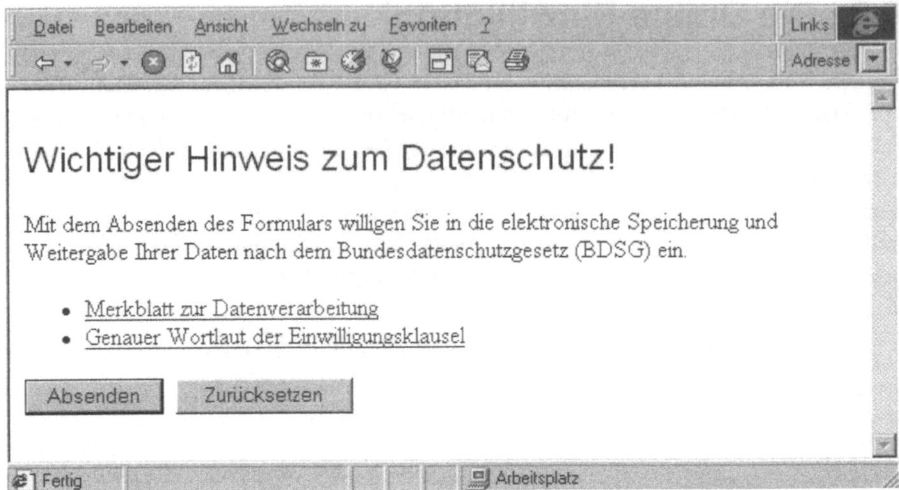



**Abb. 8-3:** Unzulässiges Verfahren nach § 3 VII TDDSG: Zustimmung per Mausklick

Bei beiden dargestellten Varianten ist keine aktive Handlung des Nutzers zur Einwilligung notwendig; sie genügen damit nicht den Ansprüchen des § 3 VII TDDSG.
Die weiteren dort geforderten Maßnahmen zu Unveränderbarkeit und Protokollierung sind auf der technischen Ebene umzusetzen, allerdings sind sie nicht trivial.

Die Einwilligung ist, einmal erteilt, jedoch nicht zwangsläufig ewig wirksam.
Der Nutzer kann sie jederzeit widerrufen. Auch durch ausdrückliche Erklärung
könnte der Nutzer nicht auf dieses Recht verzichten (s. § 6 BDSG). Auf die Widerrufsmöglichkeit sollte er vor der Einholung der Einwilligung ausdrücklich hingewiesen werden, um mögliche Konflikte zu vermeiden. Eine praktikable Möglichkeit
sähe demnach folgendermaßen aus:

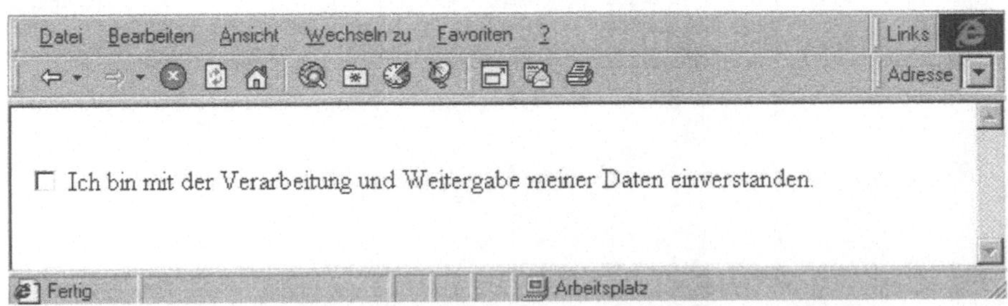



**Abb. 8-4:** Zulässiges Verfahren nach § 3 VII TDDSG: Zustimmung per Mausklick

In diesem Zusammenhang ist, neben der Zielsetzung des gesetzlichen Datenschutzes, allerdings auch die Arbeitsweise von Klein- und Mittelunternehmen (KMU) zu
berücksichtigen. Aufgrund der dort eingesetzten IT-Systeme kommt es häufig zu
Medienbrüchen, so beispielsweise weil per E-Mail oder elektronischem Formular

abgesandte Bestellungen nicht elektronisch weiterverarbeitet werden, sondern lediglich analog zu einem Fax ausgedruckt und dann in teilmanuellen Verfahren verarbeitet werden. Vergegenwärtigt man sich, daß rund 94% aller Unternehmen KMU sind, dürfte dies die Mehrzahl der praktischen Verfahrensweisen betreffen. Weithin unbekannt ist bei KMU, daß eine Auswertung der Bestellungen per Strichliste zur Marktforschung trotz fehlender elektronischer Verarbeitung den Vorschriften zum Datenschutz unterliegt, da nach § 27 II BDSG auch solche personenbezogenen Daten, die offensichtlich ursprünglich einer Datei entnommen wurden, dem Datenschutz unterliegen – und dies dürfte bei einer Erhebung über elektronische Formulare oder E-Mail regelmäßig der Fall sein.[456]

## 8.3 Leistung nur nach Einwilligung

Allerdings enthält das TDDSG auch eine Klausel, die durchaus als sehr anbieterfreundlich bezeichnet werden kann, weil sie die Leistungserbringung des Anbieters vom Vorliegen der Einwilligung in die Verarbeitungsklausel abhängig macht (s. § 3, III TDDSG):

*Der Diensteanbieter darf die Erbringung der Leistung nicht von einer Einwilligung des Nutzers in eine Verarbeitung oder Nutzung seiner Daten für andere Zwecke abhängig machen, wenn dem Nutzer ein anderer Zugang zu diesen Diensten nicht oder in nicht zumutbarer Weise möglich ist.*

Angesichts der vielfältigen Angebote im Internet wird ein Anbieter nur selten eine so monopolartige Stellung haben, daß ein Nutzer nicht auch woanders einkaufen kann, wenn er der Verarbeitungsklausel nicht zustimmt. Diese Bestimmung scheint den Gedanken des Datenschutzes umzukehren, ist jedoch derzeit geltendes Recht.[457]

## 8.4 Bestands-, Nutzungs- und Abrechnungsdaten

Je nach Priorität hinsichtlich der informationellen Selbstbestimmung werden die in Zusammenarbeit zwischen Nutzer und Anbieter anfallenden Daten in unterschiedliche Kategorien eingeteilt und dementsprechend unterschiedlich behandelt.

An oberster Stelle stehen die Nutzungsdaten, deren Erhebung dem Nutzer überhaupt erst die Teilnahme am Anbieterdienst ermöglicht (beispielsweise die Identifikation in Verbindung mit Tag und Uhrzeit). Mit diesen Daten ist der Rückschluß auf die natürliche Person am einfachsten, sie sind daher mit besonderer Vorsicht zu behandeln und spätestens nach Abschluß der Nutzung wieder zu löschen.

---

[456] Hierzu allgemeiner: Strömer/Withöft, *Datenschutzrecht,* 1997, S. 8.
[457] Ebd., S. 7.

Abrechnungsdaten, die z.B. für die Rechnungslegung erforderlich sind, müssen gemäß § 33 II 5 BDSG gelöscht werden, sobald sie ihren Zweck erfüllt haben – entweder sofort nach Rechnungsstellung oder spätestens nach Ablauf von 3 Monaten, sofern die Einwilligung des Betroffenen nicht in o.g. Weise vorliegt.

Bestandsdaten sind dagegen für die Abwicklung des Vertrages erforderlich und dürfen zu diesem Zweck erhoben und verarbeitet werden, ohne daß eine explizite Einwilligung vorliegt. Tabelle 7-1 von Strömer/Withöft faßt die Regularien des Umgangs mit den verschiedenen Daten zusammen.

**Tabelle 8-1:** Nutzungs-, Bestands- und Abrechnungsdaten[458]

| Art der Daten | Erhebung, Verarbeitung und Nutzung für Vertrag | Sonstige Zwecke des Anbieters (z.B. Marktforschung) | Löschung | Weitergabe an Dritte |
|---|---|---|---|---|
| Nutzung | Ohne Einwilligung | Nein | Sofort | Nur anonym |
| Abrechnung | Ohne Einwilligung | Nein | Sofort nach Rechnung, bei Einzelnachweis nach 80 Tagen | Nur wenn zur Rechnungsstellung notwendig |
| Bestand | Ohne Einwilligung | Mit Einwilligung | Nach Vertragsende | Mit Einwilligung |

Nicht so eindeutig ist die Lage bei der steigenden Zahl von Unternehmen, die zur Sicherung des Übergangs vom betrieblichen Netz ins Internet sogenannte „Firewalls" als technische Schutzsysteme einrichten. Da mögliche Angriffe auf das Schutzsystem protokolliert werden, fallen datenschutzrelevante Informationen schon in den entsprechenden Logfiles an. Hier handelt es sich um Nutzungsdaten, da erst durch das paßwortkonforme Passieren des Firewall-Systems die Nutzung des innerbetrieblichen Netzwerkes ermöglicht wird.

Prinzipiell müßten diese Logfiles sofort nach Ende der Verbindung gelöscht werden – damit wäre jedoch der eigentliche Zweck der Sicherungsmaßnahmen nicht mehr erreichbar. Möglicherweise hilft hier § 31 BDSG, demzufolge personenbezogene Daten, die ausschließlich zum Zweck der Datenschutzkontrolle bzw. Datensicherung gespeichert werden, nur für diese Zwecke verwendet werden dürfen. Damit ist zunächst einmal festgelegt, daß diese Daten überhaupt gespeichert werden dürfen. Soweit bislang ersichtlich, liegt keine gerichtliche Klärung der Frage vor, ob Firewall-Logfiles dem Begriff der Datenschutzkontrolle unterliegen. Es erscheint daher empfehlenswert, die Prüfintervalle der Logfiles möglichst kurz zu halten und diese umgehend zu löschen, um einem damit beschäftigten Gericht die Lückenhaftigkeit der gesetzlichen Regelung in diesem Punkt darzustellen und zu zeigen,

---

[458] Strömer/Withöft, *Datenschutzrecht,* 1997, S. 8.

*daß der Firewall-Betreiber ‚möglichst wenig' gegen den Datenschutz verstoßen wollte.*[459]

Jede natürliche Person hat jederzeit das Recht, unentgeltlich die beim Anbieter gespeicherten Daten einzusehen; dies muß seit dem TDDSG auch in elektronischer Form möglich sein. Nach Strömer/Withöft bedeutet die elektronische Übermittlung jedoch nicht zwangsläufig, daß jeder Anbieter eine paßwortgeschützte Datenbank online stellen muß; aus dem Zusammenhang erscheint eher die Anpassung der bisherigen schriftlichen Übermittlung per Briefpost an das neue Medium entscheidend.[460] Schon aufgrund des einfachen Mißbrauchs per E-Mail durch z.B. Fälschung der Absenderkennung dürfte die einfache E-Mail-Anfrage nicht praxisrelevant sein. In Fällen, in denen ein Anbieter keine paßwortgeschützte Datenbank online vorhält, kann nur die bisher übliche schriftliche Anfrage erfolgen, die dann jedoch per E-Mail beantwortet werden kann, sofern der Anfrager es wünscht.

# 8.5  Schadenersatz und strafrechtliche Folgen

Das Recht auf informationelle Selbstbestimmung ist ein sonstiges Recht i.S.d. § 823 BGB, mit dessen Hilfe die personenbezogenen Daten genauso geschützt werden wie die körperliche Unversehrtheit oder das Eigentum. Folglich kann der Betreiber einer Website, der gegen den Datenschutz verstößt, auf Schadenersatz in Anspruch genommen werden. Besonders zu beachten ist hier die aus dem BDSG folgende Beweislastumkehr zu Lasten des Anbieters (s. § 8 BDSG):

*Macht ein Betroffener gegenüber einer nichtöffentlichen Stelle einen Anspruch auf Schadenersatz wegen einer nach diesem Gesetz oder anderen Vorschriften über den Datenschutz unzulässigen oder unrichtigen automatisierten Datenverarbeitung geltend und ist streitig, ob der Schaden die Folge eines von der speichernden Stelle zu vertretenden Umstandes ist, so trifft die Beweislast die speichernde Stelle.*

Die o.g. Fälle der unkorrekten Einwilligungsklausel dürften das für § 823 BGB notwendige Verschulden begründen.[461] Das Nichtwissen über die geänderte Gesetzeslage kann den Betreiber dabei nicht schützen. Zudem gibt es auch im BDSG einen strafrechtlichen Schutz (s. § 43 BDSG):

*Wer unbefugt von diesem Gesetz geschützte personenbezogene Daten [...],*
*1. speichert, verändert oder übermittelt [...] wird mit Freiheitsstrafe bis zu einem Jahr oder Geldstrafe bestraft.*

---

[459] Strömer/Withöft, *Datenschutzrecht,* 1997, S. 15.
[460] Ebd., S. 9.
[461] Ebenso: Strömer/Withöft, *Datenschutzrecht,* 1997, S. 11.

Ebenso wird bestraft, wer

*1. die Übermittlung von durch dieses Gesetz geschützten Daten, [...], durch unrichtige Angaben erschleicht [...]*

*Handelt der Täter gegen Entgelt oder in der Absicht, sich oder einen anderen zu bereichern oder einen anderen zu schädigen, so ist die Strafe Freiheitsstrafe bis zu 2 Jahren oder Geldstrafe.*

Die Strafbarkeitsschwelle setzt somit sehr niedrig ein, also schon bei der Datenspeicherung ohne Einwilligung. Soweit ersichtlich, ist noch keine gerichtliche Entscheidung ergangen, die klärt, ob die Bereicherungsabsicht schon regelmäßig bei gewerblichen Anbietern vorliegt oder ob dies erst beim Verkauf der erlangten Daten z.B. an einen Adreßverlag gegeben ist.

Die im Oktober 1995 von der EU erlassene Datenschutzrichtlinie hatte in den einzelnen Ländern ohne Umsetzung in nationale Gesetze der Mitgliedstaaten zunächst keine direkte Wirkung. Hierzu wurde den nationalen Gesetzgebern eine Frist von drei Jahren eingeräumt, die 1998 ablief. Voraussichtliche Folge der Umsetzung der Datenschutzrichtlinie wird die Einführung eines Umgehungsverbotes sein, mit dem ein Ausweichen eines Anbieters auf ein außerhalb der EU liegendes Land mit niedrigerem Datenschutzniveau uninteressant wird, weil auch dann deutsches Recht zur Anwendung kommt. Weitere Auswirkungen sind für den deutschen Rechtsraum nicht zu erwarten, da die übrigen teilweise schärferen Vorschriften bereits in nationalen Gesetzen geregelt sind.[462]

---

[462]Ebd., S. 12.

# 9 Schlußbetrachtung

Es gibt durchaus Möglichkeiten, das deutsche Recht an die neuen technischen Gegebenheiten und die aus deren zunehmender Nutzung resultierenden Anforderungen anzupassen, beispielsweise beim Urkundsbegriff, der elektronischen Signatur oder dem Zugangsbegriff des BGB. Dies ist jedoch nur bedingt sinnvoll, solange andere Staaten andere Regelungen vorsehen.[463]

Inzwischen liegen erste Entscheidungen deutscher Gerichte vor, in der die Besonderheiten des Internet ausdrücklich berücksichtigt werden. „Angesichts der Internationalität des Mediums und seiner globalen Reichweite erscheint auch eine Anpassung deutscher Sichtweisen an international übliche Standards gerechtfertigt", so das Landgericht Trier im Urteil vom 30.12.1997 (Az. 7 HO 100/97, „Zahnarztwerbung") wörtlich – und folgernd, „daß auch Angehörigen freier Berufe nicht verwehrt sein kann, ihre Außendarstellung den gewandelten Verhältnissen anzupassen".

Bisher beanspruchten deutsche Gerichte die Geltung deutschen Rechts im gesamten Internet. Diesen Grundsatz ändert zwar auch das Landgericht Trier nicht, es erkennt jedoch, daß deutsches Recht auch im Hinblick auf das im Internet Übliche auszulegen ist. Diese Sichtweise könnte richtungweisend für das Zusammenspiel von grenzüberschreitendem Internet und deutschem Recht werden.

Die zunehmende grenzüberschreitende kommerzielle Nutzung des Internet führt auch zur Überschreitung der Grenzen jurisdiktioneller Zuständigkeiten. Nur internationale Standards werden eine dauerhaft befriedigende Lösung finden können – jenseits der stets möglichen Parteiabsprachen. Auch muß künftig mit der Entstehung eines in weiten Teilen spezifischen „Netlaw" in Form spezifischer Sondergesetze gerechnet werden.[464]

Den ungeklärten Rechtsfragen steht eine Vielzahl von Bereichen gegenüber, in denen rechtliche Regelungen herrschen, die Anbieter wie Kunden bereits kennen und mit denen sie umzugehen wissen. Zwar hat die explosive Entwicklung des World Wide Web von 1994 bis heute Gesetzgeber und Rechtsprechung in Zugzwang gebracht, doch besteht auch immer die Möglichkeit, die unternehmerischen Aktivitäten im Internet auf Basis des gesunden Menschenverstandes und der

---

[463] Vgl. hierzu: Mayer, *Recht im Cyberspace*, 1997, Seite III 2 b.
[464] Gleicher Ansicht ist Reiners, *Der „virtuelle" Kaufvertrag*, 1998.

Lebenserfahrung zu beurteilen und so Marktkommunikation per Internet auf vielfältige Weise in den Alltag deutscher Unternehmen einzubeziehen.

Mit dem World Wide Web ist aus dem Internet ein öffentlicher Raum neuen Typs entstanden. Eine Kombination der gesetzlichen Regelungen für andere Medien führt hier keinesfalls zu einem befriedigenden Ergebnis, weil der Cyberspace in seiner Wirkung weit über die reine Kombination von Bild, Ton, Text und Sprache hinausgeht. Auch eine Anpassung des neuen Mediums an die deutschen Gesetze entfällt, da der Cyberspace grundsätzlich supranational ist – entsprechende Anpassungsversuche wurden in dieser Arbeit angesprochen; sie scheiterten allesamt. Zudem ist nicht davon auszugehen, daß die enorm dynamische Entwicklung dieses öffentlichen Raumes bereits abgeschlossen oder ein Ende der Entwicklung auch nur in Sicht ist.

Für die Gesetzgeber bzw. die nationalen Gerichte bedeutet dies fast zwangsläufig eine Zusammenarbeit im Aufbau eines ebenso supranational anzuwendenden Rechtes. Für die Unternehmen, die ihre Produkte oder Leistungen im World Wide Web präsentieren, verlangt dies noch auf längere Sicht den Spagat zwischen verschiedenen territorialen Rechtsnormen. Eine Abwartehaltung bis zur Klärung aller offenen Rechtsfragen ist jedoch kaum möglich, besteht doch nur jetzt die Möglichkeit, das notwendige Fachwissen zu günstigen Kosten aufgrund noch begrenzter Komplexität in die Unternehmen zu integrieren. Zudem zeigt der anglo-amerikanische Rechtsraum, daß es sich durchaus ohne Kriegszustand mit einem anderen Wettbewerbsrecht als dem deutschen zufriedenstellend leben läßt.

Gesetzgeber, Gerichte und Unternehmen sollten sich vor allem der Tatsache bewußt sein, daß nationale Besonderheiten wie die Buchpreisbindung, Handwerksordnungen oder standesrechtliche Vorschriften in einem supranationalen öffentlichen Raum keinen Bestand haben können. Vor allem in diesen Bereichen besteht Forschungs- und Entwicklungsbedarf, dessen Wert für die künftige Entwicklung weit höher angesehen werden darf, als das gerichtliche Durchsetzen bisheriger Schutznormen auch im World Wide Web.

Auch betroffene Rechtsgebiete wandeln sich. Das in langer Zeit entwickelte EDV- bzw. Computerrecht hilft bei den aktuellen Fragestellungen nicht mehr weiter. Der relativ abgrenzbare Kreis der EDV-Rechtler erweitert sich zunehmend um Experten aus Jugendschutz, Informatik, Netztechnik sowie Juristen aus den unterschiedlichsten Rechtsgebieten, von Staatsrecht bis zu Telekommunikation.[465] Insgesamt ist deutlich zu sehen, daß die explosive Verbreitung des World Wide Web eine hohe Zahl an Veränderungen in allen davon betroffenen Bereichen mit entsprechend hoher Geschwindigkeit nach sich zieht.

Problematisch ist diese Situation allerdings zunehmend für die Nationalstaaten, deren Souverän häufig schon mangels Kenntnis und Verständnis für den neu entstandenen öffentlichen Raum Ungemach wittert. Anders ist die Zunahme von Kon-

---

[465] Vgl. Hoeren, Thomas: *Trappatoni und das Ende des Computerrechts*. MMR 4/1998, S. 169–170, Editorial. Online im Internet:
http://www.beck.de/mmr/Archiv/mmr9804/Editorial/seite0169.htm

troll- und Filterwünschen kaum zu erklären, die jedoch bislang alle an der Durchsetzbarkeit scheitern. Zudem steht diesen Wünschen der zunehmend berechtigte Wunsch nach einer starken Anonymität der Nutzer im Internet entgegen, die den Mangel an Datenschutz in weltweiten Computernetzen ausgleichen soll. Die schwache Anonymität über Pseudonyme bei elektronischen Signaturen hilft dagegen mit hoher Wahrscheinlichkeit nicht, da bislang noch keine online verfügbare Datenbank auf Dauer dem Eindringen unberechtigter Hacker standgehalten hat – es ist also kaum davon auszugehen, daß gerade die Datenbanken der Zertifizierungsinstitute mit den öffentlichen Schlüsseln zu den elektronischen Signaturen hier eine ganz neue Qualität schaffen.

Es bleibt noch viel zu tun, vor allem, da jederzeit mit Rückwirkung dessen auf das tägliche Leben im realen Alltag zu rechnen ist, was als Besonderheit im Internet geregelt ist. Läßt sich in einem Staat erst einmal eine verdachtsunabhängige automatisierte Kontrolle jeglicher im Internet übertragenen Kommunikation einführen, ist nicht von der Hand zu weisen, warum diese Regelungen nicht auch in anderen Bereichen des realen Lebens greifen sollten.

Die bestmögliche Sicherung einer breiten Entwicklung zur Rechtssicherheit besteht mit hoher Wahrscheinlichkeit nur in einer umfassenden Information der Betroffenen – nämlich aller Bürger. Die Verfasser hoffen, hierzu einen kleinen Beitrag leisten zu können.

# Internet-Quellen zum Online-Recht

Hinweis: Die hier aufgeführten Quellen sollen in Ergänzung zu dem vorliegenden Buch lediglich den Einstieg in das Thema Online-Recht erleichtern und aufgrund der Fortschreibung aktueller Mitteilungen Interessierten die Möglichkeit bieten, sich über den jeweiligen Stand der Diskussion zu informieren.

ABMAHN-FAQ. Rechtsreferendar Leif Kuse, Aachen. Typische Fragen von Rechtsunkundigen, wenn die erste Abmahnung kommt. Online im Internet:
http://transpatent.com/leif/abmahn-faq.html

ABMAHNUNG. Rechtsanwälte Steinherr & Vogt, Breisach. Was ist eine Abmahnung und was kann man dagegen tun? Online im Internet:
http://www.anwaltsinfo.de/Wettbewerbsrecht/Was_ist_eine_Abmahnung/
body_was_ist_eine_abmahnung.htm

AFS-RECHTSANWAELTE.DE. Rechtsanwälte Alavi, Frösner, Stadler, Freising.
Online im Internet: http://www.afs-rechtsanwaelte.de/

ANWALTSKOSTEN. Berechnungsprogramm von Richter am Amtsgericht
Franz Dimbeck. Online bei Steinherr & Vogt, Breisach: http://www.anwaltsinfo.de/
Gerichts-_u_Anwaltskosten/body_gerichts-_u_anwaltskosten.html

ARTIKEL 5. Projekt von Dr. Patrick Mayer zur Online-Information über Medienrecht in Deutschland. Gesetzestexte und Kommentare rund um Fragen des Medien- und Online-Rechts. Online im Internet: http://www.digital-law.net/artikel5/

BEREICHSBIBLIOTHEK RECHTSWISSENSCHAFT. Uni Mannheim. Eine Auswahl rechtswissenschaftlicher Datenbanken im Internet. Online im Internet:
http://www.bib.uni-mannheim.de/bib/jura/db-kap1.shtml

BONNANWALT. Juristische Informationen der Rechtsanwalts-Kanzlei Boris Hoeller.
Online im Internet: http://www.bonnanwalt.de

CYBERSPACE LAW. Social Science Electronic Publishing, Inc. Datenbank.
Online im Internet: http://www.ssrn.com/update/lsn/cyberspace/csl_menu.html

DIGTAL-LAW.NET. Virtual Community zum Recht der digitalen Welt als Antwort auf
eine mühsame Informationssuche. Online im Internet: http://www.digital-law.net

FREEDOM FOR LINKS. Bürgerrechts-Initiative. Online im Internet:
http://www.freedomforlinks.de

GERMAN CYBERLAW PROJEKT. Datenbank mit Zusammenfassungen von juristischen
Aufsätzen und Urteilen zu Rechtsproblemen rund um Netzwerke und Computer.
Online im Internet:
http://www.mathematik.uni-marburg.de/~cyberlaw/gcp_main.htm

GLOBAL CYBERLAW NETWORK. The Network for CyberLawyers. Mitgliedschaft
erforderlich. Online im Internet: http://www.cyberlaw.se/gcln/index.htm

HUMBOLDT FORUM RECHT. Internet-Publikation der Studenten und jungen Juristen
der Humboldt-Universität, Berlin. Online im Internet:
http://www.rewi.hu-berlin.de/HFR/

IMPRIMATUR. Intellectual Multimedia Property Rights Model and Terminology for
Universal Reference. Projekt der Europäischen Kommission, DG XIII. Online im
Internet: http://www.imprimatur.alcs.co.uk/index.htm

INSTITUT FÜR INFORMATIONS-, TELEKOMMUNIKATIONS- UND MEDIENRECHT.
Zivilrechtliche Abteilung. Universität Münster, Prof. Dr. Thomas Hoeren. Online
im Internet: http://www.uni-muenster.de/Jura.itm/hoeren/

INTERNET INTERN. Brancheninformationsdienst. Online im Internet:
http://www.intern.de

ILPF INTERNET LAW AND POLICY FORUM. Datenbank. Online im Internet:
http://www.ilpf.org/

INTERNET MEDIENRAT. Arbeitsergebnisse und Gutachten im Volltext. Online im
Internet: http://www.medienrat.de

JURATHEK. Sammlung internetbegeisterter Juristen zur Informationsbündelung.
Die Steuerfachleute bieten konzentrierte Anlaufstellen in der Steuerthek, die sich
ebenfalls auf diesen Seiten befindet. Online im Internet: http://www.jurathek.de

JURIST´S. Sammlung von Quellen zum Internetrecht mit Fokus auf Ressourcen aus den Staaten USA, Kanada, Australien und Großbritannien. University of Pittsburgh, Pa. Online im Internet: http://jurist.law.pitt.edu/sg_cyb.htm

JURISTISCHES INTERNETPROJEKT SAARBRÜCKEN. Universität des Saarlandes, Institut für Rechtsinformatik. Online im Internet: http://www.jura.uni-sb.de/

JURISTISCHE MAILINGLISTEN UND NEWSGROUPS. Deutsch- und englischsprachige Mailinglisten und Newsgroups mit Eintragungshinweisen und Gebrauchsanweisung von Jörg Heidrich. Online im Internet: http://heidrich.wespe.de/law/mailing.html

JURPC INTERNET-ZEITSCHRIFT FÜR RECHTSINFORMATIK. Herausgeber: Prof. Dr. Maximilian Herberger, Universität Saarbrücken. Online im Internet: http://www.jura.uni-sb.de/jurpc/

MAILING-LISTE ONLINE-RECHT. Mailingliste zum Online-Recht bei akademie.de. Online im Internet: http://www.akademie1.de/cgi-bin/lyris.pl?join=online-recht

MMR MULTIMEDIA UND RECHT. Online-Ausgabe der Zeitschrift aus dem Verlag C. H. Beck. Online im Internet: http://www.mmr.de

NETLAW LIBRARY. Internetrechtsbezogene Ressourcen im Internet. Institut für Informations-, Telekommunikations- und Medienrecht, zivilrechtliche Abteilung (Prof. Dr. Thomas Hoeren). Online im Internet: http://www.jura.uni-muenster.de/netlaw/

NETLAW.DE. Entscheidungssammlung, Gesetzessammlung und Newsticker zu aktuellen Fragen des Internetrechts. Kanzlei Strömer und Witthöft. Online im Internet: http://www.netlaw.de/

NETLAW-L. Mailingliste zum Internetrecht an der Universität Münster. Online im Internet: http://www.uni-muenster.de/Jura.itm/hoeren/netlaw-l/diskussionsforum.html

NETZMAYER. Christian Reiser. Informationen zur Netiquette. Online im Internet: http://www.ping.at/guides/netmayer/

OII GUIDE TO INTELLECTUAL PROPERTY RIGHTS FOR ELECTRONIC INFORMATIONS INTERCHANGE. Materialsammlung und aktuelle Statements. EU, Projekt Info2000. Online im Internet: http://www2.echo.lu/oii/en/iprguide.html

ONLINE-RECHT BEI AKADEMIE.DE. Wegweiser, Entscheidungssammlung, Linkliste. Online im Internet: http://www.online-recht.de

RECHTSFRAGEN DER INFORMATIONSTECHNOLOGIE. Materialsammlung. Universitäts- und Landesbibliothek Düsseldorf: Die Düsseldorfer „virtuelle" Bibliothek. Online im Internet: http://www.uni-duesseldorf.de/WWW/ulb/jur.html#it

THE CYBERLAW ENCYCLOPEDIA. Sammlung von Ressourcen und Verweisen zu aktuellen internationalen Quellen im EDV- und Internetrecht. Online im Internet: http://gahtan.com/techlaw/

THE LINK CONTROVERSARY PAGE. Stefan Bechtold. Materialsammlung zu den rechtlichen Problemen von Hyperlinks, Inline-Links und Frames. Online im Internet: http://www.jura.uni-tuebingen.de/~s-bes1/lcp.html

TRANSPATENT. Umfangreiches Material zu Kennzeichen-, Marken- und Patentrechten sowie zur Recherche nach fremden Rechten. Online im Internet: http://www.transpatent.com

# Rechtsprechungsverzeichnis

Oberlandesgericht Köln, Urteil vom 01.12.1989 – 6 U 10/97, Vorinstanz Landgericht Aachen: 43 O 65/88. Online im Internet:
http://www.online-recht.de/vorent.html? OLGKoeln891201

Amtsgericht Saarbrücken, Urteil vom 06.03.1990 – 4 C 731/89 – „AGB über Btx".
Online im Internet:
http://www.online-recht.de/vorent.html?AGSaarbruecken900306

Landgericht Aachen, Urteil vom 24.01.1991 – 6 S 192/90, Vorinstanz AG Geilenkirchen: 5 a C 206/90 – „Zumutbare AGB in Btx". Online im Internet:
http://www.online-recht.de/vorent.html?LGAachen910124

Oberlandesgericht Frankfurt am Main, Urteil vom 19.12.1995 – 6 U 11/94, Vorinstanz Landgericht Frankfurt – 2/3 O 338/92. Online im Internet:
http://www.online-recht.de/vorent.html?OLGFrankfurt951219

Landgericht Mannheim, Urteil vom 08.03.1996 – 7 O 60/96 – „heidelberg.de".
Online im Internet: http://www.online-recht.de/vorent.html?LGMannheim960308

Landgericht Hamburg, Urteil vom 02.05.1996 – 308 O 88/96 – „Vervielfältigung per Scanner". Online im Internet:
http://www.online-recht.de/vorent.html?LGHamburg960502

Oberlandesgericht Düsseldorf, Urteil vom 14.05.1996 – 20 U 126/95, Vorinstanz Landgericht Düsseldorf – 12 O 368/94. Online im Internet:
http://www.online-recht.de/vorent.html?OLGDuesseldorf960514

Landgericht Berlin, Urteil vom 21.05.1996 – 16 O 171/96 – „Jobstar". Online im Internet: http://www.online-recht.de/vorent.html?LGBerlin960521

Landgericht Hamburg, Beschluß vom 17.09.1996 – 404 O 135/96 – „Domain-Namen und Namensschutz". Online im Internet:
http://www.online-recht.de/vorent.html?LGHamburg960917

Landgericht Berlin, Urteil vom 20.11.1996 – 97 O 193/96 – „concert-concept.de/
concert-concept.com". Online im Internet:
http://www.online-recht.de/vorent.html? LGBerlin961120

Landgericht Berlin, Beschluß vom 05.12.1996 – 16 O 602/96 – „bally-wulff.de".
Online im Internet: http://www.online-recht.de/vorent.html?LGBerlin961205
Landgericht Köln, Urteil vom 17.12.1996 – 3 O 477/96 – „kerpen.de". Online im
Internet: http://www.online-recht.de/vorent.html?LGKoeln961217b

Landgericht Köln, Urteil vom 17.12.1996 – 3 O 478/96 – „huerth.de". Online im
Internet: http://www.online-recht.de/vorent.html?LGKoeln961217a

Landgericht Köln, Urteil vom 17.12.1996 – 3 O 507/96 – „pulheim.de". Online im
Internet: http://www.online-recht.de/vorent.html?LGKoeln961217

Landgericht Frankfurt am Main, Urteil vom 26.02.1997 – 2/6 O 633/96 – „das.de".
Online im Internet: http://www.online-recht.de/vorent.html?LGFrankfurt970226

Oberlandesgericht Celle, Beschluß vom 21.03.1997 – 13 U 202/96 – „celle.de/
celle.com". Online im Internet:
http://www.online-recht.de/vorent.html?OLG Celle970321

Kammergericht Berlin, Urteil vom 25.03.1997 – 5 U 659/97 – „concert-concept.de/
concert-concept.com". Online im Internet:
http://www.online-recht.de/ vorent.html?OLGBerlin970325

Landgericht Düsseldorf, Urteil vom 04.04.1997 – 34 O 191/96 – „epson.de". Online
im Internet: http://www.online-recht.de/vorent.html?LGDuesseldorf970404

Landgericht München I, Urteil vom 10.04.1997 – 17 HKO 3447/96 – „sat-shop.de".
Online im Internet: http://www.online-recht.de/vorent.html?LGMuenchen970410

Landgericht Stuttgart, Beschluß vom 09.06.1997 – 11 KfH O 82/97 – „hepp.de".
Online im Internet: http://www.online-recht.de/vorent.html?LGStuttgart970609

Landgericht Köln, Beschluß vom 24.06.1997 – 31 O 517/97 – „Preisangabeverordnung". Online im Internet:
http://www.online-recht.de/vorent.html?LGKoeln970624

Amtsgericht Berlin-Tiergarten, Urteil vom 30.06.1997 – 260 DS 857/96 –
„Marquardt/radikal". Online im Internet:
http://www.online-recht.de/vorent.html?AG Berlin-Tiergarten970630

Landgericht München I, Urteil vom 18.07.1997 – 21 O 17599/96 – „freundin.de".
Online im Internet: http://www.online-recht.de/vorent.html?LGMuenchen970718

Landgericht Mannheim, Urteil vom 01.08.1997 – 7 O 291/97 – „Suchmaschinen".
Online im Internet: http://www.online-recht.de/vorent.html?LGMannheim970801

Landgericht Braunschweig, Urteil vom 05.08.1997 – 9 O 188/97 – „deta.com".
Online im Internet:
http://www.online-recht.de/vorent.html?LGBraunschweig970805

Landgericht Berlin, Urteil vom 30.10.1997 – 16 O 236/97 – „esotera.de". Online im
Internet: http://www.online-recht.de/vorent.html?LGBerlin971030

Landgericht Traunstein, Beschluß vom 18.12.1997 – 2 HKO 3755/97 – „E-Mail-
Werbung". Online im Internet:
http://www.online-recht.de/vorent.html?LGTraunstein971218

Landgericht Trier, Urteil vom 30.12.1997 – 7 HO 100/97 – „Zahnarztwerbung".
Online im Internet: http://www.online-recht.de/vorent.html?LGTrier971230

Oberlandesgericht Hamm, Urteil vom 13.01.1998 – 4 U 135/97 OLG Hamm –
„krupp.de". Online im Internet:
http://www.online-recht.de/vorent.html?OLG Hamm980113

Arbeitsgericht Paderborn, Beschluß vom 29.01.1998 – 1 BV 35/97 – „Betriebsrat
im Internet". Online im Internet:
http://www.online-recht.de/vorent.html?ArbGPaderborn980129

Bundesgerichtshof, Urteil vom 05.02.1998 – I ZR 211/95 – „Vergleichende
Werbung". Online im Internet:
http://www.transpatent.com/ra_krieger/bgh/vglwerb.html

Oberlandesgericht München, Urteil vom 25.03.1998 – 6 U 4557/98 – „shell.de".
Online im Internet: http://www.afs-rechtsanwaelte.de/urteile66.htm

Oberlandesgericht Köln, Beschluß vom 13.04.1999 – 6 W 24/99 – „Vergleichende
Werbung". Online im Internet: http://www.jurpc.de/rechtspr/20000028.htm

Landgericht Hamburg, Urteil vom 12.05.1998 – 312 O 85/98 – „Haftung für Links".
Online im Internet:
http://www.online-recht.de/vorent.html?LGHamburg980512

Amtsgericht München, Urteil vom 28.05.1998 –  8340 Ds 465 Js 173185/95 –
„CompuServe". Online im Internet:
http://www.online-recht.de/vorent.html?AGMuenchen980528

Landgericht Berlin, Urteil vom 09.06.1998 – 15 O 79/98 – „d-tel.de". Online im
Internet: http://www.online-recht.de/vorent.html?LGBerlin980609

Oberlandesgericht Nürnberg, Beschluß vom 23.06.98 – Ws 1603/97 – „Schwein am
Kreuz". Online im Internet:
http://www.online-recht.de/vorent.html?OLGNuernberg980623

Landgericht Köln, Urteil vom 02.12.1998 – 28 O 431/98 – „Urheberrechtsverstoß
durch Suchdienst". Online im Internet:
http://www.afs-rechtsanwaelte.de/urteile72.htm

Oberlandesgericht Karlsruhe, Urteil vom 09.06.1999 – 6 U 62/99 –
„bad-wildbad.com". Online im Internet:
http://www.online-recht.de/vorent.html?OLGKarlsruhe990609

Oberlandesgericht Düsseldorf, Urteil vom 29.06.1999 – 20 U 85/98 – „Urheberrechtlicher Schutz von Internetseiten in Frames". Online im Internet:
http://www.jurpc.de/rechtspr/20000042.htm

Landgericht Köln, Urteil vom 25.08.1999 – 28 O 527/98 –  „Linksammlung".
Online im Internet: http://www.online-recht.de/vorent.html?LGKoeln990825

Landgericht Ellwangen (J.), Urteil vom 27.08.1999 – 2 KfH O 5/99 – „Nettopreise
und Werbemails". Online im Internet:
http://www.online-recht.de/vorent.html?LGEllwangen990827

Landgericht Hamburg, Beschluß vom 13.09.1999 – 315 O 258/99 – „wettbewerbswidrige Meta-Tags". Online im Internet:
http://www.online-recht.de/vorent.html?LGHamburg990913

Landgericht München I, Urteil vom 17.09.1999 – 20 Ns 465 Js 173158/95 (AG
München I) – „Compuserve". Online im Internet:
http://www.computerundrecht.de/home_1762.html

Landgericht Essen, Beschluß vom 22.09.1999 – 11 T 370/99 – „Pfändung einer
Internet-Domain". Online im Internet: http://www.jurpc.de/rechtspr/20000049.htm

Landgericht Bochum, Urteil vom 14.10.1999 – 14 O 120/99 – „Webspace". Online
im Internet: http://www.rauschhofer.de/webspace3.html

Landgericht München I, Urteil vom 08.12.1999 – 9 HKO 14840/99 – „Webspace".
Online im Internet: http://www.freedomforlinks.de/Pages/seriab.html

Landgericht München I, Protokoll der öffentlichen Sitzung vom 25.01.2000 –
9 HKO 22119/99 – „FTP-Explorer". Online im Internet:
http://www.freedomforlinks.de/Pages/exvgl.html

Oberlandesgericht München, Urteil vom 03.02.2000 – 6 U 5475/99 – „CDBench".
Online im Internet: http://www.afs-rechtsanwaelte.de/urteile78.htm

The Circuit Court of Fairfax County, Berufungsurteil vom 21.04.2000 – 991168 –
Network Solutions Inc. vs. Umbro International Inc. et.al. Online im Internet:
http://www.courts.state.va.us/txtops/1991168.txt

# Literaturverzeichnis


ABELSON, HAL, et al.: *The Risks of Key Recovery, Key Escrow an Trusted Third Party Encryption*. A Report of an Ad hoc Goup of Cryptographers and Computer Scientists. Absatz 4: Conclusion. 1998. Online im Internet: http://www.cdt.org/crypto/risks98/

ALPAR, PAUL: *Kommerzielle Nutzung des Internet*. 2., vollständig überarbeitete und erweiterte Auflage. Heidelberg 1998: Springer-Verlag.

ARSLAN, AHMET/RIEKERT, WOLF-FRITZ: *Sicherheit für Benutzer der Internet-Technologie. Studie*. Forschungsinstitut für anwendungsorientierte Wissensverarbeitung FAW, Ulm. Juli 1997. Erstellt im Auftrag des Landes Baden-Württemberg, vertreten durch die Stabsstelle für Verwaltungsreform im Innenministerium. Online im Internet: http://www.pro-datenschutz.de/secinternet.html

BENN, WOLFGANG/GRINGER, INGO: *Zugriff auf Datenbanken über das World Wide Web*. In: Informatik-Spektrum 21 : 1, 1–8 (1998).

BERBERICH, FRANK: *Chaos im Internet. Das Monopol von Network Solutions in Sachen Domain-Vergabe ist gefallen [...]*. In: Internet-World 4/98, S. 34–38. München 1998: WebMedia.

BERLINER DATENSCHUTZBEAUFTRAGTER: *Bericht des Berliner Datenschutzbeauftragten vom 31. Dezember 1997*. Online im Internet: http://www.datenschutz-berlin.de/jahresbe/97/index.htm#inhalt

BERMANSEDER, MARKUS: *Verbraucherschutz beim Teleshopping. Anmerkungen zur Rechtslage bis zur Umsetzung der EU-Fernabsatzrichtlinie*. MMR MultiMedia und Recht 7/1998, S. 342–345. München 1998: Verlag C. H. Beck. Online im Internet: http://www.beck.de/mmr/Archiv/mmr9807/Beitraege/seite0342.htm

BERNERS-LEE, TIM: *Axioms of Web Architecture: 2. Link and Law*. April 1997. Online im Internet: http://www.w3.org/DesignIssues/LinkLaw.html

BERNERS-LEE, TIM: *Axioms of Web Architecture: 4. Link and Law: Myths.* April 1997. Online im Internet: http://www.w3.org/DesignIssues/LinkMyths.html

BETTINGER, TORSTEN: *Kennzeichenrecht im Cyberspace: Der Kampf um die Domain-Namen. Erweiterte Fassung eines Vortrags, der am 23.9.1996 [...] am Max-Planck-Institut für ausländisches und internationales Patent-, Urheber- und Wettbewerbsrecht in München gehalten wurde. [...].* Online im Internet: http://www.nic.de/rechte/bettinger.html

BETTINGER, TORSTEN/FREYTAG, STEFAN: *Privatrechtliche Verantwortlichkeit für Links. Zugleich Anmerkung zum Urteil des LG Hamburg vom 12.5.1998.* Computer und Recht 9/98, S. 545–556. Köln 1998: Verlag Dr. Otto Schmidt KG. Online im Internet: http://www.uni-muenster.de/Jura.itm/hoeren/matintrecht/Linkverantw.htm

BOWMAN, LISA M.: *ICANN urged to revamp elections.* ZDNet News, 09.03.2000. Online im Internet: http://www.zdnet.com/zdnn/stories/news/0,4586,2458252,00.html

COMPUTERWOCHE: *Firmen sind mit ihren Homepages zufrieden.* Ausgabe 12/98 v. 10.03.1998, S. 38. München 1998: Computerwoche Verlag (ohne Verf.).

COMPUTERWOCHE: *Die juristischen Zeichen für Spammer stehen auf Sturm.* Ausgabe 15/98 v. 10.04.1998, S. 26. München 1998: Computerwoche Verlag (ohne Verf.).

COMPUTERWOCHE: *Private Daten veruntreut.* Ausgabe 34/98 v. 21. August 1998, S. 4. München 1998: Computerwoche Verlag (ohne Verf.).

DAMASCHKE, GIESBERT: *Den Freiherrn nehm ich mir.* Spiegel Online vom 08.07.1999. Online im Internet: http://www.spiegel.de/netzwelt/ebusiness/nf/0,1518,30666,00.html

DAMASCHKE, GIESBERT: *Von Schiebern, Schmarotzern und Spekulanten.* Spiegel Online vom 28.09.1999. Online im Internet: http://www.spiegel.de/netzwelt/politik/0,1518,44133,00.html

DEUTSCHER BUNDESTAG: *Antwort der Bundesregierung auf die Kleine Anfrage des Abgeordneten Dr. Manuel Kiper und der Fraktion BÜNDNIS 90/DIE GRÜNEN – Drucksache 13/3932: Sicherheit der Informationstechnik und Kryptierung.* Drucksache 13/4105 vom 14.03.1996. Online im Internet: http://www.bundestag.de, Suchschritte: Datenbanken – DIP – Eingabe: „13/3932".

DEUTSCHER BUNDESTAG: *Antwort der Bundesregierung auf die Kleine Anfrage des Abgeordneten Manfred Such und der Fraktion BÜNDNIS 90/DIE GRÜNEN – Drucksache 13/4220 – Neue Organisations- und Aktionsformen der rechtsextremen Szene.* Drucksache 13/4350 vom 16.04.1996. Online im Internet: http://www.bundestag.de, Suchschritte: Datenbanken-DIP-Eingabe: „13/4350".

DEUTSCHER BUNDESTAG: *Antwort der Bundesregierung auf die Kleine Anfrage des Abgeordneten Dr. Manuel Kiper und der Fraktion BÜNDNIS 90/DIE GRÜNEN – Drucksache 13/7066 – Adreßraum im Internet.* Drucksache 13/7764 vom 27.05.1997. Online im Internet: http://www.bundestag.de, Suchschritte: Datenbanken-DIP-Eingabe: „13/7764".

DEUTSCHER BUNDESTAG: *Beschlussempfehlung und Bericht des Rechtsausschusses (6. Ausschuss) zu dem Gesetzentwurf der Bundesregierung – Drucksachen 14/2658, 14/2920 – Entwurf eines Gesetzes über Fernabsatzverträge und andere Fragen des Verbraucherrechts sowie zur Umstellung auf den Euro.* Drucksache 14/3195 vom 12.04.2000. Online im Internet: http://dip.bundestag.de/btd/14/031/1403195.pdf

DEUTSCHES PATENT- UND MARKENAMT: *Stellungnahme zur Eintragung der Marke „Webspace" und ähnlicher Marken.* Pressemitteilung vom 08.05.1999. Online im Internet: http://www.dpma.de/infos/pressedienst/pm990805.html

DITTLER, HANS PETER: *ICANN, die neue IANA/Namen im Internet.* Online im Internet: http://www.isoc.de/verein/LetterOkt98.html

DUHM, ULRIKE: *Internet Marketing-Praktiken im Kreuzfeuer: E-Mail-Wurfsendungen.* In: Internet Aktuell, Heft 11 (Dezember) 1996, S. 19–20.

DUHM, ULRIKE: *UN-Internet-Gipfel: Copyright im Internet.* In: Internet Aktuell, Heft 12 (Januar) 1997, S. 14–17.

EG: *Richtlinie 97/55/EG des Europäischen Parlaments und des Rates vom 6. Oktober 1997 zur Änderung der Richtlinie 84/450/EWG über irreführende Werbung zwecks Einbeziehung der vergleichenden Werbung.* Amtsblatt Nr. L 290 vom 23.10.1997, S. 0018–0023. Online im Internet: http://europa.eu.int/eur-lex/de/lif/dat/de_397L0055.html

EIDNES, HÅVARD: *Practical Considerations for Network Addressing Using CIDR.* In: Communications of the ACM, 37 : 8, 46–53 (1994). Zitiert nach: Alpar, *Kommerzielle Nutzung des Internet*, 1998, Springer-Verlag, S. 29 und 53.

EUROPÄISCHE KOMMISSION: *Bericht über die Mitteilung der Kommission über illegale und schädigende Inhalte im Internet.* KOM(96)0487 – C4 – 0592/96 vom 20.03.97. Online im Internet: http://www.europarl.eu.int/dg1/a4/de/a4-97/a4-0098.htm

EUROPÄISCHE KOMMISSION: *Vorschlag der Europäischen Kommission für eine Antwort der EU und ihrer Mitgliedstaaten auf das Grünbuch der amerikanischen Regierung zur Regelung des Internet.* IP 98/184 vom 25.02.98. Online im Internet: http://europa.eu.int/rapid/start/cgi/guesten.ksh?p_action.gettxt=gt&doc=IP/98/184|0|RAPID&lg=DE

EUROPÄISCHE KOMMISSION: *Richtlinie des Europäischen Parlaments und des Rates über gemeinsame Rahmenbedingungen für elektronische Signaturen.* KOM(98)297final. Online im Internet: http://europa.eu.int /comm/dg15/en/media/infso/com297de.pdf

EUROPÄISCHE KOMMISSION: *Elektronischer Geschäftsverkehr – Kommission schlägt Richtlinie über elektronische Signaturen vor.* GD XV, 13.05.1998. Online im Internet: http://europa.eu.int /comm/dg15/de/media/infso/sign.htm

EUROPÄISCHE KOMMISSION: *Geänderter Vorschlag für eine Richtlinie des Europäischen Parlamentes und Rates über bestimmte rechtliche Aspekte des elektronischen Geschäftsverkehrs im Binnenmarkt.* KOM(1999) 427 endg., 98/0325 (COD). Online im Internet: http://europa.eu.int/comm/dg15/en/media/eleccomm/com427de.pdf

EUROPÄISCHE KOMMISSION: *Geänderter Vorschlag für eine Richtlinie des Europäischen Parlamentes und des Rates über gemeinsame Rahmenbedingungen für elektronische Signaturen.* COM(1999)195 endg. vom 29.04.1999. Online im Internet: http://www.dud.de/dud/files/sigrl195.zip

EUROPÄISCHE UNION: *Richtlinie 95/46/EG des Europäischen Parlaments und des Rates vom 24. Oktober 1995 zum Schutz natürlicher Personen bei der Verarbeitung personenbezogener Daten und zum freien Datenverkehr.* Online im Internet: http://www2.echo.lu/legal/de/datenschutz/datenschutz.html

EUROPÄISCHE UNION: *Richtlinie 97/7/EG des Europäischen Rates und des Rates vom 20. Mai 1997 über den Verbraucherschutz bei Vertragsabschlüssen im Fernabsatz.* Online im Internet: http://europa.eu.int/en/comm/spc/cad/dir1de.html

EUROPÄISCHE UNION: *Richtlinie 97/66/EG des Europäischen Parlaments und des Rates vom 15. Dezember 1997 über die Verarbeitung personenbezogener Daten und den Schutz der Privatsphäre im Bereich der Telekommunikation.* Online im Internet: http://www2.echo.lu/legal/de/datenschutz/protection.html

EUROPÄISCHE UNION: *Richtlinie 14263/99/EC des Europäischen Parlaments und des Rates vom 24. März 2000 über bestimmte rechtliche Aspekte der Dienste der Informationsgesellschaft, insbesondere des elektronischen Geschäftsverkehrs, im Binnenmarkt.* Online im Internet:
http://www.ispo.cec.be/ecommerce/legal/documents/directive_cp.doc

FRANZ, ELKE/PFITZMANN, ANDREAS: *Einführung in die Steganographie und Ableitung eines neuen Stegoparadigmas.* In: Informatik-Spektrum 21 : 4, 183–193 (1998).

GEIS, IVO: *Kurzkommentar zum EU-Richtlinienvorschlag für elektronische Signaturen.* In: MMR Multimedia und Recht 6/1998, S. VII–VIII. München 1998: Verlag C. H. Beck. Online im Internet:
http://www.beck.de/mmr/Archiv/mmr9806/Aktuell/seite3.htm

GIBSON, WILLIAM: *Neuromancer.* München 1987: Wilhelm Heine Verlag (6. Aufl. 1996).

GUMMIG, CHRISTIAN: *Rechtsfragen bei Werbung im Internet.* In: Dokumentation zum 2. Kongreß zu Multimedia und Recht: Der Multimedia-Vertrag. München 1996 (o. Vlg.).

HAFFNER, KATIE/MARKOFF, JOHN: *Cyberpunk: Outlaws und Hackers on the Computer Frontier.* New York 1991: Simon & Schuster.

HANDELSBLATT (o. Verf.): *Deutschland / Internet-Gemeinde wächst: 4,9 Millionen nutzen das Netz.* In: Handelsblatt Nr. 33 v. 17.02.1998, S. 45.

HANDELSBLATT (o. Verf.): *Schnelle Mark mit geschützten Marken. Abmahnungen sorgen im Internet für Beunruhigung.* In: Handelsblatt online v. 20.10.1999. Online im Internet:
http://www.handelsblatt.de/cgi-bin/hbi.exe?SH=&iPV=0&FN=hb&SFN=NEWS_CT_ARTCOMPUTER&iID=109287&sBegriff=webspace&Recherche=1

HANSEN, HANS R.: *Klare Sicht am Info-Highway – Geschäfte via Internet.* Wien 1996: Verlag Orac.

HELFRICH, MARCUS: *Welches Recht im Internet? Bedeutet „global communication" auch „global law".* In: Dokumentation zum 2. Kongreß zu Multimedia und Recht: Der Multimedia-Vertrag. München 1996 (o. Vlg.).

HEISE NEWS-TICKER: *DES in drei Tagen geknackt.* Online im Internet:
http://www.heise.de/newsticker/data/gr-17.07.98-000/

HEISE NEWS-TICKER: *Abmahnungen gegen „Webspace"-Anbieter.* Online im Internet: http://www.heise.de/newsticker/result.xhtml?url=/newsticker/data/fm-16.07.99-001/default.shtml&words=Webspace

HEISE NEWS-TICKER: *Zivilrechtliche Schritte gegen Explorer-Abmahnungen.* Online im Internet: http://www.heise.de/newsticker/data/atr-11.05.00-001/

HOEREN, THOMAS: *Trappatoni und das Ende des Computerrechts.* In: MMR Multimedia und Recht  4/98, S. 169–170. München 1998: Verlag C. H. Beck. Online im Internet: http://www.beck.de/mmr/Archiv/mmr9804/Editorial/seite0169.htm

HOEREN, THOMAS: *Rechtsoasen im Internet. Eine erste Einführung.* In: MMR Multimedia und Recht 6/98, S. 297–298. München 1998: Verlag C. H. Beck. Online im Internet: http://www.beck.de/mmr/Archiv/mmr9806/default.htm

HOEREN, THOMAS: *Skriptum Internet-Recht.* Stand: 01.05.2000. Online im Internet: http://www.uni-muenster.de/Jura.itm/hoeren/materialien/skriptir.pdf

HOFFMANN, JÜRGEN: *Mit der digitalen Signatur läßt sich viel Geld machen.* In: Computer Zeitung Nr. 12 v. 19.03.1998, S. 41. Leinfelden-Echterdingen 1998: Konradin Verlag.

HOLZNAGEL, BERND: *Cyberlaw made in USA – Im Internet droht Übernahme des angloamerikanischen Rechts.* In: Frankfurter Rundschau, 11.03.2000. Online im Internet: http://www.fr-aktuell.de/fr/200/t200003.htm

HUBER, FRANK/MEYRAHN, FRANK/HERRMANN, ANDREAS: *Das Produkt ist nicht genug.* In: NET-Investor 04/00, S. 54 f. München 2000: NET-Investor Verlag.

IFPI: *WIPO – New Instruments: Diplomatische Konferenz sichert Leistungsschutzrechte für die Informationsgesellschaft; Tonträgerhersteller und Künstler erhalten Online-Exklusivrechte.* Stand: 02.12.1997. Hamburg 1997: Deutsche Landesgruppe der IFPI e.V. / Bundesverband der Phonographischen Wirtschaft e.V. Online im Internet: http://www.ifpi.de/recht/re-wipo.htm

INTERNET INTERN 22/97: *D- ist Topware-Eigentum.* 30.10.1997. Online im Internet: http://www.intern.de/97/22/01.shtml

INTERNET INTERN 23/97: *Cookie-Klage.* 13.11.1997. Online im Internet: http://195.63.122.176/97/23/26.shtml

INTERNET INTERN 02/98: *D-Info eingestellt.* 22.01.1998. Online im Internet: http://www.intern.de/98/02/04.shtml

INTERNET INTERN 16/98: *Abhöraktion ist eine Ente*. 06.08.1998 Online im Internet:
http://www.intern.de/98/16/08.shtml

INTERNET INTERN 16/98: *D-Tel-Entscheidung*. 06.08.1998. Online im Internet:
http://www.intern.de/98/16/05.shtml

INTERNET INTERN 17/98: *Verbotene Links*. 20.08.1998. Online im Internet:
http://www.intern.de/98/17/03.shtml

INTERNET INTERN: *Domainnamen nicht pfändbar*. 27.04.2000. Online im Internet:
http://www.intern.de/news/531.html

INTERNET WORLD: *Kanthers Geheimpläne*. In: Internet World 4/98, S. 7
(ohne Verf.). München 1998: WebMedia.

INTERNET WORLD: *Frankfurt wird Internet-City*. In: Internet World 4/98, S. 7
(ohne Verf.). München 1998: WebMedia.

INTERNET WORLD: *Blickaufzeichnung soll Werbeumsatz steigern*. In: Internet
World 4/98, S. 10 (ohne Verf.). München 1998: WebMedia.

IT.SERVICES: *Regulierung durch die Hintertür befürchtet*. Ausgabe 3/98
(März 1998), S. 10. Köln 1998: IT.Services. Verlag (ohne Verf.).

JURETZKI, TIM: *Volksentscheid per Internet. Dem Web wird fast alles zugetraut*.
In: Internet World 4/98, S. 42–44. München 1998: WebMedia.

JUSTIZPRESSESTELLE OLG NÜRNBERG: *Öffentliche Zurschaustellung eines
gekreuzigten Schweins im Internet – Strafbarkeit wegen Beschimpfung von
religiösen Bekenntnissen*. 30.06.98. Online im Internet:
http://www.justiz.bayern.de/olgn/prs029.htm

KAUFMANN, NOOGIE C.: *Neue gefährliche Werbewelt. Rechtsrisiken bei Internet-
Reklame*. In: c't 7/1999, S. 94–97. Hannover 1999: Verlag Heinz Heise.

KAUFMANN, NOOGIE C.: *Linkhaftung bleibt Grauzone.Gerichte drücken sich um
Klarstellung*. In: c't 15/1999, S. 134–135. Hannover 1999: Verlag Heinz Heise.

KANTHER, MANFRED: *Mit Sicherheit in die Informationsgesellschaft*. Rede anläßlich der Eröffnung des 5. IT-Sicherheitskongresses am 28. April 1997 in Bonn.
Online im Internet:
http://www.iks-jena.de/mitarb/lutz/security/cryptoban/kanther.rede.html

KARRENBERG, DANIEL: *What ist IANA?* Online im Internet:
http://www.ripe.net/meetings/pres/dfk-apnic-kl-97/tsld002.html

KOEHLER, PHILIPP: *„Gewußt wie" macht Verträge im Internet niet- und nagelfest.* In:
Computerwoche 12/98 v. 10.03.1998, S. 86–88. München 1998: Computerwoche
Verlag.

KOEHLER, PHILIPP: *Allgemeine Geschäftsbedingungen im Internet.* MMR Multi-
Media und Recht 6/1998, S. 289–294. München 1998: Verlag C. H. Beck. Online
im Internet: http://www.beck.de/mmr/Archiv/mmr9806/Beitraege/seite0289.htm

KÖNIG, MICHAEL M.: *Domain gegen Marke. Über den Schutz geschäftlicher
Bezeichnungen.* In: c`t 17/1999, S. 174–175. Hannover 1999: Verlag Heinz Heise.

KÖHNTOPP, MARIT: *Sag's durch die Blume.* Webversion eines Artikels aus iX 04/96.
Verlag Heinz Heise. Online im Internet:
http://www.netzservice.de/Home/marit/publikationen/steganographie/index.html

KÖHNTOPP, MARIT/KÖHNTOPP, KRISTIAN/SEEGER, MARTIN: *Sperrungen im Internet. Eine systematische Aufbereitung der „Zensurdiskussion".* Webversion des
Artikels in Datenschutz und Datensicherheit DuD 11/97. Verlag Vieweg. Online im
Internet:
http://www.netzservice.de/Home/marit/publikationen/sperrunginternet/index.html

KPMG MANAGEMENT CONSULTING: *Europe gets wired. A Survey of Internet use
in Great Britain, France and Germany.* Produced in Association with Ziff-Davis
and Yahoo!, Mai 1998. Online im Internet:
http://www.kpmg.co.uk/uk/direct/industry/ice/ewired/index.html

KPMG MANAGEMENT CONSULTING: *Electronic Commerce Research Report 1998.*
Online im Internet:
http://www.kpmg.co.uk/uk/services/manage/research/ec/ecom98.html

KREMPL, STEFAN: *Münchener Richter macht kurzen Prozeß mit Felix Somm.*
Telepolis 28.05.98. Online im Internet:
http://heise.xlink.de/tp/deutsch/inhalt/te/1480/1.html

KRIEGER, HANS JOCHEN: *Antrag auf Löschung der Marke Nr. 398 06 414.8/42
„Webspace".* 22.09.1999. Online im Internet:
http://www.transpatent.com/ra_krieger/webspace1.html

KROL, ED: *Die Welt des Internet.* Bonn 1995: O'Reilly/International Thompson
Verlag.

KÜHNERT, HANNO: *Rätsel des Internet: Woher kommt der Klammeraffe (@) ? Die durchgedrehte Ligatur.* Die ZEIT. Ausgabe 11/97. Online im Internet: http://uranus.ecce-terram.de/zeit-archiv/1997/11/klammera.txt.19970307.html

LAGA, GERHARD: *Rechtsprobleme im Internet.* Wissenschaftliche Reihe: Wissenschaft und Wirtschaftspraxis, Bd. 2. Wirtschaftskammer Österreich, August 1998.[466]

LAGA, GERHARD: *Neue Techniken im World Wide Web – Eine Spielwiese für Juristen?* JurPC Internet-Zeitschrift für Rechtsinformatik, Web-Dokument 25/1998, Abs. 1–50. Stuttgart 1998. Online im Internet: http://www.jura.uni-sb.de/jurpc/aufsatz/ 19980025.htm

LAGA, GERHARD: *Hyperlinks, Frames And Inline Images. The WWW – A Legally Unsolved Domain?* In: Brunnstein, Klaus/Randle, Peter/Sint, Peter Paul (Hrsg.): KnowRight 98. 2nd International Conference on Intellectual Property Rights and Free Flow of Information. Schriftenreihe der Österreichischen Computergesellschaft. Band 119, S. 111ff. Wien 1998.

LEHMANN, DIRK: *Auf Datenjagd. Dossier. Wie Ihr Computer Sie verrät.* In: konr@d 3/98, S. 36 – 40. Online im Internet: http://www.konrad.stern.de/artikel/datenjagd/datenjagd.html

LINSSEN, JÖRG: Angebot überwiegt Nachfrage. In: NET-Investor 04/00, S. 36 f. München 2000: NET-Investor Verlag.

MARKOFF, JOHN: *Dutch Computer Rogues Infiltrate American Systems with Impunity.* In: New York Times v. 21.04.1991, Section 1, Part 1, S. 1.

MASERMANN, UTE/VOSSEN, GOTTFRIED: *Suchmaschinen und Anfragen im World Wide Web.* In: Informatik-Spektrum 21 : 1, 9–15 (1998).

MAYER, FRANZ C.: *Recht und Cyberspace.* In: Humboldt Forum Recht HFR 1997, Beitrag 3. Online im Internet: http://www.rewi.hu-berlin.de/HFR/3-1997/Text.html

MCLUHAN, MARSHALL: *Die magischen Kanäle. Understanding Media.* 2., erweiterte Auflage. Dresden, Basel 1995: Verlag der Kunst.

MÜNZ, STEFAN: *SELFHTML – HTML-Dateien selbst erstellen.* Version 7.0 vom 27.04.1998. Online im Internet: http://www.teamone.de/selfhtml/

---

[466]Bezug nur über den Mitgliederservice der Wirtschaftskammer Österreich. Online im Internet: http://www.wk.or.at/mservice

MÜNZ, STEFAN: *Recht und Links – alles egal ...?* Online im Internet:
http://www.teamone.de/selfaktuell/talk/rechtundlinks_frevel.htm

NUTHMANN, THOMAS: Modul *Online-Recht:* Lektion *Verfahrensrecht.* Stand:
22.07.1997. Berlin 1997: HRP GmbH. Online im Internet: http://www.akademie.de.

OMSELS, HERMANN-J.: Modul *Online-Recht:* Lektion *Urheberrecht.* Stand:
30.09.1997. Berlin 1997: HRP GmbH. Online im Internet: http://www.akademie.de.

PETERSSON, ERIK: *Branded Bits – Tradmark Exhaustion in Internet Trade from an
EC-law Perspektive.* Master Thesis. Lund 1999: Lund University, Faculty of Law.

PFEIFFER, ASTRID: *Einfach soll es sein.* In: NET-Investor 04/00, S. 52. München
2000: NET-Investor Verlag.

POTZNER, REINHARD: *E-Commerce nicht immer von Erfolg gekrönt.* Pressemitteilung der GfK vom 13.07.99. Online im Internet: http://www.gfk.de.

PUSCHER, FRANK: *Adresse für IP-Toaster. Eine neue Generation kleinster Web-
Server* [...]. In: Internet World 4/98, S. 20–21. München 1998: WebMedia.

REINERS, WILFRIED: *Der „virtuelle" Kaufvertrag: Zustandekommen von Kauf-
verträgen im Internet.* Wirtschaftsinformatik 40:1 (1998), S. 39–43. Wiesbaden
1998: Vieweg.

REGULIERUNGSBEHÖRDE FÜR TELEKOMMUNIKATION UND POST (REGTP):
*Signaturschlüssel der „Zuständigen Behörde" gemäß Signaturgesetz erstellt.*
Pressemitteilung, Bonn, den 24.09.1998. Online im Internet:
http://www.regtp.de/Aktuelles/pm2409.htm

RHEINGOLD, HOWARD: *The Virtual Community. Homesteading on the Electronic
Frontier.* Reading 1993: Addison-Wesley.

RIPE-NCC: About Ripe. Online im Internet: http://www.ripe.net/info/ripe/ripe.html

RIVEST, RONALD L.: *Chaffing and Winnowing – Confidentiality without
Encryption.* MIT Lab for Computer Science. Reviewed April 24., 1998. Online im
Internet: http://theory.lcs.mit.edu/~rivest/chaffing.txt

ROLL, OLIVER: *Marketing im Internet.* München 1996: Tewi Verlag.

ROßNAGEL, ALEXANDER: *EU-Richtlinienvorschlag für elektronische Signaturen.*
MMR MultiMedia und Recht 6/1998, S. V–VI. München 1998: Verlag C. H. Beck.
Online im Internet: http://www.beck.de/mmr/Archiv/mmr9806/Aktuell/seite1.htm

RÖTZER, FLORIAN: *Ein gekreuzigtes Schwein und das Internet.* Telepolis, 01.07.98.
Online im Internet: http://www.heise.de/tp/deutsch/inhalt/glosse/2388/1.html

SCHMITZ, HEINZ: *Der Inhalt von Smartcards läßt sich mit einfacher Elektronikausrüstung lesen. Sicherheitslücke erlaubt Aufladen von Geldkarten und Duplizieren
von Schlüsseln.* In: Computer Zeitung Nr. 37 v. 10.09.98, S. 10.

SCHNEIDER, MICHAEL: *Recht im Cyberspace.* In: Karriereführer special Multimedia
& Telekommunikation. Köln 1996/97: Schirmer Verlag. S. 60–62.

SCHOTTHÖFER, PETER: Modul *Online-Recht:* Lektion*: Wettbewerbsrecht.* Stand:
15.09.1997. Berlin 1997: HRP GmbH. Online im Internet: http://www.akademie.de.

SCHULSKI-HADDOUTI, CHRISTIANE: *Das neue Teledienste-Datenschutzgesetz:
Datenschutz versus Marktforschung.* In: Internet Aktuell, Heft 12 (Januar) 1997,
S. 9–12.

SCHULSKI-HADDOUTI, CHRISTIANE: *Tatort Internet.* In: Internet Aktuell, Heft 10
(Dezember) 1996, S. 18–19.

SCHULZKI-HADDOUTI, CHRISTIANE: *Schweizer Provider in der Verantwortung.*
Telepolis, 31.07.98. Online im Internet:
http://www.heise.de/tp/deutsch/inhalt/te/1512/1.html

SCHULZKI-HADDOUTI, CHRISTIANE: *Ein Lehrstück in Sachen Meinungsfreiheit.*
Telepolis, 09.07.98. Online im Internet:
http://www.heise.de/tp/deutsch/inhalt/te/1497/1.html

SCHULZKI-HADDOUTI, CHRISTIANE: *Maschinenstürmer im Bundesinnenministe-
rium? Ein Interview mit Sierk Hamann.* Telepolis, 03.09.98. Heise online. München:
Verlag Heinz Heise. Online im Internet:
http://www.heise.de/tp/deutsch/inhalt/te/1547/1.html

SHIMOMURA, TSUTOMU/MARKOFF, JOHN: *Data Zone. Die Hackerjagd im Internet.*
München 1996: Deutscher Taschenbuch Verlag.

SIEBER, ULRICH*: Kontrollmöglichkeiten zur Verhinderung rechtswidriger Inhalte in
Computernetzen* (Teil 1). Online im Internet:
http://www.jura.uni-wuerzburg.de/lst/sieber/kontrolle/kontrolle_dt(1).htm

SIEBER, ULRICH: *Anmerkungen.* In: *AG München CompuServe-Urteil m. Anm.
Sieber.* MMR Multimedia und Recht 8/1998, S. 429–448. München 1998: Verlag
C. H. Beck. Online im Internet:
http://www.beck.de/mmr/Materialien/CompuServe-Urteil/compuserve-urteil.htm

STADLER, THOMAS: *Alles, was Recht ist*. In: Internet World 4/98, S. 18. München 1998: WebMedia.

STADLER, THOMAS: *Anmerkung zum Somm-Urteil*. 30.07.98. Online im Internet: http://www.afs-rechtsanwaelte.de/somm3.htm

STADLER, THOMAS: *Haftung für Links (LG Hamburg), Anmerkung*. Online im Internet: http://www.afs-rechtsanwaelte.de/urteile13.htm (ohne Datum)

STOCKMANN, CARSTEN: *Die virtuelle Bank: Eine Begriffsklärung*. In: Wirtschafts-informatik 40:4 (1998), S. 273–280.

STOLL, CLIFFORD: *Die Wüste Internet. Geisterfahrten auf der Datenautobahn*. Frankfurt 1996: S. Fischer Verlag.

STRÖMER, TOBIAS H.: Modul *Online-Recht:* Lektion *Vertragsrecht / Electronic Commerce*. Stand: 12.09.1997. Berlin 1997: HRP GmbH. Online im Internet: http://www.akademie.de.

STRÖMER, TOBIAS H.; WITHÖFT, ANSELM: Modul *Online-Recht:* Lektion *Daten-schutzrecht / Datensicherheit*. Stand: 20.10.1997. Berlin 1997: HRP GmbH. Online im Internet: http://www.akademie.de.

TAPSCOTT, DON: *Die digitale Revolution. Verheißungen einer vernetzten Gesell-schaft – Die Folgen für Wirtschaft, Management und Gesellschaft*. Wiesbaden 1996: Gabler.

TECHNOLOGY NEWS: *Government Sites Set Cookies, Violate Privacy*. Newsdienst November 1997. Online im Internet: http://www.govtech.net/1997/gt/oct/news/technews.shtm

TOMAN, TOLF (Hrsg.), *Kant: Metaphysik der Sitten*. In: *Immanuel Kant Werke in sechs Bänden*, Bd.5: ‚Die Religion innerhalb der Grenzen der bloßen Vernunft' und ‚Methaphysik der Sitten'. S.275 f (S.229 Akademieausgabe), Köln 1995: Köne-mann Verlagsgesellschaft mbH

TRINKWALDER, ANDREA: *Artenschutz für Links – Web-Offensive gegen Serien-abmahnungen*. In: c´t 9/2000, S. 52. Hannover 2000: Verlag Heinz Heise.

USA: *A Proposal to Improve Technichal Management of Internet Names and Adresses*. Discussion Draft 1/30/98. Online im Internet: http://www.ntia.doc.gov/ntiahome/domainname/dnsdrft.htm

USA: *Digital Millenium Copyright Act*. 28.10.1998. Online im Internet:
http://www.loc.gov/copyright/legislation/hr2281.pdf

VAHRENWALD, ARNOLD: *Legal Issues – Rechtsaspekte bei On- und Offline-Produktion*. Tagungsband des dmw-Forum Berlin 1996.

WENNING, RIGO: *Der große Streit um Internet-Domain-Namen*. JurPC Web-Dok
31/98. Online im Internet: http://www.jura.uni-sb.de/jurpc/aufsatz/19980031.htm

WENNING, RIGO: *Akteure im Internet: Rechtliche Problemfelder* (Teil 1). JurPC
Web-Dok 46/1998, Abs. 2. Online im Internet:
http://www.jura.uni-sb.de/jurpc/aufsatz/19980046.htm

WIPO: *WIPO Copyright Treaty adopted by the Diplomatic Conference on December 20, 1996*. CRNR/DC/94 vom 23.12.1996. Genf 1996: WIPO. Online im Internet: http://www.wipo.org/eng/diplconf/distrib/94dc.htm.

WIRED: *Fallout over unsanctioned DNS-Test*. Wired News Report 09.53 a.m.
5.Feb.98PST. Online im Internet:
http://www.wired.com/news/news/politics/story/10090.html

WITTE, ANDREAS/KARGER, MICHAEL: *Recht im Internet*. In: *Tagungsband Forum
Online Publishing 17.06.1996 Online* [sic!]. Fraunhofer Institut für Arbeitswirtschaft und Organisation. Online im Internet:
http://www.mz.iao.fhg.de/event/op/witte_1. html

ZSCHERPE, KERSTIN: *Urheberrechtsschutz digitalisierter Werke im Internet*. In:
Multimedia und Recht MMR Multimedia und Recht 8/1998. 19. August 1998.
München: Verlag C. H. Beck. Online im Internet:
http://www.beck.de/mmr/mmr9808/Default.htm

# Index

**U**

übereinstimmende Willenserklärungen 153
Umsatzsteuer-Identnummer 151
unaufgeforderte Zusendung von
   Werbeinformationen 142
unerwünschte E-Mails 143
Uniform Resource Locator 47
UN-Kaufrechtsabkommen 37
Unterbindung eines Links 79
Unterlassungserklärung 106, 110
Unterlassungsklage 113
Unternehmenszeichen 54
Urheber 97
Urheberpersönlichkeitsrecht 82, 94
Urheberrecht 92
Urkunde 159
Urkundsbegriff 189
Urkundsbeweis für elektronische
   Erklärungen 159
URL 47
Usenet 26

**V**

Verantwortung für Hyperlinks 74
Verbraucherkreditgesetz 148
Verbraucherschutzgesetze 148
Verbreitungsgebiet 36
Verfolgungsinteresse des Staates 11
Vergleichende Werbung 139
verifizierte Anschriften 145
Verkäufe per Telefon 148
Verkaufen im World Wide Web 147
Verkaufsofferte im Internet 149
Verkaufsstelle 147
Verkehrssicherungspflicht 151
Verletzungshandlung 36
Vermummungsverbot von Unternehmen
   155
Vermutungsregel 156
Veröffentlichung von Personenlisten 146
Verordnung zur Regelung der Preisangaben
   149
Versandhandel 149
*Verschlüsselung* 153
Versicherungsvertragsgesetz 163
vertragliche Nebenpflichten 151
Vertragsabschlüsse per E-Mail 153

Vertragsstrafeversprechen 107
Vertragsverhältnis 169
Verunglimpfung 140
Vervielfältigungsstück 84
Vervielfältigungsstücke 95
Verwässerung 58
Verwechselbarkeit 91
Verwechslungen zwischen Werbenden 140
Verwechslungsgefahr 53, 56
Verweisungsnormen 40
Verwertungsgesellschaft Bild-Kunst 101
Verwertungsgesellschaft für Film und
   Fernsehgesellschaften 101
Verwertungsgesellschaft für
   Nutzungsrechte an Filmwerken 101
Verwertungsgesellschaft Wort 101
Verwertungsgesellschaften 100
Verwertungsrecht 95
VFF 101
VG BILD-KUNST 101
VG WORT 101
VGF 101
Viren 171
Virtual Machine 177
virtual, virtuell 4
vorauseilender Gehorsam 13
Vorteilsnahme 56
VVG 163

**W**

W3C 76
Wahrnehmung der AGB 161
Warenangebot eines Mitbewerbers 79
Web 7
Webblock 15
Webspace 103, 120, 122
Web-Technologien 175
Werbung 67, 138
Werbung in Presseorganen 138
Werbung per E-Mail 142
Werbung per Hyperlink 79
Werke der bildenden Kunst 92
Wettbewerbsverletzung 33
Widerrufsmöglichkeit 158, 184
Widerrufsrecht 149
Widerspruchsmodell 163
Willensauthentizität 155
Willenserklärung 153